🔵 **CYNGOR LLYFRAU CYMRU**

ISBN: 978 1 78461 114 9
Argraffiad cyntaf: 2015

Mae'r prosiect Stori Sydyn/Quick Reads yng Nghymru
yn cael ei gydlynu gan Gyngor Llyfrau Cymru
a'i gefnogi gan Lywodraeth Cymru.

Argaffwyd a chyhoeddwyd gan
Y Lolfa, Talybont, Ceredigion SY24 5HE
gwefan www.ylolfa.com
e-bost ylolfa@ylolfa.com
ffôn 01970 832 304
ffacs 832782

Mae rhai o'r manylion hanesyddol yn y llyfr hwn yn wir, ond nid y cwbl o bell ffordd. Dychmygol yw cymeriad Rhys Fychan a'i deulu ac adeilad Coed Cam. Ond roedd Dafydd Gam yn berson go iawn ac roedd ganddo lygaid croes. Cafodd ei garcharu am geisio lladd Owain Glyndŵr ac roedd ganddo blentyn dienw, yn ôl y cofnodion. Mae lle o'r enw Bryn y Crogwr yn ymyl pentref Darowen, ond dychmygol yw'r goedwig a'r enw Camlan.

Diolch yn fawr i Nedw, Cai Morgan, John Anderson a Geraint am eu cymorth efo'r darnau am y goedwig. Os oes unrhyw gamgymeriadau ynglŷn â'r grefft o dorri coed – fi, a dim ond y fi, sydd ar fai.

Pennod 1

ROEDD CAI WRTH EI fodd efo coed erioed. Ac ar ôl dysgu ei hun i ddringo, mi fyddai'n dringo coed o hyd. Allai o ddim peidio.

Roedd ei dad wrth ei fodd hefyd, yn cofio iddo yntau fod yn dipyn o fwnci pan oedd yn ifanc. Fo ddysgodd Cai sut i ddringo'n well a sut i neidio at gangen oedd ymhell uwch ei ben. Byddai'n rhoi ei ben yn ôl ac yn taflu ei goesau i fyny nes byddai o'n gallu bachu ei sawdl dros y gangen a chodi ei hun i fyny. Mi fyddai o'n dringo'n gyson efo Cai, cyn i'w gefn o ddechrau brifo.

Doedd mam Cai ddim mor hapus. Gweld y peryg fyddai hi, a gwichian fel rhyw iâr.

'Cai! Tyrd i lawr, Cai! Na, Cai! Mi fyddi di'n disgyn! Paid â dod ata i pan fyddi di wedi torri dy goes!'

Ond thorrodd Cai mo'i goes. Mi gafodd ambell godwm, a glanio'n galed ar ei gefn unwaith nes ei fod wedi methu anadlu am amser hir. Ond roedd 'na elfen o gath yn Cai, yn ogystal â mwnci. Glanio ar ei draed fyddai o bob amser.

Doedd o ddim yn dwp yn yr ysgol, ond doedd ganddo ddim diddordeb yn y gwersi. Ar ddiwrnod gwyntog byddai Cai yn syllu drwy'r

ffenest ar y coed a'r canghennau yn siglo 'nôl a mlaen yn y gwynt. Ar ddiwrnod braf byddai'r dail yn sgleinio arno, yn sibrwd: 'Tyrd allan, tyrd aton ni.' Mi fyddai'n chwarae pêl-droed a rygbi fel pawb arall amser egwyl, ond yn mynnu dringo coeden cyn i'r gloch ganu.

Pan welodd Cai griw o ddynion yn torri coed ar ochr y ffordd, roedd o wedi gwirioni. Roedd eu gweld fel bod mewn syrcas – yn well na syrcas. Doedd y rhain ddim yn gwisgo teits na *tutu* gwirion i wneud campau yn yr awyr. Roedd y rhain yn ddynion cryf ac yn gwisgo dillad dynion. Bydden nhw'n dringo â llif gadwyn yn hongian oddi ar eu beltiau ac yn gwneud rhyfeddodau efo rhaffau. Gwyddai Cai yn syth mai dyna be roedd yntau am fod: coedwigwr.

Pan ddaeth rhyw foi i dorri coeden binwydd anferth yn yr ardd drws nesa, sleifiodd Cai allan o'i lofft i'w wylio wrth ei waith. Roedd o i fod yn adolygu ar gyfer ei arholiadau TGAU. Gofynnodd Cai i'r dyn roi gwers iddo, gwers sut i ddringo 'run fath â fo, fel siani flewog. A chwarae teg, mi gafodd roi cynnig arni, a thrio'i orau efo'r *pelvic thrusts*. Mae angen gwneud hynny i ddringo coeden efo rhaff pan nad oes canghennau. Roedd o'n anobeithiol i ddechrau, nes i'r boi weiddi:

'Dychmyga mai dynes ydi hi!'

A dyna fo. Mi ddeallodd, er nad oedd Cai wedi bod efo unrhyw ddynes ar y pryd. Eto i gyd, roedd ganddo syniad go lew be roedd y dyn yn ei feddwl.

Roedd Cai wedi gadael yr ysgol yn 16 oed, ac wedi gwneud pob cwrs NPTC (National Proficiency Test Certificate) y gallai ddod o hyd iddo. Gwnaeth gwrs *aerial rescue*, cwrs gofalu am lif gadwyn, sut i dorri coed yn ddiogel, a sut i ddefnyddio llif gadwyn oddi ar raff a harnais. A chwrs cymorth cyntaf ar gyfer coedwigwyr wrth gwrs, neu 'arboriculturalists' fel mae rhai coedwigwyr yn licio galw eu hunain.

'Hen lol wirion, os wyt ti'n gofyn i mi,' fyddai Cai yn ei ddweud. 'Gair hir, gwirion, anodd ei ddeud, heb sôn am ei sgwennu! Coedwigwr – naci, boi torri coed ydw i, a dyna fo!'

Roedd o wedi bod yn gweithio i Wil Camlan ers rhyw dair blynedd erbyn hyn. Roedd 'na giang ohonyn nhw wrthi. Doedd Wil ddim yn dda iawn am dalu cyflog, a fiw i rywun sôn am arian *overtime*. Ond roedd o'n llwyddo i gael digon o waith iddyn nhw, ac yn rhoi hymdingar o barti Nadolig i'w weithwyr bob blwyddyn, chwarae teg. Felly, fyddai Cai na'r hogiau byth yn cwyno, roedden nhw wastad yn cael noson dda a diwrnod i ffwrdd wedyn i ddod dros y parti.

Ond doedd Cai ddim yn rhy siŵr am y job arbennig yma. Ar dir Wil Camlan ei hun roedden nhw, yn ardal Darowen, wrth ymyl Machynlleth. Roedd gan Wil glamp o goedwig yno, ac roedd o'n ysu am glirio rhan ohoni er mwyn codi sied.

'Dwi ddim yn siŵr pam mae o angen sied arall. Mae gynno fo hen ddigon o siediau fel mae hi, os wyt ti'n gofyn i mi,' meddai Daf Rich, un o'r hogiau, wrth iddyn nhw yrru yno ar y diwrnod cyntaf.

Wedi cyrraedd, gwelodd Cai fod yno gymysgedd o goed, yn cynnwys coed derw, da.

'Mae 'na un sy'n anferth, ac yn hen – yn hen iawn, ddeudwn i,' meddai Daf Rich.

Roedd Cai'n gwybod bod coed derw yn gallu byw am ryw naw can mlynedd, ond weithiau byddai rhai dros fil o flynyddoedd oed. Cofiodd am y goeden ym Mhontfadog, Dyffryn Ceiriog, gafodd ei chwythu drosodd yn stormydd mawr Ebrill 2013. Roedd honno'n 1,200 oed, medden nhw, y goeden hynaf ym Mhrydain. Roedd hi'n goeden lydan hefyd – 12.9 metr o gwmpas ei chanol. Pan welodd Cai y goeden yng nghoedwig Wil, roedd o'n gallu gweld yn syth fod hon bron yr un mor hen. Trodd at Wil.

'Hei, mae hon yn uffernol o hen, Wil. Does 'na ddim TPO arni?'

'*Tree Protection Order*? Nag oes,' meddai. 'Achos does 'na neb yn gwbod am ei bodolaeth hi, ac os gwnei di gadw dy geg ar gau, fydd neb ddim callach. A dwi angen *planning* i godi'r sied, felly dwi isio clirio fan'ma cyn i'r dynion hynny ddod draw i fusnesa.'

'Ond Wil...'

'Yli, mae'r misus isio cegin newydd, ac mi fydd pren hon yn berffaith at y job. Roedd hi isio cegin cyn i'r babi newydd 'ma gyrraedd, ond dyna fo, mi fydd raid iddi aros. Bosib y bydd gen i ddigon yn sbâr i neud polion ffens hefyd.'

'Ond...'

'Gwranda rŵan, Cai, be ydi'r pwynt rhoi *preservation order* ar hen goeden hyll does 'na neb yn ei gweld? Y rheswm pam mae hi'n dal i sefyll ydi am fod y coed eraill yma o'i chwmpas hi wedi bod yn ei gwarchod ers canrifoedd. Ond bydd eu hanner nhw'n diflannu rŵan, felly mi fasa hi'n siŵr o ddisgyn yn y storm nesa. Waeth i mi gael coed da allan ohoni rŵan, ddim. Ac mae'r holl reolau am gadw hen goed yn wirion beth bynnag. Maen nhw'n hapus i ni dorri a theneuo coed ifanc, a'r rheini ydi'r dyfodol, yndê. Trwy gael gwared ar yr hen goed, bydd y rhai ifanc yn cael cyfle i dyfu wedyn.'

Er bod 'na rywfaint o sens yn hynny, roedd meddwl am dorri derwen mor hen â hon yn

poeni Cai. Roedd o eisiau protestio, ond allai o
ddim. Wil oedd y bòs. A doedd rhywun ddim yn
cega efo Wil, ddim os oedd o isio cadw ei job.

Aeth Cai yn ôl i siarad efo'r hogiau oedd yn
gweithio ar y peiriannau mawr. Nhw fyddai'n
torri'r coed eraill. Roedd Cai yn arbenigo ar
goed mwy cymhleth a rhai anodd mynd atyn
nhw. Roedd yr hen dderwen hon yn enghraifft
berffaith, a fyddai hi ddim yn hawdd ei
chyrraedd. Yn un peth, roedd 'na ganghennau
mawr, trwm arni, ac fe fyddai'n rhaid ei sgythru
– sef torri'r canghennau oddi ar y boncyff yn
gyntaf, er mwyn gwneud yn siŵr y byddai'r
goeden yn disgyn yn y man cywir. Hefyd, byddai
angen clirio o'i chwmpas hi er mwyn cael lle i
weithio oddi tani. Roedd 'na ugeiniau o goed llai
o gwmpas hon, drain oedd dipyn talach na Cai,
a llawer o waliau cerrig blêr, wedi'u gorchuddio
â mwsog.

Roedd Wil wedi sôn am ryw hen adfail, ond
erbyn i Cai sbio'n iawn, roedd hwn yn amlwg
wedi bod yn adeilad go fawr. Aeth i grwydro'n
ofalus drwy'r drain a'r mieri, a'r rheini'n bachu
ynddo fo drwy'r adeg. Roedd un wal go uchel yn
dal i sefyll, wal oedd yn llawer rhy uchel i fod yn
rhan o hen fwthyn neu feudy. Gallai weld olion
y lle tân anferth hefyd, a'r hen drawst yn dal
yno, er ei fod o'n llawn tyllau pry. Hen blasty

oedd hwn, yn bendant, meddyliodd. Rhyfedd nad oedd Wil wedi sôn amdano.

Yn sydyn, cafodd Cai deimlad annifyr, fel petai ton o dywyllwch yn dod drosto. Er ei bod hi'n ddiwedd hydref, a'r rhan fwyaf o'r dail wedi disgyn, doedd 'na ddim llawer o olau yn dod drwy'r coed. Roedd hwn yn dywyllwch o fath gwahanol beth bynnag – tywyllwch oedd fel rhyw don o dristwch, a daeth chwys oer drosto. Doedd o erioed wedi coelio mewn ysbrydion, ond roedd fan hyn yn teimlo fel petai cannoedd ohonyn nhw yma. Roedd pob un ohonyn nhw'n uffernol o *depressed* ers canrifoedd, meddyliodd, ac isio i mi deimlo'r un fath â nhw.

Ysgydwodd ei ben i drio callio. Ond roedd 'na rywbeth annifyr am y lle – y tamprwydd, yr oglau madarch a choed wedi pydru. Hefyd, y tywyllwch – y waliau trist oedd ar fin disgyn unrhyw funud, a'r dderwen fawr, dywyll yna'n sbio i lawr dros y cwbwl. Ych! Trodd yn sydyn i fynd yn ôl at yr hogiau, a chael chwip ar draws ei wyneb gan ddraenen. Rhegodd yn uchel. Ar ôl codi ei law at ei foch, gwelodd waed – a lot ohono fo. Blydi agos at fy llygad chwith hefyd, meddyliodd. Fy mai i am beidio gwisgo fy helmed, ond dim ond mynd i sbio o'n i, yndê!

Roedd Cai yn flin rŵan, ac yn llai gofalus wrth ddringo dros y waliau. Roedd o jest isio

mynd oddi yno. Wrth lithro dros fwsog trwchus ar y cerrig mewn bwlch yn un o'r waliau, teimlodd rywbeth yn symud. Y wal! Roedd y wal yn chwalu, a honno'n wal dipyn talach na fo! Taflodd ei hun i ganol y drain o'i flaen, fel petai mewn parasiwt yn neidio allan o awyren. Dim ond rhai o'r cerrig lleiaf darodd ei goesau, ond roedd y rheini'n ddigon poenus.

Ar ôl llwyddo i godi ar ei draed, gwelodd Cai yn syth y byddai wedi bod yn anodd iawn iddo godi o gwbwl tasai o ddim wedi neidio pan wnaeth o. Roedd 'na gerrig mawr yn y wal yna – wel, beth oedd ar ôl o'r wal. Mi fyddai mwy nag un garreg wedi gallu chwalu ei ben yn rhacs.

Chwerthin wnaeth Wil a'r hogiau yn eu pic-yps wrth yfed eu paneidiau pan welson nhw Cai yn hercian tuag atyn nhw,.

'Iesu, be ddigwyddodd i chdi? Ffeit efo wiwer?'

'Ffeit efo'r bali adfail 'na. Mae'r lle'n beryg bywyd, Wil. Jest i un o'r waliau 'na 'nhroi i'n *chicken jalfrezi*!'

'Ha! Wel, be wyt ti'n ddisgwyl os wyt ti'n mynd drwy'r lle 'run fath â jac codi baw?! Mi rois i'r job i ti am dy fod ti'n foi gofalus – i fod. Jest bydd yn ofalus a phaid â mynd yn agos at y blydi waliau 'na, y ffŵl dwl. Does 'na ddim signal digon cryf yma i ni fedru ffonio'r ambiwlans awyr.'

'O, grêt, diolch am y cydymdeimlad,' meddai Cai wrth chwilio yn y bocs cymorth cyntaf am blastar. Roedd ei foch yn dal i waedu.

'Duw, cymer baned,' meddai John Foel. Mae o'n byw yn y Foel, gyda llaw (ac fel mae'n digwydd mae ganddo ben fel wy wedi'i ferwi hefyd). 'Er, rwyt ti'n edrych fel taset ti angen joch go lew o whisgi.'

'Gei di ddigon o hwnnw ar ôl y gêm darts heno,' meddai Wil.

'Os bydd o'n dal yma, yndê,' gwenodd Daf Rich. 'Be sy'n bod arnat ti'n ffidlan efo plastars, y babi? Dim ond crafiad bach ydi o. Coedwigwr wyt ti i fod, ddim ryw *city boy* sy'n defnyddio *moisturiser.*'

'Defnyddio be?' gofynnodd John Foel.

'Yn hollol!' chwarddodd Daf Rich. 'Dydi coedwigwr go iawn ddim wedi clywed am y bali stwff, nag ydi, John!'

'Ddim fi soniodd am *moisturiser*...' gwenodd Cai. Allai o ddim bod yn flin efo'r hogiau yn hir iawn; roedd o wedi hen arfer efo'r holl herian a'r tynnu coes. Holodd Wil am hanes y plasty tra oedd o'n rholio ffag iddo fo'i hun.

'Pa blasty?' gofynnodd Wil.

'Yr adfail 'na yn y coed, yndê!'

'Y? Be sy'n gneud i ti feddwl mai plasty oedd o?'

'Am ei fod o'n edrych fel lle mor fawr, dipyn mwy na bwthyn. Ers pryd mae dy deulu di'n berchen ar y tir yma, Wil?'

'Argol, ers canrifoedd medden nhw.'

'A soniodd neb o'r teulu wrthat ti am hen blasty?'

'Naddo. Beudy oedd o.'

'Nage, tŷ oedd hwn, yn bendant. Un mawr.'

'Nage, beudy mawr, Cai. Mi faswn i'n gwbod tase 'na hen blasty ar ein tir ni, siŵr dduw. Rŵan, wyt ti'n mynd i dorri coed 'ta be?'

Doedd gan Cai ddim unrhyw awydd mynd yn ôl at y dderwen a'r adfail, ond doedd ganddo fawr o ddewis, nag oedd? Aeth Jimmy, yr hogyn newydd, efo fo, achos doedd o ddim i fod i dorri coed ar ei ben ei hun – rhag ofn. Doedd Jimmy ddim wedi dysgu trin llif gadwyn eto. Dim ond bilwg (*machete*) oedd ganddo. Ond byddai pâr o lygaid ar y llawr yn handi pan fyddai Cai i fyny'n uchel yn y goeden.

Un tawel oedd Jimmy, felly doedd 'na fawr o sgwrs. Ond mi ddeudodd o un peth yn syth:

'*Creepy* yma, yn tydi?'

Dechreuodd y ddau ar y clirio: Jimmy yn ymosod ar y mieri efo'i filwg, a Cai'n torri canghennau'r coed llai efo'r llif. Mi fydden nhw'n eu llosgi ar ôl clirio digon o le i wneud coelcerth yn ddiogel. Doedden nhw ddim wedi bod wrthi am fwy nag

ugain munud, pan stopiodd llif gadwyn Cai. Jest fel'na, heb ddim rheswm o gwbl. Roedd 'na hen ddigon o betrol ynddi, ac roedd o wedi siecio'r plwg a glanhau'r *air filter*, felly doedd 'na ddim rheswm i'r llif beidio â gweithio. Ond doedd Cai ddim yn medru ei thanio, a dyna fo. Rhegodd, a chychwyn yn ôl at y pic-yp i nôl y llif arall, ei lif dringo ysgafnach. Gadawodd Jimmy yn dal i gwffio yn erbyn y drain a'r mieri.

Roedd Cai yn dal yn nhywyllwch y goedwig pan glywodd anferth o glec. Nid y tu ôl iddo, ond o'i flaen, lle roedd yr hogiau eraill wrthi. Wedyn clywodd weiddi a rhegi, a llais Wil yn uwch na neb. Brysiodd tuag atyn nhw, a sefyll yn stond pan welodd y llanast. Roedd coeden onnen wedi disgyn dros bic-yp Wil – reit dros y bonet. Doedd hi ddim yn goeden fawr, ond roedd hi'n ddigon trwm i wneud pant go ddrwg yn y bonet. Roedd Wil yn dal i fytheirio, a'i wyneb yn goch.

'Be ddigwyddodd?' gofynnodd Cai.

'Dyna liciwn i wybod,' poerodd Wil. 'Doedd neb ar gyfyl y blydi goeden 'na! Mi ddisgynnodd hi – heb unrhyw rybudd o fath yn y byd.'

Cafodd Cai ei demtio i awgrymu i Wil ei fod yn dwp yn parcio mor agos at y coed yn y lle cyntaf, ond brathodd ei dafod mewn pryd. A beth bynnag, roedd y pic-yp yn ddigon pell o'r

man lle roedden nhw'n cwympo'r coed. Roedd gwreiddiau'r goeden hon yn dal yn sownd ynddi. Edrychai'n union fel coeden oedd wedi'i chwythu drosodd mewn corwynt, ond doedd 'na fawr o wynt heddiw, dim ond mymryn o awel. Yn sydyn, dechreuodd fwrw glaw – dim ond ambell smotyn i ddechrau, cyn troi yn gawod drom, filain o fewn dim.

Rhythodd Wil ar y glaw yn taro'i bic-yp fel bwledi.

'Reit, bygro hyn,' gwaeddodd. 'Tynnwch y blydi goeden 'ma oddi ar y pic-yp. 'Dan ni'n mynd adre – rŵan!'

Pennod 2

Roedden nhw i gyd yn flin ac yn wlyb domen dail ar ôl achub y pic-yp, felly aethon nhw i'r Llew Du i sychu. Roedd Dewi Jones, cyn-lyfrgellydd ymhell dros ei wythdegau, yn eistedd wrth y bar a hanner o *mild* o'i flaen. Fan'no y byddai o rownd y ril ers blynyddoedd; roedd pawb yn synnu nad oedd ei benelin wedi creu pant yn y bar. Ond anaml y byddai Cai yn ei weld yn yfed hanner *mild*, chwaith. Roedd wedi'i weld o'n ei godi at ei wefusau, ond rhyw sip bach gofalus fyddai Dewi Jones yn ei gael, gwlychu ei wefus a dyna fo. Byddai'r hanner *mild* yn para drwy'r nos iddo fo.

Erbyn i Cai ddod yn ôl o'r tŷ bach, doedd 'na ddim llawer o le ar ôl wrth y tân, felly sodrodd ei ben-ôl ar y stôl arall wrth y bar. Dechreuodd Dewi Jones ei holi ble roedden nhw'n gweithio rŵan a pham bod Wil Camlan yn rhegi hyd yn oed yn fwy nag arfer.

'Diddorol,' meddai Dewi Jones, wedi i Cai egluro. 'Bryn y Crogwr oedd enw'r lle yna ers talwm, 'sti. Dwi'n cofio darllen yn rhywle y byddai pobol oedd wedi torri'r gyfraith yn cael eu dienyddio yno.'

'Dienyddio? Crogi dach chi'n feddwl?'

'Wel ia, mae'n debyg; mi fyddai hynny'n egluro'r enw – Bryn y Crogwr, yn byddai? Ond, yn ôl y sôn, tasen nhw'n llwyddo i ddianc a chyrraedd lle arbennig o'r enw Pen-y-graig, mi fydden nhw'n gallu ennill eu rhyddid. Roedd 'na dipyn o lefydd felly yng Nghymru ers talwm, mae'n debyg. Ond mi ddaeth petha felly i ben yn oes Harri'r Wythfed, rywbryd tua'r flwyddyn 1510, mae'n rhaid. Os dwi'n cofio'n iawn, yn 1509 y daeth Harri yn frenin.'

Pwy oedd angen Google, efo dyn fel Dewi Jones yn cofio cymaint o ffeithiau? meddyliodd Cai.

'Felly, mae'n bosib fod cannoedd o bobl wedi cael eu crogi lle 'dan ni'n gweithio rŵan? *Creepy*,' meddai. 'Fan'no gawson nhw eu claddu hefyd?'

'Dwi ddim yn siŵr am hynny, 'sti,' atebodd Dewi Jones. 'Go brin y byddai pobol am iddyn nhw gael eu claddu ym mynwent yr eglwys fel pawb arall. Fyddai pobol ddrwg ddim yn cael eu claddu yn y fynwent. Er, mae'n siŵr fod rhai wedi cael eu crogi ar gam, 'sti.'

'Ydach chi'n gwbod hanes yr hen blasty?' gofynnodd Cai.

'Pa blasty?'

'Yr un sydd yng nghanol y goedwig – yn y lle Bryn y Crogwr 'ma. Mae'n hen adfail rŵan, ond plasty o ryw fath oedd o, dwi'n siŵr.'

'Dwi'n gwybod dim am yr un plasty. Hen fwthyn oedd o, mwy na thebyg.'

'Nage! Dyna ddeudodd Wil hefyd. Ond wir rŵan, mae'n fwy nag unrhyw fwthyn, heblaw bod gynnon nhw fythynnod *deluxe*, mawr, ar un adeg.'

'Hmm... dwi'n amau hynny. Fues i erioed i Fryn y Crogwr fy hun, a go brin yr a' i yno rŵan a finna efo'r cluniau uffernol yma. Dwi ar y rhestr *urgent* am glun newydd ers dwy flynedd rŵan. Mae dringo i fyny'r staer i'r llofft bron yn ormod i mi, heb sôn am gerdded drwy'r goedwig. Ond mi fydda i wrth fy modd yn mynd i'r archifdy – mae fan'no'n ddigon gwastad. Os lici di, mi a' i yno i chwilio am hanes Bryn y Crogwr, i weld a fu unrhyw blasty yno erioed. Mi fydd yn fwy difyr na gwylio'r rwtsh sydd ar y teledu yn y pnawn.'

Roedd Cai ar fin gofyn i Dewi pam roedd o'n gwylio'r teledu yn y pnawn os oedd o'n rwtsh, ond stopiodd ei hun mewn pryd. Roedd o isio cael gwybod hanes Bryn y Crogwr, a doedd o ddim am bechu'r hen ddyn.

Colli'r gêm darts wnaethon nhw, yn bennaf oherwydd bod Wil Camlan wedi chwarae fatha mochyn. Un ai roedd o wedi yfed mwy nag arfer, neu roedd y digwyddiad efo'r goeden a'r pic-yp wedi rhoi cryn dipyn o ysgytwad iddo fo, meddyliodd Cai.

Gan eu bod wedi gorffen yn gynnar a mynd yn syth i'r dafarn, roedden nhw i gyd wedi yfed mwy nag arfer. Roedd Daf Rich wedi mynd yn gegog yn ei gwrw, fel arfer, ac wedi bod yn reit annifyr efo'r tîm arall. Roedd John Foel wedyn wedi bod yn canu englynion coffa Hedd Wyn, rhywbeth y byddai o wastad yn ei wneud ar ôl rhyw bum peint. Mi fyddai o wastad yn mynd yn ddagreuol hefyd erbyn cyrraedd y llinellau:

'Tyner yw'r lleuad heno – tros fawnog / Trawsfynydd yn dringo'.

Ond hogyn o Drawsfynydd oedd o. Ym mhrofiad Cai, roedd y rhan fwyaf o hogiau Traws yn mynd yn rhyfedd wrth ganu am Hedd Wyn, y ffarmwr a'r bardd enwog o'r ardal gafodd ei ladd yn ymladd ar y Somme adeg y Rhyfel Byd Cyntaf. Roedd wedi clywed John Foel yn canu'r englynion mor aml fel ei fod o bron wedi dysgu'r geiriau ei hun. Erbyn meddwl, roedd o wedi dysgu mwy o farddoniaeth gan yr hogiau nag a wnaeth o erioed yn yr ysgol.

Weithiau, byddai Cai yn canu llinellau o'r englynion coffa hefyd. 'Wedi ei fyw y mae dy fywyd, – dy rawd / Wedi ei rhedeg hefyd', canai wrth faglu ei ffordd i fyny'r staer am ei lofft, cyn cofio y byddai ei ganu'n siŵr o ddeffro Mari. Er eu bod yn byw efo'i gilydd ers rhyw bedwar mis bellach, doedd o ddim wedi arfer yn llwyr â

rhannu ei dŷ teras bach efo hi. Mi fyddai hi'n flin efo fo, mae'n debyg, am anghofio dweud wrthi ei fod wedi mynd yn syth i'r dafarn i chwarae darts, am beidio â chyrraedd adre mewn pryd i rannu swper efo hi, ac am ei deffro ganol nos. Roedd hi tua un o'r gloch y bore, sylwodd, wrth weld rhifau gwyrdd llachar y cloc larwm wrth erchwyn y gwely.

'S'mai, gorjys,' meddai wrthi, ac eistedd ar ochr y gwely i dynnu ei ddillad. 'Sori 'mod i'n hwyr.'

'Mmm,' meddai Mari'n gysglyd. 'Wnaethoch chi ennill?'

'Naddo. Wil Camlan yn chwarae fatha mochyn. A do'n i fawr gwell.'

'O. Ydi babi Wil a'i wraig wedi cyrraedd byth?'

'Soniodd o ddim byd.'

'O. Gest ti fwyd?'

'Dwi ddim yn cofio. O, do, brechdanau ar ôl y gêm.'

'Roedd gen i stiw i ti. Ond bydd yn iawn at fory.'

'O, sori. Aethon ni'n syth i'r dafarn. Sori.'

'Yn amlwg.'

O, dyma ni, meddyliodd Cai, wrth daflu ei ddillad ar y llawr. Mae hi'n flin. Dim jymp heno.

'Dwi wedi deud sori,' meddai'n bwdlyd, gan ddechrau dringo o dan y cwilt.

'Cai,' meddai Mari, 'chest ti ddim cawod chwaith, naddo?'

'Naddo. Aethon ni'n syth i'r Llew o'r gwaith, yn do.'

'Wel, dwi ddim yn disgwyl i ti gael cawod rŵan, yr adeg yma o'r nos. Ond rwyt ti yn sylweddoli y bydd y dillad gwely ar dy ochr di'n afiach pan na fyddi di'n cael cawod, dwyt?'

O, ff—, meddyliodd Cai. Dwi'n cael row am fod yn fudur rŵan.

Roedd ganddo feddwl y byd o Mari; roedd o'n mwynhau ei chwmni hi, ei sgwrs hi, ei bwyd hi – a'i chorff hi. Ond weithiau roedd byw ar ei ben ei hun cymaint haws. Roedd o'n dal ar ei draed wrth y gwely, yn cydio yng nghornel y cwilt, ddim yn siŵr be roedd o i fod i'w wneud.

'Felly, rwyt ti isio i mi molchi... rŵan.'

'Nac ydw, dwi wedi deud 'mod i ddim yn disgwyl i ti gael cawod rŵan, am un o'r gloch y bore.'

'Be wyt ti'n ddisgwyl i mi neud 'ta?'

'Dim. Jest cofio'r tro nesa, dyna i gyd.'

'Am 'mod i'n baeddu'r dillad gwely.'

'Ia. Maen nhw'n wyn – i fod.'

'Ti fynnodd gael rhai gwyn. Ro'n i'n reit

hapus efo'r rhai glas tywyll oedd gen i. Doedd y rheini ddim yn dangos baw.'

Ochneidiodd Mari. Doedd hi ddim eisiau ffrae.

'Anghofia fo a tyrd i'r gwely, wir.'

'Ond ti wedi gneud i mi deimlo'n fudur rŵan – 'mod i'n drewi.'

Saib.

'Does 'na ddim byd o'i le efo *pheromones*... a dwi'n licio dy oglau di,' meddai Mari mewn llais melfedaidd.

Gwenodd Cai, a llithro o dan y cwilt gan roi ei freichiau am gorff cynnes ei gariad. Roedd hi'n noeth, a daeth yn amlwg o fewn eiliadau nad oedd o wedi yfed gormod, wedi'r cwbl.

'Na, Cai,' gwenodd Mari yn y tywyllwch. 'Dwi'n gorfod codi'n gynnar.'

Ond doedd ei chorff ddim yn cyd-fynd efo'i geiriau, ac er gwaetha'i hun, dechreuodd Mari ymateb yn reddfol i gorff ei chariad meddw, budur, a hynod rywiol. Roedd angen amynedd Job efo fo, ond roedd hi'n ei garu, a dyna fo.

Pan ddeffrodd y bore canlynol, roedd pen Cai fel meipen, ac roedd Mari yn sbio'n od arno fo.

'Haia. Pam wyt ti'n sbio arna i fel'na?'

'Mi fuest ti'n siarad yn dy gwsg.'

'Fi? Dwi byth yn siarad yn fy nghwsg.'

'Wel, mi fuest ti neithiwr. Mwy o weiddi na siarad, a deud y gwir.'

'Gweiddi? Gweiddi be?'

'Lot fawr o "Na! Na! Na!" a rhywbeth am gael bai ar gam. Oes 'na rywun wedi dy feio di am rywbeth?'

'Y? Ddim hyd y gwn i.'

'Wel, roeddet ti'n swnio'n reit ypsét am y peth.'

'Dow. Cofio dim. Pam na wnest ti 'neffro fi?'

'Mi wnes i drio, ond buodd bron i ti roi dwrn i mi. Est ti'n reit wallgo, wedyn est ti'n ôl i gysgu'n sownd – tan rŵan.'

''Rargol, sori, Mari. Falle fod 'na rywbeth sy ddim yn cytuno efo fi yn y brechdanau gawson ni neithiwr.'

'Neu yn dy ddiod di... fuoch chi ar y whisgis eto, do?'

'O, do, mae'n siŵr. Blincin Wil Camlan a'i *single malts*.' Sylweddolodd Cai fod ei geg yn blasu fel cwt cwningen angen ei garthu – nid ei fod o erioed wedi blasu cynnwys cwt cwningen. 'Dŵr. Dwi angen dŵr. A glanhau 'nannedd.'

'A chawod,' ychwanegodd Mari.

*

Ar ôl iddo gael dau lond mŵg o goffi cryf a llond powlen o uwd, roedd Cai yn teimlo'n well ac yn barod i fynd i'w waith, er doedd o ddim yn siŵr pa mor ddiogel oedd hi iddo yrru. A phan gyrhaeddodd y goedwig, doedd o ddim yn siŵr pa mor ddiogel oedd hi i unrhyw un o'r criw drin peiriannau o unrhyw fath, chwaith.

'Mae 'na olwg y diawl arnoch chi,' meddai wrth John Foel a Dai Rich.

'Sbia adre!' meddai Dai Rich yn flin. 'Ti'n edrych fel rhech wlyb. Rŵan cer i dorri coed, wnei di?'

Mae'n rhaid mai'r alcohol yn ei waed oedd yn gyfrifol, ond aeth llawer gormod o bethau o chwith i Cai y diwrnod hwnnw. Roedd brigau a changhennau yn mynnu ei daro a'i grafu. Pan lwyddodd un gangen filain i rwygo fisor ei helmed i ffwrdd, aeth un brigyn yn syth i'w lygad. Rhegodd yn uchel a chau ei lygad yn dynn nes i'r boen wella mymryn. Pan agorodd ei lygad eto, yn ofalus, gallai weld rhywun yn sefyll o'i flaen, a llygaid blin yn edrych arno.

'Jimmy? Paid â phoeni, brigyn aeth i mewn i'm llygad i.'

Caeodd Cai ei lygad am eiliad, a phan agorodd hi wedyn doedd neb yno, ac roedd Jimmy hanner canllath i ffwrdd, yn dal i frwydro efo drain. Ysgydwodd ei ben. Effaith whisgi neithiwr, meddyliodd.

Hanner awr yn ddiweddarach, roedd o wedi dringo'n uchel, i osod pwynt angor tua tri chwarter ffordd i fyny'r dderwen, pan ddechreuodd ei ben gosi'n ofnadwy. Tynnodd ei helmed i grafu ei ben, a dyna pryd y gwelodd o fod rhywun yn bendant yn sefyll gyferbyn â fo – tri chwarter ffordd i fyny'r goeden! Nid Jimmy na'r un o'r hogiau eraill, ond rhywun hollol ddiarth. Rhywun barfog oedd hwn, yn gwisgo dillad rhyfedd, efo clogyn dros ei ysgwyddau. Roedd ei lygaid yn syllu i lygaid Cai, ac roedd marc coch, dwfn o amgylch ei wddw.

Yn ei fraw, gollyngodd Cai ei helmed. Rhegodd wrth ei gwylio'n syrthio ac yn bownsio'i ffordd i'r llawr oddi tano. Cododd ei lygaid unwaith eto, ond erbyn hynny roedd y dyn o'i flaen wedi diflannu.

Blydi hel, meddyliodd. Dwi'n gweld petha. Dwi ddim yn mynd i gyffwrdd yn y bali *single malt* 'na byth eto.

Gwaeddodd ar Jimmy i glymu'r helmed yn y rhaff roedd o wedi'i gollwng i lawr iddo. Ufuddhaodd hwnnw, a dechreuodd Cai dynnu'r rhaff yn ôl i fyny yn ofalus. Ond ddim yn ddigon gofalus. Aeth yr helmed yn sownd mewn brigau ar y ffordd i fyny. Rhegodd Cai unwaith eto. Roedd o'n dechrau gwylltio go

iawn, rŵan. Byddai'n rhaid iddo ddringo i lawr i ryddhau'r helmed, ac yntau ar ei hôl hi'n barod!

Wrth iddo ddringo i lawr roedd ei ben yn troi, ac am ryw reswm roedd llygaid y 'dyn' welodd o cynt yn fflachio o flaen ei lygaid – llygaid blin, llygaid llawn cynddaredd. Cynddaredd oedd yn dechrau llifo drwy ei waed yntau, yn gwneud i'w waed o ferwi. Roedd ei ddwylo'n crynu, roedd o'n teimlo mor flin. Roedd o eisiau poeri a gweiddi a brifo rhywun.

'Be uffar ti'n neud i fyny fan'na?' Llais Wil Camlan.

Roedd hwnnw wedi dod draw i weld sut hwyl roedd Cai a Jimmy yn ei chael. Yr eiliad y clywodd o'r llais saethodd gwylltineb drwy gorff Cai, ac ymbalfalodd am y gyllell boced fyddai o wastad yn ei chadw ar ei harnais. Cyn iddo sylweddoli be roedd o'n ei wneud, roedd o wedi'i thynnu'n rhydd o'r harnais, ac wedi'i hagor fel bod y min yn sgleinio. Gadawodd iddi ddisgyn o'i ddwylo. Plymiodd y gyllell fel carreg, yn syth am Wil – a chladdu ei hun yn y pridd a'r dail, fodfeddi yn unig oddi wrth draed Wil.

'Be oedd hynna?' gofynnodd Wil, wedi clywed rhywbeth yn chwislo heibio'i glust. Edrychodd i lawr ar y gyllell, a'i chodi. 'Blydi hel, Cai! Wyt ti'n trio'n lladd i?'

Ysgydwodd Cai ei hun, fel pe bai newydd ddeffro o hunllef. Be roedd o'n drio'i neud? Pam wnaeth o hynna, rŵan? Be oedd ar ei ben o?

'Sori, Wil. Does dim llawer o siâp arna i heddiw.'

'Ti'n deud wrtha i. Basa'r min yna wedi gallu gneud uffar o dwll yn fy helmed i! Bydd yn fwy gofalus, myn uffarn i. Ond ddim ti ydi'r unig un. Mae John Foel newydd gael *kick-back* diawledig gan ei lif o, ac oni bai am ei drowsus Kevlar o, mi fasa 'na uffar o dwll yn ei goes o. Mae o'n dal i grynu.'

Sylweddolodd Cai ei fod yntau'n crynu hefyd, ac yn teimlo'n sâl. Daeth i lawr o'r goeden – yn ofalus. Edrychodd Wil a Jimmy yn hurt arno.

'Be sy? Mae dy lygaid di'n od, Cai. A ti'n welw. Ti'n iawn?'

Prin y cafodd Cai gyfle i ysgwyd ei ben cyn iddo chwydu yn y fan a'r lle – gan fethu sgidiau Wil o drwch blewyn yn unig.

Pennod 3

Cafodd Cai ei yrru adre'n syth.

'Ti'n dda i ddim i mi fel yna,' meddai Wil.

Roedd pawb yn meddwl mai effaith y ddiod y noson cynt oedd arno fo, ond doedd Cai ddim mor siŵr. Roedd o wedi cael ei siâr o nosweithiau meddw, ond doedd yr un ohonyn nhw wedi'i droi yn ddyn gwyllt fel yna. Doedd yr un ohonyn nhw chwaith wedi gwneud iddo weld pethau – na gweld pobl.

Safodd dan y gawod am amser hir, yn ceisio gwneud synnwyr o bethau – a methu. Aeth i'w wely'n syth, gan ddiolch ei bod hi'n ddydd Sadwrn drannoeth.

Pan gyrhaeddodd Mari'r tŷ ar ôl pump o'r gloch, sylwodd ar esgidiau a dillad Cai mewn swp blêr yn y portsh. Ysgydwodd ei phen gyda gwên fach, codi'r dillad a'u rhoi ar y bachyn, a galw:

'Haia! 'Nôl yn gynnar heddiw?' Gan na chafodd ateb, aeth i'r gegin. Dim mŵg coffi budur na phlât llawn briwsion. Rhyfedd...

'Cai?' galwodd eto. Doedd o ddim yn yr ardd yn cael smôc slei chwaith. Felly dringodd y grisiau, a gweld y llanast a'r lliain gwlyb ar lawr y stafell molchi. Rholiodd ei llygaid. Doedd Cai

ddim yn gallu cael cawod heb droi'r llawr yn bwll nofio.

Rhoddodd Mari ei phen drwy ddrws y llofft a gweld bod Cai yn cysgu'n sownd.

Wrth gwrs, meddyliodd, neithiwr wedi dal i fyny efo fo, bechod. Roedd hi ar fin cau'r drws pan glywodd hi Cai yn dweud rhywbeth.

'Be?' sibrydodd Mari a chamu'n ôl i mewn i'r llofft. Ond roedd o'n dal i gysgu. Siarad yn ei gwsg roedd o eto, mae'n rhaid. Trodd Mari at y drws, ond yna clywodd Cai yn dweud yn berffaith eglur:

'O, Catrin... Catrin...' A hynny mewn ffordd oedd yn ei gwneud hi'n amlwg ei fod o'n breuddwydio am wneud rhywbeth... wel, rhywbeth personol iawn efo'r Catrin yma, pwy bynnag oedd hi.

'Catrin, fy nghariad i,' ochneidiodd Cai. 'Tyrd yma, tyrd ag un gusan arall i mi.'

Be? Allai Mari ddim helpu ei hun. Teimlodd wres sydyn yn llifo drwyddi, ac aeth ei llwnc yn sych.

'Pwy ddiawl 'di Catrin?' gwaeddodd.

Neidiodd pen Cai i fyny mewn braw.

'Y? Be? Pwy?' meddai'n ddryslyd.

'Yn hollol! Dyna dwi isio'i wybod!' meddai Mari drwy ei dannedd. 'Pwy ydi hi?'

'Pwy ydi pwy?'

'Catrin!'

'Pwy ydi Catrin?' holodd Cai eto.

'Roeddet ti'n swnio fel taset ti'n ei nabod hi'n dda iawn gynnau!'

'Sori, dwi ddim yn dallt. Be sy, Mari?'

'Roeddet ti'n siarad yn dy gwsg eto, Cai. Ac roeddet ti'n glafoerio dros ryw Catrin.'

'Ond dwi ddim yn nabod 'run Catrin,' mynnodd Cai.

'O, nag wyt wir? Ond ti isio'i nabod hi, yn amlwg!'

'Mari,' meddai Cai gan godi o'r gwely. 'Dydi be wyt ti'n ddeud ddim yn gneud sens o gwbl. Rŵan, callia ac eistedda fan hyn efo fi.'

Roedd Mari eisiau'i daro fo, ond roedd ei chorff i gyd yn teimlo fel petai wedi rhewi. Gadawodd iddo'i thynnu'n ofalus i eistedd wrth ei ochr.

'Rŵan, be yn union ro'n i'n deud yn fy nghwsg?' gofynnodd Cai.

'Ym... "O, Catrin... Catrin, Catrin, fy nghariad i. Tyrd yma... un gusan arall",' meddai Mari'n bwdlyd.

'O,' meddai Cai. 'Ac ydi hynna'n swnio fel fi?'

'Dwn i ddim. Ti erioed wedi deud dim byd fel'na wrtha i!'

'Naddo, achos fydda i byth yn deud petha fel'na, na fydda. "Mari, Mari, fy nghariad i?"

Mae o fel rhywbeth allan o ryw ddrama hen ffasiwn, yn tydi? Meddylia am y peth!'

Dechreuodd Mari deimlo'i hysgwyddau'n llacio. Roedd ganddo bwynt.

'Ac "un gusan arall". Faswn i byth yn deud "cusan" – sws dwi'n ddeud, yndê, neu snog...' ychwanegodd gyda gwên.

Allai Mari ddim peidio â gwenu'n ôl. Roedd hi'n teimlo braidd yn wirion rŵan.

'Ond... ond pam faset ti'n siarad fel'na yn dy gwsg? Wyt ti wedi bod yn gwylio rhyw hen ddrama ar y teli neu rywbeth? Darllen hen lyfr?'

'Darllen llyfr – fi?' gwenodd Cai. '*Fferm Ffactor* oedd y peth diwetha i mi ei weld ar S4C. Sgen i ddim syniad mwnci pam wnes i siarad fel'na yn fy nghwsg, Mari. Oes gan unrhyw un syniad be maen nhw'n siarad amdano fo yn eu cwsg?'

Cododd Mari ei hysgwyddau.

'Nag oes, mae'n debyg,' meddai.

'Felly, Mari fy nghariad i,' gwenodd Cai wrth gwpanu ei hwyneb yn ei ddwylo, 'ti ffansi snog?'

Hanner awr yn ddiweddarach, roedd y ddau angen cawod eto, ond gan nad oedd lle i ddau yno, mynnodd Cai mai Mari ddylai fynd gyntaf. Gorweddodd yn ôl ar y gwely yn gwrando ar Mari yn canu 'Dere mewn, rho dy dra'd lan...'

– cân Colorama os gallai gofio'n iawn. Roedd hi'n bendant yn hapusach felly.

Ond doedd o'n bendant ddim yn hapus. Be ar y ddaear oedd yn digwydd iddo fo? Siarad yn ei gwsg – a siarad yn od yn ei gwsg; gweld pethau; cael rhyw deimladau afiach am ddim rheswm o gwbwl; gollwng cyllell ar ben Wil... Rhewodd yn sydyn. Doedd o erioed yn colli ei synhwyrau, oedd o? Roedd o wedi clywed am bobol oedd yn dioddef o symptomau fel hyn – yn clywed lleisiau oedd yn dweud wrthyn nhw am frifo rhywun. Efallai y dylai siarad efo rhywun, gweld doctor.

Yna, sylweddolodd fod rhywun yn cnocio ar y drws ffrynt. Roedd Mari'n dal i ganu, a doedd hi'n clywed dim. Cododd Cai, tynnu crys T dros ei ben a chamu i mewn i bâr o jîns, a llamu i lawr y grisiau at y drws.

Dewi Jones, y cyn-lyfrgellydd, oedd yno, a bag siopa yn ei law.

'Dewch i mewn,' meddai Cai yn syth. 'Gymerwch chi baned?'

'Wel, wna i ddim gwrthod. Dow, mae hi'n daclus iawn yma gen ti,' meddai wrth ddilyn Cai i'r gegin.

'Ia, wel, Mari ydi'r un daclus. Mae hi wastad yn cwyno 'mod i fel mochyn,' gwenodd Cai. 'Ond dwi'n gneud paned well na hi.'

Dros ddau fŵg mawr o de lliw caramel perffaith, clywodd Cai fod Dewi Jones wedi treulio'r pnawn cyfan yn yr archifdy lleol.

'Fel'na fydda i, 'sti. Unwaith mae 'na syniad yn fy mhen i, mae'n rhaid i mi fynd ar ei ôl o'n syth, fel rhyw hen derriar efo asgwrn. Mi fu'r busnes Bryn y Crogwr 'ma yn troi yn fy mhen i drwy'r nos. Iawn, mae fy nodiadau i fan hyn,' meddai gan dynnu swp o bapurau allan o'i fag siopa a'u gosod yn daclus ar y bwrdd.

'I gychwyn,' meddai, 'oeddet ti'n gwbod bod rhai yn deud mai "coed derw Owain Glyndŵr" ydi tarddiad yr enw "Darowen"? Does gen i ddim syniad faint o wir sydd yn hynny, ond gan fod Glyndŵr wedi bod o gwmpas yr ardal yma gryn dipyn...'

'Ia, roedd gynno fo senedd-dy ym Machynlleth, yn doedd?' meddai Cai.

'Wel, oedd. Mi gafodd ei goroni yn Dywysog Cymru yno, mae'n debyg. Yn 1404 roedd hynny, a phobl bwysig o Gymru gyfan yn bresennol, ac o Ffrainc, yr Alban a Sbaen hefyd, medden nhw. A pham ym Machynlleth? Wel, does 'na neb yn hollol siŵr pam, ond mae'n bosib mai isio rhywle canolog oedden nhw. Mae afon Dyfi'n ffurfio ffin naturiol rhwng y gogledd a'r de, am wn i.'

'A dach chi'n meddwl bod 'na gysylltiad rhwng

Owain Glyndŵr a'r hen blasty?' gofynnodd Cai.

'Wooo! Gan bwyll, ara bach, Cai! Mi ges i afael ar enw hen blasty: Coed Cam. Enw da, yndê. Wnes i ddim gweld cofnod oedd yn dangos ble roedd o'n union, ond roedd o yn yr ardal yma yn rhywle. Roedd o'n sicr yn adeilad go bwysig yng nghyfnod Glyndŵr.'

'Coed Cam, ia?' meddai Cai. 'A Camlan ydi enw ffarm Wil a'i deulu. Mae 'na gysylltiad yn fan'na, yn does?'

'Oes, siŵr gen i,' meddai Dewi Jones. 'A gwranda ar hyn: roedd Coed Cam yn perthyn i gangen o deulu'r Fychaniaid. Yn 1408 mi gafodd y perchennog ar y pryd, Rhys Fychan, ei gyhuddo o fradychu Owain Glyndŵr. Wyddwn i ddim byd am hyn o'r blaen, sy'n rhyfedd. Mi fyddet ti'n disgwyl i mi wybod am bob cysylltiad posib oedd gan Glyndŵr â'r ardal yma. Ond mae'n bosib fod y stori yma wedi'i chadw'n dawel.'

'Wel, fyddai bradychu Owain Glyndŵr ddim wedi'i neud o'n boblogaidd iawn yn yr ardal yma, na fyddai? Mwy o *Public Enemy Number 1*,' meddai Cai. 'Oedd o'n euog, felly?'

'Mae'n edrych yn debyg,' meddai Dewi Jones. 'Mi gafodd ei grogi beth bynnag, yn ôl y ddogfen fach bitw y dois i o hyd iddi. A dyfala yn lle digwyddodd hynny?'

'Bryn y Crogwr?'

'Yn union.'

Llyncodd Cai yn galed. Felly roedd hi'n berffaith bosib fod y bradwr yma wedi cael ei grogi ar y dderwen fawr. Y dderwen roedden nhw'n gweithio arni ar y pryd.

'Does 'na ddim ffasiwn beth â llun o'r Rhys Fychan 'ma ar gael, nag oes?'

'Nag oes, go brin, Cai. Does 'na ddim llun o Owain Glyndŵr hyd yn oed, dim llun clir sy'n bendant yn un ohono fo, o leia.'

'Wel, fyddai gynno fo farf?'

'Barf? Wel byddai, yn y cyfnod hwnnw, siŵr gen i. Ond pam wyt ti'n gofyn?'

'O, dim rheswm arbennig... jest, meddwl... sut byddai'r Rhys Fychan yma'n edrych, dyna i gyd.'

'Ychydig iawn o wybodaeth ddois i o hyd iddi, ond mi a' i yn ôl eto. Mae'n stori ddifyr, yn tydi, ac mi fyddwn i wrth fy modd yn cael gwbod mwy. Ond dwi'n amau falle fod gan y stori am Rhys Fychan rywbeth i'w wneud â'r hanes am Owain yn colli Castell Aberystwyth. Roedd Owain Glyndŵr i ffwrdd yn ymladd pan wnaeth y Saeson ddechrau ymosod ar Gastell Aberystwyth, ac erbyn 1408, roedd y castell yn ôl yn nwylo'r Saeson. Mi fyddai Owain yn gandryll ac yn chwerw, siŵr gen i, ac os oedd o'n meddwl bod rhywun wedi'i fradychu o...'

Gallai Cai deimlo'i ddwylo'n chwysu, ond doedd ganddo ddim syniad pam. Doedd gan y stori hon ddim byd i'w wneud ag o. Felly, pam roedd o'n dechrau teimlo'i waed yn berwi eto'n sydyn?

Diolch byth, clywodd Mari yn dod i lawr y grisiau.

'Gobeithio dy fod ti'n gwisgo dillad,' galwodd, 'mae gynnon ni bobol ddiarth!' Clywodd Mari'n brysio'n ôl i fyny i'r llofft. Gwenodd ar Dewi Jones. Roedd o wedi ymlacio'n syth, diolch byth.

'Mae'n siŵr nad oedd hi'n gwisgo fawr mwy na lliain, synnwn i daten,' meddai Cai. 'Digon i roi harten i ddyn o'ch oed chi!'

'Be wyddost ti, y cena digywilydd?' chwarddodd Dewi Jones. 'Mae'n hen bryd i mi fynd, beth bynnag, ond ydw i wedi deud pob dim wrthat ti, dwed? O, naddo,' meddai gan roi ei fys ar ei nodiadau. 'Fan hyn yli: roedd Rhys Fychan yn un o gefnogwyr Owain o'r cychwyn cynta, ac wedi ymladd o'i blaid bron ym mhobman, hyd y gwela i. Felly, mae'n rhaid eu bod nhw'n nabod ei gilydd yn dda ac yn dipyn o ffrindiau.'

'Felly, roedd cael ei fradychu gan ffrind yn goblyn o sioc,' meddai Cai yn araf. 'Oes 'na ryw sôn sut cafodd Rhys ei brofi'n euog?'

'Nag oes, a dyna be dwi am geisio cael gwbod

nesa. Ond aros di, un pwt bach arall o wybodaeth am Rhys Fychan – roedd ganddo fo wraig a dau o blant. Ac enw ei wraig o oedd... aros funud... dwi ddim yn dallt fy sgrifen fy hun... a, dyma ni – Catrin.'

Rhythodd Cai arno'n syn.

'Catrin?'

'Ia, Catrin, merch Llewelyn ap Cadwgan. Dim syniad o ble, chwaith. Na be ddigwyddodd iddi wedyn.'

'I bwy?' gofynnodd llais Mari y tu ôl iddyn nhw.

'I Catrin,' meddai Dewi Jones. 'A sut wyt ti, Mari?'

Edrychodd Mari a Cai ar ei gilydd. Hanner gwenu roedd Cai, ond gwgu'n amheus wnâi Mari.

'Ym... ydw i wedi deud rhywbeth na ddylwn i?' gofynnodd Dewi Jones yn ddryslyd.

Pennod 4

WEDI GWRANDO AR DEWI Jones yn egluro pwy oedd Catrin, sef gwraig rhyw Rhys Fychan oedd â chysylltiad efo Owain Glyndŵr, nodiodd Mari ei phen yn gwrtais.

'Diddorol iawn,' meddai. 'Wyddwn i ddim fod gen ti gymaint o ddiddordeb mewn hanes lleol, Cai.'

'Wel, dim ond yn ddiweddar,' gwenodd hwnnw.

'Dwed ti. Ylwch, sori, ond dwi'n llwgu. *Takeaway* heno, Cai, neu wyt ti'n disgwyl i mi neud swper?'

'O, mae'n ddrwg gen i,' meddai Dewi Jones, gan ddechrau hel ei bapurau. 'Dwi wedi aros yn llawer hirach nag o'n i wedi meddwl, a dwi ddim isio tarfu ar eich swper chi. Wela i di eto, Cai, a chithau hefyd, gobeithio, Catrin – o, mae'n ddrwg gen i – Mari.'

Pan gaeodd Cai y drws ar ôl i Dewi Jones adael, clywodd Mari yn ffrwydro chwerthin y tu ôl iddo.

'O, diolch byth,' gwenodd Cai. 'O'n i ddim yn siŵr fyddet ti'n gweld hynna'n ddigri.'

'O, ty'd yn dy flaen, be ti'n feddwl ydw i?' chwarddodd Mari. 'Roedd hynna'n hilêriys. Ac

o leia dwi'n gwbod rŵan pam mae Catrin ar dy frêns di.'

Oedodd Cai. Ddylai o egluro wrthi mai heno oedd y tro cyntaf iddo glywed am Catrin? Penderfynodd beidio. Mi fyddai hithau'n meddwl ei fod o'n dechrau drysu.

'Yn hollol,' gwenodd, 'sut gallwn i freuddwydio am fod efo unrhyw hogan heblaw ti?'

'O, cau hi,' gwenodd Mari. 'Mi fydda i'n breuddwydio am Ben Affleck yn eitha aml, waeth i mi gyfadde.'

'Be? Yr actor 'na? Ti ddim yn meddwl amdano fo pan wyt ti efo fi, gobeithio.'

Dim ond gwên gafodd Cai yn ateb.

'Aros funud... Mi wyt ti, yn dwyt?'

'Bosib 'mod i, bosib 'mod i ddim...' gwenodd Mari. 'Rŵan 'ta, pwy sy'n mynd i nôl y takeaway, ti 'ta fi? Ond dwi wedi cael DVD yn barod. A gesia pwy sy ynddo fo?'

*

Pan aeth Cai i'w wely'r noson honno, roedd yn gweddïo na fyddai'n cael breuddwyd od eto, nac yn siarad yn ei gwsg. Roedd o wedi blino'n rhacs ac yn gobeithio y byddai hynny'n ddigon i wneud iddo gysgu fel twrch drwy'r nos.

Ond am ddau o'r gloch y bore deffrodd yn

chwys i gyd. Trodd ei ben a gweld bod Mari'n cysgu'n sownd. Cododd yn ofalus a mynd i'r stafell molchi gan gau'r drws yn dawel ar ei ôl. Edrychodd ar ei wyneb yn y drych a gweld ei wallt yn wlyb ar ei dalcen. Gwlychodd wlanen molchi efo dŵr oer a sychu ei wyneb a'i war. Roedd hynna'n braf. Ond roedd o'n effro fel y gog, damia. Penderfynodd nad oedd pwynt mynd yn ôl i'r gwely am sbel, dim ond troi a throsi fyddai o. Aeth i lawr y grisiau yn araf, gan gofio osgoi'r gris yn y canol fyddai wastad yn gwichian fel petai rhywun wedi sathru ar gynffon cath.

Tywalltodd Cai wydraid o laeth oer iddo'i hun, mynd drwodd i'r lolfa ac eistedd ar y soffa. Rhoddodd olau bychan ymlaen a fflicio trwy ddudalennau'r *Cambrian News*. Darllenodd fod pobl yn cwyno am faw cŵn yn Nhywyn, bod rhywun wedi malu cerrig beddi mewn rhyw fynwent ger y Bermo, a bod beic plentyn wedi'i ddwyn o Gorris. Wrth ddarllen adroddiadau am gêmau pêl-droed yr ardal, syrthiodd i gysgu...

Roedd o ar gefn ceffyl, yn carlamu yng nghanol ugeiniau o geffylau eraill, drwy wynt a glaw. Roedd menig mawr lledr am ei ddwylo a throwsus o ddefnydd cras, tywyll am ei goesau. Edrychodd o'i gwmpas.

Roedden nhw ar dir gwastad, a dim golwg o fynydd yn unman, dim bryn gwerth ei alw'n fryn hyd yn oed. Nid Meirionnydd oedd fan hyn felly; roedd y lle'n debycach i Loegr – neu Sir Fôn.

Yna, gwelodd gannoedd o bobl mewn dillad carpiog yn rhedeg tuag atyn nhw, yn chwifio'u breichiau. Arafodd y ceffylau a gwelodd Cai un o'r marchogion eraill yn cael gair efo'r dynion. Trodd y marchog a gweiddi rhywbeth am 'Y Saeson wedi glanio ar Draeth Llydan! Wedi dod o Iwerddon!' Trodd pawb yn syth i edrych ar ddyn mawr, cadarn ar geffyl gwyn, hardd.

'Be wnawn ni, Owain?' gwaeddodd dyn yn ymyl Cai. Owain? Dyn â gwallt tywyll a barf oedd hwnnw, yn gwisgo rhyw fath o diwnig coch a melyn. Roedd llun llewod melyn a choch ar bedwar sgwâr y tiwnig, a sylwodd fod y dyn ar y blaen yn cario baner efo'r un patrwm yn union. Cofiodd Cai yn sydyn ei fod wedi gweld y faner hon o'r blaen. Baner Owain Glyndŵr oedd hi. Ai hwn oedd Owain Glyndŵr?

Roedd o'n dal i rythu'n hurt arno a phrin yn clywed Owain yn holi faint o Saeson oedd yna. Yna, rhoddodd Owain orchymyn i gilio nes byddai gweddill ei fyddin wedi croesi'r Fenai.

Pan glywodd Cai y geiriau 'Y Fenai', fe sythodd. Felly, ar Ynys Môn roedden nhw, yn bendant. Ond be oedd o'n ei wneud yma efo Owain Glyndŵr?

Clywodd rywun yn gweiddi 'Rhys!' dros sŵn y gwynt. Ac yna'n gweiddi eto. 'Rhys Fychan!' Ble roedd

Rhys? Ac yna sylweddolodd fod pawb yn sbio arno fo. Ac Owain Glyndŵr ei hun oedd yn gweiddi arno.

'Rhys! Ai breuddwydio wyt ti, gyfaill?' gwaeddodd Owain Glyndŵr gan drotian ar ei geffyl yn agosach ato. Rhythodd Rhys yn hurt arno. Y cwbl fedrai ei wneud oedd nodio'i ben. 'Bydd angen i ti ddeffro felly, Rhys! Mae arna i angen dy gyngor!' meddai Owain.

Ac yn sydyn, roedd wedi deffro, ar y soffa yn ei lolfa ei hun, a'i foch yn pwyso ar y *Cambrian News*. Cododd Cai yn frysiog ac ysgwyd ei ben. O, roedd hyn yn mynd yn wirion rŵan. Roedd o newydd freuddwydio mai fo oedd y Rhys Fychan yma. Hurt bost. Ond fyddai o byth yn breuddwydio fel arfer, neu o leiaf fyddai o ddim yn cofio unrhyw beth roedd o wedi'i freuddwydio. Wel, heblaw am y tro hwnnw pan oedd o'n iau, ac y cafodd o freuddwyd neis iawn am fod mewn lifft efo Angelina Jolie.

Dringodd Cai y staer yn ôl i'r llofft a llithro i mewn yn ofalus wrth ochr Mari. Trodd hithau yn ei chwsg ac estyn amdano. Roedd hi mor gynnes. Rhoddodd ei fraich drosti a chau ei lygaid. Ac o'r diwedd, aeth i gysgu unwaith eto – ond yn sydyn deffrodd yng nghanol brwydr yn llawn cleddyfau a cheffylau yn clecian a gweryru.

Roedd o ar gefn ceffyl unwaith eto, yn chwifio'i gleddyf yn wyllt. Rhythodd mewn braw pan welodd ei fod newydd hollti pen dyn, o'i gorun i lawr i'w geg. Sgrechiodd. Yna, teimlodd freichiau yn trio'i dynnu oddi ar ei geffyl a gyda bloedd, trodd yn wyllt efo'i gleddyf a'i chwipio tuag at y breichiau. Sgrechiodd y dyn hwnnw wrth i waed ffrwydro o'i fraich dde – hynny oedd ar ôl ohoni.

Allai Cai ddim credu be roedd o newydd ei wneud. Ond roedd 'na gannoedd o ddynion yn ymosod arno fo a'r marchogion eraill, a doedd ganddo ddim dewis ond ymladd yn ôl, neu gael ei ladd. Yna, o gornel ei lygaid, gwelodd ddyn mewn gwisg o haearn yn carlamu'n syth tuag at Owain Glyndŵr a'i geffyl gwyn. Roedd Owain yn rhy brysur yn brwydro efo rhywun ar y dde iddo i sylwi. Heb feddwl, ciciodd Cai ei sodlau i mewn i fol ei geffyl a brysio tuag at Owain, a'i gleddyf hir o'i flaen.

Doedd y dyn mewn gwisg haearn ddim yn gwybod be oedd wedi'i daro. Dyna lle roedd o, o fewn llathen neu ddwy i fedru lladd y rebel digywilydd oedd wedi meiddio gwrthryfela yn erbyn Brenin Lloegr. Ond yna, roedd o ar ei gefn ar lawr yn y mwd a'r baw, fel rhyw chwilen fawr drom, a charnau ei geffyl yn dod i lawr tuag ato. Clec. Doedd y wisg haearn yn dda i ddim i'w arbed rhag y ceffyl trwm.

Trodd Cai i edrych ar Owain. Roedd o wedi gweld be oedd wedi digwydd a rhoddodd wên ddiolchgar i Cai, cyn troi i chwalu pen milwr arall.

45

'Cai! Cai, deffra!' Agorodd Cai ei lygaid a gweld Mari ar ei phengliniau yn ei ysgwyd.

'Y? Mari, be ti'n neud?'

'Dy ddeffro di! Roeddet ti'n sgrechian ac yn gweiddi yn fy nghlust i!'

'O'n i? Ond ro'n i mewn brwydr, ar gefn ceffyl...' meddai'n ddryslyd.

'Ar gefn ceffyl? Ti? Ti erioed wedi bod ar gefn ceffyl!'

Roedd hi'n iawn, wrth gwrs. Roedd o wastad wedi cadw'n ddigon pell oddi wrth y diawlied ers i'r Shetland Pony hwnnw ei frathu'n gas yn y sioe sir pan oedd o'n saith oed.

'Naddo. Sori. Breuddwydio o'n i, mae raid. Faint o'r gloch ydi hi?'

'Hanner awr wedi chwech, y twmffat!'

'Sori...'

Llwyddodd Mari i fynd yn ôl i gysgu ond roedd ar Cai ormod o ofn cau ei lygaid bellach. Cododd a newid i'w ddillad beicio. Roedd o angen clirio'i ben. Roedd hi'n dal yn dywyll, ond fe ddylai ei oleuadau Lezyne newydd, a blincin drud, oleuo digon ar y ffordd iddo fod yn ddiogel. Fyddai fawr ddim traffig ar y ffyrdd cefn yr adeg yma o'r bore, beth bynnag.

Roedd o wedi beicio rhyw bedair milltir caled i fyny rhiw serth pan glywodd Cai y glec. *Puncture*! Go damia! Roedd draenen yn y teiar.

Ond roedd ganddo diwb sbâr yn y bag bach o dan y sedd, felly fuodd o fawr o dro yn newid yr olwyn. Dim ond pan sythodd o y sylwodd lle roedd o. Wrth Fryn y Crogwr.

Doedd o ddim yn cofio penderfynu mynd y ffordd yma, ac allai o ddim egluro iddo'i hun be wnaeth iddo droi ar hyd y ffordd hon. Ond yma roedd o, a'r coed yn sgerbydau tywyll yr ochr arall i'r gwrych.

Neidiodd pan glywodd besychiad y tu ôl iddo. Ond dim ond dafad yn y cae yr ochr arall i'r clawdd oedd yno.

Trodd yn ôl i sbio ar gysgodion y goedwig, nes iddo ddechrau teimlo bod y goedwig yn sbio arno fo... bod rhywbeth i mewn yn y goedwig yn sbio arno fo – yn rhythu i mewn i'w ben o. Yn sydyn, roedd o'n oer, yn oer tu mewn fel petai rhyw salwch wedi cael gafael ynddo fo.

'Bygro hyn,' meddai dan ei wynt, gan neidio ar ei feic a phedlo fel ffŵl yn ôl am adre.

Roedd o'n peltio i lawr yr allt pan redodd rhywbeth tywyll allan o'r gwrych ac i mewn i'w olwyn flaen. Hedfanodd Cai drwy'r awyr a glanio'n galed ar y tarmac. Allai o ddim anadlu am sbel, ac roedd arno ofn symud.

'O na!' meddyliodd. 'Plis, paid â deud 'mod i wedi torri rhywbeth.' Yn araf a gofalus, symudodd un llaw ac yna'i fraich, yna'r llall.

Ceisiodd godi ei hun, a llwyddo, er ei fod yn symud fel hen ddyn. Doedd dim asgwrn wedi torri. Roedd o'n brifo ac yn gloff, ac mi fyddai'n gleisiau byw ac yn sgriffiadau drosto, ond roedd o'n iawn. Diolch byth ei fod wedi gwisgo helmed a menig.

Herciodd yn ôl at ei feic a stopio'n stond. Wiwer. Wiwer lwyd oedd hi – gyda phwyslais ar yr 'oedd'. Roedd ei chorff yn llanast o ffwr a gwaed yn sbôcs olwyn y beic a'i phen wedi'i dorri i ffwrdd.

Pennod 5

D<small>DIWEDD Y PNAWN</small>, <small>ROEDD</small> Cai yn hercio'i ffordd yn ôl o'r Spar lleol, newydd brynu bocs o blasters a mwy o Paracetamol, pan basiodd Dewi Jones heibio yn ei Fiesta bach rhydlyd. Stopiodd hwnnw yr eiliad y gwelodd o Cai ac agor y ffenest.

'Cai,' meddai, 'yr union berson ro'n i am ei weld. Oes gen ti bum munud i'w sbario?' Roedd ei lygaid o'n sgleinio fel llygaid plentyn pum mlwydd oed ar fore Nadolig.

'Wel, oes,' gwenodd Cai. 'Peint 'ta paned?'

Peint oedd y penderfyniad, ac yn y *snug* yn y dafarn agosaf dechreuodd Dewi Jones dynnu mwy o bapurau allan o'i fag siopa.

'Dwi wedi bod yn yr archifdy drwy'r pnawn, ac wedi dod o hyd i bethau y tu hwnt o ddifyr, Cai. Ew, do!'

Allai Cai ddim peidio â gwenu. Roedd yr hen ŵr yn union fel plentyn wedi cynhyrfu'n rhacs.

'I ddechrau,' meddai Dewi Jones, 'yr unig "brawf" yn erbyn Rhys Fychan oedd tystiolaeth rhywun o deulu Dafydd Gam. Dwi ddim wedi dod o hyd i enw'r dyn hwnnw, ond mae gen i lawer o wybodaeth am y Dafydd Gam 'ma. Roedd o ac Owain Glyndŵr yn elynion penna,

ac mi wnaeth Dafydd Gam drio lladd Glyndŵr!
Pryd oedd hynny hefyd? O ia, yn 1404 – ym
Machynlleth, cofia. Ond mi fethodd, wrth
reswm, a chael ei ddal gan ddynion Glyndŵr
– falle gan Rhys Fychan ei hun, pwy a ŵyr?'

'Synnwn i ddim,' meddai Cai.

Aeth Dewi Jones yn ei flaen:

'A'r sôn ydi i'r Dafydd Gam yma gael ei
garcharu yn y senedd-dy, ond penderfynodd
Glyndŵr ei ryddhau o.'

'A difaru wedyn...' meddai Cai.

'Wel, ia. Sut gwyddost ti hynny?'

Oedodd Cai cyn ateb. Roedd o'n gwybod
bod Glyndŵr wedi difaru wedyn, a bod Rhys
Fychan wedi cega efo fo a dweud wrtho am
beidio â rhyddhau Dafydd Gam. Ond sut roedd
o'n gwybod hyn i gyd?

'Ym, wel, mae'n gneud synnwyr, yn tydi?
Am wn i...'

'Wel, ydi, mae'n siŵr. Ond, yn ôl yr hanes,
addo na fyddai'n ymosod ar Glyndŵr byth eto
wnaeth Dafydd Gam.'

'Y celwyddgi...' meddai Cai dan ei wynt.

'Be?' gofynnodd Dewi Jones yn ddryslyd.

'Dim byd,' meddai Cai yn syth. 'Ym... pwy
oedd y Dafydd Gam yma 'ta?'

'Wel, Cymro o Sir Frycheiniog, o deulu reit
gyfoethog, oedd wedi bod yn ffyddlon i Frenin

Lloegr ers blynyddoedd. Mi wnaethon nhw wrthod cefnogi Glyndŵr, felly mi chwalodd hwnnw eu tiroedd a'u tai yn ardal Aberhonddu. Ond pan gafodd byddin Glyndŵr ei chwalu wedyn ym mrwydr Pwll Melyn, Dafydd Gam oedd un o'r dynion oedd yn ymladd yn ei erbyn. Mi gafodd tri chant o ddynion Glyndŵr eu dienyddio bryd hynny, ac mi gafodd Gruffudd, mab Owain Glyndŵr, ei garcharu.'

'Mi fu'n rhaid i Dafydd Gam dalu am hynny, gobeithio?'

'Wel, do, ond nid yn y ffordd fyddet ti'n ei disgwyl, Cai. Mi gafodd Dafydd Gam ei dalu gan Frenin Lloegr, 'sti. Yn dilyn y frwydr yma, teulu Dafydd Gam gafodd y tiroedd roedd Owain Glyndŵr wedi'u colli yn Sir Aberteifi. Mae'n siŵr fod hynny wedi gwylltio Glyndŵr.'

A Rhys Fychan, meddyliodd Cai, a theimlo'i waed yn berwi eto.

'Y snichyn hyll!' meddai'n uchel.

Cododd Dewi Jones ei ben yn syn.

'Wel, fel mae'n digwydd, doedd Dafydd Gam ddim yn berson hardd iawn. Roedd o'n fychan, efo llygaid croes – ac yn gam. Dyna pam cafodd yr enw Dafydd Gam, yn amlwg. Ac mi ddes o hyd i nodyn yn honni bod *gammy leg* yn Saesneg yn dod o'r gair Cymraeg 'cam'. Dwi ddim yn siŵr am hynny, ac mae'n bosib

mai cyfeirio at ei lygaid croes roedd yr enw beth bynnag.'

'Wastad yn sbio'n gam ar bawb a phopeth,' chwyrnodd Cai.

'Mae'n siŵr,' chwarddodd Dewi Jones. 'Ond roedd Brenin Lloegr wrth ei fodd efo fo! Pan gafodd Dafydd Gam ei ddal gan ddynion Owain Glyndŵr, mi dalodd y Brenin ffortiwn i'w ryddhau o. Mi wnaeth Dafydd Gam addo na fyddai o'n ymosod ar Glyndŵr byth eto, na'i groesi mewn unrhyw ffordd. Beth wnaeth o? Mynd yn syth at y Brenin a dweud wrtho ble i ddod o hyd i Glyndŵr!'

'A dyna pam ymosodon ni ar ei diroedd o yn Aberhonddu a llosgi ei dŷ o'n llwch,' chwyrnodd Cai gan daro'r bwrdd â'i ddwrn nes bod y gwydrau arno'n bownsio.

'Nefi wen!' meddai Dewi Jones mewn braw. 'Wyt ti wedi bod yn gwneud ymchwil hefyd?'

Rhewodd Cai.

'Be? Pam? Ai dyna be ddigwyddodd?' gofynnodd yn ddryslyd.

'Wel, ia. Mi gafodd tŷ Dafydd Gam yn Aberhonddu ei chwalu a'i losgi'n yfflon gan ddynion Glyndŵr,' eglurodd Dewi Jones.

A Rhys Fychan oedd yn eu harwain nhw, meddyliodd Cai, gan weld y fflamau'n codi'n oren a melyn a chlywed y trawstiau derw yn clecian eto.

'Sut buodd Dafydd Gam farw yn y diwedd?' gofynnodd.

'Yn ôl hwn, flynyddoedd wedyn ym mrwydr Agincourt yn Ffrainc, yn ymladd dros Harri'r pumed,' meddai'r hen ŵr.

'Gobeithio i'r diawl farw'n araf ac yn boenus,' meddai Cai drwy ei ddannedd.

'Dwi ddim yn siŵr am hynny, a deud y gwir. Ond mi adawodd ddigon o bres ar ei ôl. Roedd ei deulu o'n gefnog a phwerus iawn wedyn. Gyda llaw, mi newidion nhw'r enw "Gam" i "Games".'

'Do, mae'n debyg,' meddai Cai, gan deimlo ysfa gref i roi ei ddwrn yn stumog rhywun.

'A dwi wedi bod yn meddwl,' meddai Dewi Jones, heb sylwi ar y tân yn llygaid Cai. 'Yr enw "Gam" yma... falle fod rhai o'r teulu wedi ei Seisnigeiddio fo, ond tybed... Sgwn i oes 'na gysylltiad rhwng "Cam" a "Camlan"?'

Sythodd Cai.

'Camlan?'

'Ia. Sgwn i ydi Wil Camlan yn gwbod hanes ei deulu? Tybed ydi o'n perthyn i ryw gangen o deulu Dafydd Gam?'

Yfodd Cai ei beint ar ei ben.

'Dach chi awydd un arall, Mr Jones? Mi ydw i am gael un.'

Cafodd Cai amser i bendroni wrth y bar ar ei

ben ei hun. Roedd ei ben yn troi ar ôl derbyn yr holl wybodaeth. Neidiai lluniau o flaen ei lygaid: wyneb main Dafydd Gam a'i lygaid croes, celwyddog; plasty Dafydd Gam yn llosgi'n wenfflam, a morynion a gweision yn rhedeg am eu bywydau i'r coed. Ond doedd Dewi Jones ddim wedi sôn gair am y rheini. Ond roedd o, Cai, yn eu cofio nhw – fel tase hi'n ddoe. Rhegodd dan ei wynt. Byddai'n rhaid iddo siarad â rhywun am y lluniau yma yn ei ben, am y lleisiau ac am y breuddwydion. Ond efo pwy? Trodd i sbio ar Dewi Jones, oedd yn dal i astudio'i nodiadau. Na, chwerthin am ei ben fyddai hwnnw hefyd.

'Ia? Yr un fath eto?' gofynnodd Ifan y barman.

'Ia, ond tyrd â dau whisgi bach hefyd.'

'Braidd yn gynnar, yn tydi?' meddai Ifan wrth estyn am ddau wydryn bychan.

'Yndi,' cytunodd Cai, 'ond ro'n i jest awydd rhywbeth cryfach am ryw reswm.'

'I ladd y boen?' gwenodd Ifan. 'Mi wnes i sylwi dy fod ti'n gloff.'

'Ia, ffrae efo wiwer ar y beic bore 'ma. Es i ar fy mhen dros yr *handlebars*, ond aeth hi i nefoedd y wiwerod – heb ei phen. Roedd raid i mi lanhau'r bali olwyn am hydoedd ar ôl dod adre.'

'O, damia di. *Too much information.* Dyma ti,' meddai Ifan gan sodro dau whisgi ar y bar.

Roedd Dewi Jones wrth ei fodd efo'r whisgi, a bu'n rhaid iddo yntau brynu rownd arall wedyn i'r ddau ohonyn nhw. Ac ar ôl awr go dda, roedd Cai ac yntau'n fochgoch ac yn siarad yn uwch o lawer.

'Mr Jones...' meddai Cai.

'O, galwa fi'n Dewi, neno'r tad,' meddai'r hen ŵr.

'Iawn, Dewi. Ym... ga i rannu cyfrinach efo chi?'

'Ti, nid "chi"! Cei siŵr. Ond bydd raid i ti siarad yn fwy tawel neu fydd hi ddim yn gyfrinach.'

'Iawn,' chwarddodd Cai. Aeth yn fwy difrifol a dechrau eto mewn llais dipyn is. 'Dwi ddim yn siŵr lle i gychwyn... a dach chi'n siŵr o feddwl 'mod i ddim yn gall, ond mae'n rhaid i mi ddeud wrth rywun. Ers i mi ddechrau gweithio ym Mryn y Crogwr, mae 'na bethau rhyfedd wedi digwydd. Dach chi'n cofio'r goeden yna'n disgyn dros bic-yp Wil?'

'Ydw,' meddai Dewi Jones.

'Wel,' aeth Cai yn ei flaen, 'mae 'na lot o betha eraill wedi digwydd hefyd... a wel, peidiwch â chwerthin, ond dwi'n meddwl 'mod i wedi gweld Rhys Fychan.'

'Pwy?'

'Rhys Fychan – y boi gafodd ei grogi. Mi weles

i o, pan o'n i ar ben yr hen goeden dderw ym Mryn y Crogwr.'

Rhythodd Dewi Jones yn hurt arno am rai eiliadau cyn piffian chwerthin.

'Ha! Da rŵan! Rwyt ti'n dipyn o gymeriad, Cai!'

'Mi wnes i ofyn i chi beidio â chwerthin,' sibrydodd Cai yn flin. 'Dwi o ddifri. Dwi wedi'i weld o fwy nag unwaith.'

Ceisiodd Dewi Jones beidio â gwenu. Pesychodd.

'Ym... iawn, ond sut wyt ti'n gwbod mai Rhys Fychan wyt ti'n ei weld?'

'Am fod gynno fo farc coch, cas ar ei wddw.'

'O. Ar ôl iddo fo gael ei grogi, wrth gwrs.'

'Ia, ac mae o'n flin ac yn chwerw, fel y byddai rhywun ar ôl cael ei grogi ar gam.'

'Wrth gwrs.'

'O ddifri rŵan!' meddai Cai, yn flin efo'r hanner gwên oedd yn dal i chwarae ar wefusau'r cyn-lyfrgellydd. 'Ac mae o fel tase fo'n gallu mynd i mewn i 'mhen i, a 'ngneud inna'n flin fel fo – mi wnaeth i mi ollwng cyllell ar ben Wil Camlan. Dim ond ei fethu o ryw fodfedd wnaeth hi. A dwi wedi bod yn breuddwydio am garlamu ar gefn ceffyl efo Owain Glyndŵr a'i fyddin, ac maen nhw'n troi ata i a 'ngalw i'n Rhys – Rhys Fychan!'

'Ond breuddwyd oedd honno, Cai,' meddai Dewi Jones yn bwyllog.

'A dach chi'n cofio pan edrychodd Mari yn hurt arnoch chi pan enwoch chi "Catrin"? Wel, roedd 'na reswm dros hynny – ro'n i wedi bod yn siarad yn fy nghwsg y noson cynt, am Catrin! Ro'n i wedi deud ei henw hi'n uchel a'i galw yn "fy nghariad i"!'

'Ond, Cai,' gwenodd Dewi, 'ro'n i newydd ddeud wrthat ti mai dyna oedd enw gwraig Rhys! Dim rhyfedd...'

'Yn hollol!' torrodd Cai ar ei draws. 'Newydd ddeud wrtha i ryw bum munud cyn hynny oeddech chi! Ro'n i wedi breuddwydio amdani y noson cynt – dyna pam roedd Mari'n sbio'n wirion arnoch chi!'

Sythodd Dewi Jones a chulhau ei lygaid.

'Dydi hyn ddim yn gwneud synnwyr o gwbl, Cai.'

'Nac ydi, dwi'n gwbod,' meddai Cai yn flinedig. 'A dyna pam 'mod i angen siarad am y peth efo rhywun ac ro'n i'n gobeithio y byddech chi'n dallt. Dwi'n poeni 'mod i'n dechra colli'n synhwyrau – ond yn gobeithio bod 'na eglurhad arall.'

'Eglurhad arall? Fel be?'

'Wel,' sibrydodd Cai, gan bwyso dros y bwrdd i Dewi Jones gael ei glywed yn well. 'Dwi ddim yn

credu mewn ysbrydion, iawn? Ond dwi'n teimlo bod ysbryd Rhys Fychan yn trio deud rhywbeth wrtha i. Dwi'n gwbod ei fod o'n flin, yn ofnadwy o flin, ac mae o'n gallu gneud i minnau deimlo mor flin nes 'mod i isio lladd rhywun!'

Rhythodd Dewi Jones arno mewn braw.

'Be? Fel taset ti'n cael dy... feddiannu, ti'n feddwl? Fel pobol ers talwm yn cael eu meddiannu gan y diafol?'

'Wel... ia.'

'O, wela i,' meddai Dewi Jones, mewn penbleth. 'Dwi'n meddwl 'mod i angen whisgi arall.'

A dyna pryd y cerddodd Wil Camlan i mewn i'r dafarn.

Pennod 6

Allai Dewi Jones ddim peidio. Roedd yn rhaid iddo ofyn. Aeth at y bar, at ochr Wil Camlan, a gofyn:

'S'mai, Wil? Sut wyt ti ers talwm? Y babi byth wedi cyrraedd? Gwranda, o'n i'n meddwl... mae gen i ddiddordeb mewn hanes lleol a hel achau ac ati. Ro'n i'n meddwl, tybed oes 'na rywun yn dy deulu di wedi gneud ymchwil i hanes y teulu erioed?'

'Dim syniad, cofiwch. Does gen i ddim diddordeb mewn petha fel'na,' atebodd Wil. 'Ond mae'n bosib y byddai Dad yn gwbod. Wna i ei holi o fory, 'dan ni'n mynd draw yno am ginio dydd Sul. Ond, a bod yn onest efo chi, mae'n teulu ni wastad wedi bod yn dawel iawn am ein hanes, yn wahanol i deuluoedd eraill. Beryg fod gynnon ni ormod o sgerbydau yn y cwpwrdd!'

Chwarddodd Dewi Jones yn gwrtais, diolch i Wil a mynd yn ôl tuag at y *snug*, at Cai. Ond doedd dim golwg ohono.

Yr eiliad y gwelodd o Wil Camlan, roedd Cai wedi dianc drwy'r drws cefn, ac roedd o bellach yn hanner rhedeg, hanner baglu am adre. Roedd ei ben yn troi, ei gorff yn brifo, ac roedd ganddo ofn be fyddai o'n ei wneud – wel, be fyddai Rhys

Fychan yn ei wneud petai o'n gweld Wil Camlan ac yntau â'r holl gwrw yn ei waed.

Doedd dim golwg o Mari pan gyrhaeddodd Cai y tŷ, ac yna cofiodd ei bod hi wedi mynd i Aberystwyth am noson efo'r merched – 'lodesi ar y lysh'. Fyddai hi ddim yn ôl tan oriau mân y bore. Diolchodd am hynny, ac aeth i wneud pentwr o dost a jam a choffi cryf iddo'i hun. Gweddïodd y byddai rhywbeth gwerth ei weld ar y bocs, i dynnu ei feddwl oddi ar geffylau a chleddyfau a dyn yn cael ei grogi ar gam. Ar ôl fflicio 'nôl a mlaen rhwng *X Factor* a *Casualty*, syrthiodd i gysgu yng nghanol rhyw hen raglen arall ar S4C.

Bore Llun, ar ôl dydd Sul diog, braf efo Mari, roedd Cai yn teimlo'n llawer iawn gwell. Doedd o ddim wedi siarad yn ei gwsg a ddim wedi breuddwydio – hyd y gwyddai, o leiaf.

Aeth popeth yn iawn yn y gwaith y diwrnod hwnnw, yn enwedig gan fod Wil yn yr ysbyty yn aros i groesawu babi newydd i'r byd. Llwyddodd Cai i dorri'r rhan fwyaf o'r canghennau mawr oddi ar y dderwen a llifio cryn dipyn ohonyn nhw, heb anffawd o unrhyw fath. Mi fyddai wedi gallu torri un gangen go fawr arall hefyd, ond oherwydd ei maint a'i siâp, roedd angen gofal efo honno. Hefyd, roedd rhywbeth wedi dweud wrtho am ei gadael hi am y tro.

Roedd o'n parcio wrth y tŷ ac yn edrych ymlaen am gawod a swper poeth pan welodd gar Dewi Jones yn dod i fyny'r ffordd. Arhosodd Cai amdano ar y palmant.

Sgwn i be fydd gan hwn i'w ddeud rŵan, ar ôl nos Sadwrn? meddyliodd, gan gochi ychydig. Roedd o'n difaru dweud yr hanes wrtho erbyn hyn.

'Cai!' gwenodd Dewi, wrth ddod allan o'i Fiesta efo'i fag siopa arferol. 'Oes gen ti bum munud i'w sbario?'

Dros baned yn y gegin, clywodd Cai fod babi Wil Camlan a'i wraig wedi cyrraedd. Roedd Dewi Jones yn digwydd bod yn y caffi pan ddaeth modryb y babi newydd i mewn efo'r newyddion: bachgen bach naw pwys – 'ond efo llygaid croes, bechod'.

Roedd rhyw wraig arall yn y caffi wedi dweud bod babanod yn aml â llygaid croes yn ystod y mis cyntaf, a'u bod yn dod yn iawn wedyn. Ond na, roedd gan y babi yma lygaid croes go iawn, rhyw gyflwr o'r enw *strabismus*, meddai'r fodryb. Roedd o'n rhedeg yn nheulu Camlan. Roedd tad Wil a'i ewyrth yr un fath, a'i daid, a brawd hwnnw, a'r hen nain, mae'n debyg. Mae modd trin y cyflwr y dyddiau yma, efo sbectol, ac mi fydd y bachgen yn iawn.

'Diddorol, yndê?' meddai Dewi Jones. 'Mi ges

i air efo tad Wil ar ôl capel ddoe, ac roedd o'n cofio bod rhyw fodryb wedi gneud ymchwil i hanes y teulu ryw dro. Roedd honno wedi gallu mynd yn ôl i tua 1770, a dim pellach, felly fyddai hynny fawr o help i ni. Ond llygaid croes yn rhedeg yn y teulu? Maen nhw'n perthyn i Dafydd Gam, garantîd i ti!'

Teimlodd Cai wefr sydyn yn saethu drwyddo – a rhywbeth yn corddi yn ei stumog eto. O na, meddyliodd.

'Be sy, Cai?' gofynnodd Dewi. 'Rwyt ti wedi mynd yn welw yn sydyn. Ac mae 'na ryw dân rhyfedd yn dy lygaid di.'

'Ym...' petrusodd Cai. 'Dwi ddim yn hollol siŵr, ond dwi'n dechrau amau bod Rhys Fychan yn gallu clywed pob dim rydan ni'n ei ddeud.'

'Be?'

'Dwi'n gwbod ei fod o'n swnio'n hurt, ond dwi wedi cael llonydd ganddo fo ers nos Sadwrn. Dim breuddwydio, dim lleisiau, dim wynebau yn y coed – dim. Ond yr eiliad y gwnaethoch chi ddeud hynna rŵan, mae o'n ei ôl. Tu mewn i mi. Be wna i, Mr Jones?'

Bu'r ddau'n trafod am gryn awr, ac roedd Dewi Jones yn amlwg yn credu pob gair roedd Cai yn ei ddweud bellach.

'Mae o isio dial, yn tydi?' meddai. 'Neu isio profi rywsut drwyddot ti ei fod o wedi cael bai ar gam.'

'Pam fi?' ochneidiodd Cai.

'Dim syniad. Rhywbeth i'w wneud efo'r hen dderwen? Neu falle ei fod o jest yn hoffi dy olwg di?'

'Dydi hyn ddim yn ddigri, Mr Jones.'

'Nac ydi. Mae'n ddrwg gen i. A stopia 'ngalw i'n Mr Jones! Ond ynglŷn â chael bai ar gam... Fel mae'n digwydd, mi es i draw i'r Llyfrgell Genedlaethol yn Aberystwyth bore 'ma a dod o hyd i rywbeth diddorol iawn yno,' meddai Dewi, gan chwilio yn ei fag siopa eto. 'Mae'n debyg mai rhywun o'r enw Gwilym ap Dafydd oedd y tyst yn erbyn Rhys Fychan. Dyma ni... tydi o'n handi 'mod i wir wedi mwynhau Lladin yn yr ysgol?'

'Sori, dwi ddim yn dallt,' meddai Cai, oedd wedi dechrau crynu yr eiliad y dywedodd Dewi yr enw 'Gwilym ap Dafydd'.

'Mi ddois i o hyd i hen ddogfennau Lladin,' eglurodd Dewi Jones. 'Ac fel mae'n digwydd, mae gen i Lefel A yn y pwnc. Roedd hynny sbel yn ôl, dwi'n cyfadde, ond dwi wedi dal ati i astudio'r pwnc, er mwyn cadw'r celloedd yn gweithio. *Use it or lose it*, medden nhw, yndê?' Sylweddolodd fod llygaid Cai wedi dechrau rholio yn ei ben, felly prysurodd i egluro'n well. 'Ta waeth, dogfennau o gasgliad Owain Glyndŵr oedd y rhain, felly mi wnes i gyfieithu'r darnau

ro'n i'n meddwl fyddai o ddiddordeb i ni. A fan hyn, yli, mae 'na gyfeiriad at fradwr o'r enw Rhys Fychan!'

'Nid bradwr!' rhuodd Cai.

Rhythodd Dewi Jones arno mewn braw.

'Dwi'n cymryd mai Rhys ddeudodd hynna, nid chdi, Cai?'

Nodiodd Cai. Roedd arno ormod o ofn agor ei geg.

'Iawn,' meddai Dewi yn bwyllog, a chymryd sip arall o'i baned gan fod ei lwnc wedi mynd yn sych mwya sydyn. 'Fel ro'n i'n deud, dyn o'r enw Gwilym ap Dafydd ddywedodd wrth Owain Glyndŵr ei fod wedi cael ei fradychu. A fo, nid fi na chdi, enwodd Rhys Fychan fel yr un euog. Doedd hi ddim yn hollol glir be yn union ddigwyddodd, rhywbeth am ddatgelu symudiadau Owain a'i fyddin. Gan fod 'na gyfeiriad at Gastell Aberystwyth, dwi'n cymryd mai rhoi gwybod i'r Saeson na fyddai llawer o filwyr yn gwarchod y castell am gyfnod wnaeth Rhys. Yn ôl y Gwilym yma, wrth gwrs.'

Rhoddodd Dewi Jones edrychiad sydyn, nerfus dros ei sbectol a gweld bod dyrnau Cai yn wyn. Aeth yn ei flaen yn ofalus.

'Mae'n amlwg mai cofnodion rhyw fath o lys barn oedd y rhain. Doedd gan Rhys Fychan ddim eglurhad boddhaol pam roedd o wedi bod

i ffwrdd am rai dyddiau. Ond roedd y Gwilym yma'n deud ei fod wedi'i weld o'n siarad efo milwyr Brenin Lloegr, ac mi gafodd y llys o'n euog o gynllwynio yn erbyn Owain Glyndŵr. Roedd nifer o Gymry blaenllaw wedi dechrau troi eu cefnau ar Owain bryd hynny, wrth weld bod pethau'n mynd o chwith iddo. Felly, mae'n siŵr bod 'na elfen o baranoia o gwmpas llys Owain. Beth bynnag, fel y gwyddost ti, mi gafodd Rhys Fychan ei ddedfrydu – i gael ei grogi.'

'Ar gam, ar gam,' chwyrnodd Cai, gan siglo 'nôl a mlaen ar ei gadair.

'Ond meddwl ro'n i,' meddai Dewi, gan sbio'n sydyn dros ei sbectol eto. 'Tybed pwy oedd y Gwilym ap Dafydd yma? Ydi hi'n bosib mai perthynas i Dafydd Gam oedd o?'

Neidiodd Cai ar ei draed, yn crynu drosto.

'Ym...' llyncodd Dewi ei boer. 'Ddois i ddim o hyd i unrhyw Gwilym yn y rhestr o blant Dafydd Gam. Roedd 'na ferch o'r enw Gwladys, merch brydferth iawn, a Marged a Tomos a Morgan, ac "un arall" – dienw am ryw reswm.'

'Gwilym,' chwyrnodd Cai. 'Y cythraul mewn croen... y cyw tin clawdd...'

'Cyw tin clawdd?' meddai Dewi. 'Hen enw am blentyn anghyfreithlon ydi hwnna. Dyna oedd Gwilym, ia, Rhys – sori, Cai?'

Rhythodd llygaid Cai ar Dewi Jones, llygaid

oedd yn edrych fel rhai Cai ond nid llygaid Cai oedden nhw.

'Wel, dyna ni wedi cael gwbod bod gan Dafydd Gam, un o elynion penna Owain Glyndŵr, fab anghyfreithlon, a'i fod wedi llwyddo i neud i Owain grogi un o'i ddynion ei hun ar gam,' meddai Dewi. Roedd yntau'n chwys drosto erbyn hyn. 'Ond ydan ni i fod i brofi hyn yn gyhoeddus? Be wyt ti isio, Rhys Fychan?'

'Dial!' rhuodd Cai nes bod Dewi Jones yn teimlo angen sydyn a dwys i fynd i'r tŷ bach. 'Dial! Dial! Diaaaaaal!'

'Ond... ond mae'n amhosib dial arnyn nhw! Mae Dafydd Gam a Gwilym wedi'u claddu ers blynyddoedd,' meddai Dewi, gan deimlo'i galon yn curo'n wyllt. Ac yna, wrth i lygaid Cai losgi i mewn i'w lygaid yntau, dechreuodd sylweddoli be oedd gan Rhys Fychan mewn golwg.

'O diar, o diar, diar,' meddai'n nerfus, gan godi'n sydyn a brysio am y tŷ bach.

Pennod 7

Bu Cai yn breuddwydio drwy'r nos mai fo oedd Rhys Fychan, a'i fod yn carlamu dros fryniau a thrwy goedwigoedd. Breuddwydiodd am gael neges yn dweud bod Catrin yn ddifrifol wael, ac yntau'n diflannu i'w gweld heb ganiatâd – ac yna'n deall ei bod hi'n berffaith iach wedi'r cwbl. Doedd neb yn gallu deall pwy fyddai wedi gyrru'r fath neges. Breuddwydiodd am garlamu 'nôl heb ddweud gair wrth neb. Roedd Owain Glyndŵr wedi gwylltio'n gacwn ar ôl clywed ei fod wedi colli Castell Aberystwyth, a chafodd Rhys ei gyhuddo o fod yn fradwr a'i lusgo i gell. Deffrodd yn chwys drosto wrth i raff gael ei rhoi am ei wddw.

Dim rhyfedd fod Rhys yn flin, meddyliodd Cai. Yna sylwodd nad oedd Mari yn gorwedd wrth ei ymyl.

Roedd hi ar y soffa yn y lolfa, a blanced drosti. Agorodd ei llygaid pan gerddodd Cai i mewn ati.

'Bore da,' meddai hi'n gryg, ac yn ddigon blin.

'Sori,' meddai Cai. 'Mi fues i'n breuddwydio eto, yn do?'

'Do, braidd. Mi fuest ti'n troi a throsi drwy'r

nos, a deud y gwir, ac yn gweiddi a chrio. Mi glywais enw Catrin fwy nag unwaith, a phan roist ti gic i mi, mi ges i lond bol a dod i lawr i fan'ma.'

'Sori.'

Cododd Mari ar ei heistedd ac edrych arno.

'Be sy, Cai? Oes 'na rywbeth dwyt ti ddim yn ei ddeud wrtha i?'

Oedodd cyn ateb.

'Na, dwi ddim yn meddwl. Jest... mi fydda i'n iawn ar ôl i ni orffen y job ddiweddara yma. Wir i ti.'

'Ond pam mae'r job yma'n effeithio cymaint arnat ti?'

'O, dwn i ddim. Stori hir – mi ddeuda i wrthat ti rywbryd eto.'

'Deuda wrtha i rŵan.'

'Sgen i ddim amser, ocê!' meddai Cai yn flin. 'Gad lonydd i mi, wnei di!'

Doedd o erioed wedi gweiddi fel'na ar Mari o'r blaen, ac roedd o'n teimlo'n euog yn syth. Ond allai o ddim delio â'r sglein o boen oedd yn ei llygaid hi'r bore 'ma.

Diflannodd Mari i'r gawod ac aeth Cai i'r gegin i wneud paned o goffi iddo'i hun. Gwnaeth un iddi hi hefyd ond roedd y mŵg yn dal i oeri ar y bwrdd pan adawodd y tŷ.

Gyrrodd Cai i'w waith yn teimlo fel cadach llestri, a'i ben yn dyrnu.

'Hei, mae'r hogan yna'n hanner dy ladd di, fachgen!' chwarddodd Daf Rich wrth weld ei lygaid coch, di-gwsg.

Dim ond gwenu wnaeth Cai. Mi ddylai fod wedi mynd i longyfarch Wil ar ddod yn dad unwaith eto, ond dim ond codi llaw arno wnaeth o wrth frysio at y dderwen. Wedi cyrraedd y goeden, pwysodd ei gefn yn erbyn y rhisgl cnotiog a chau ei lygaid. Gallai deimlo'i galon yn curo'n gryf a chyflym, a'i ddwylo'n chwysu.

'Gad lonydd i mi, Rhys,' sibrydodd Cai. Yna clywodd sŵn traed Jimmy yn dod drwy'r dail. Doedd ganddo ddim dewis ond mynd ymlaen â'r gwaith a dringo'r goeden.

Dim ond un gangen drom, gam oedd ar ôl, ac wrth i Cai danio'r llif, gwelodd raff yn crogi oddi ar y gangen, rhaff yn barod i grogi rhywun. Ar ôl eiliad, diflannodd y rhaff yn llwyr – os oedd hi wedi bod yno o gwbl, wrth gwrs. Ysgydwodd Cai ei ben. Yna rhewodd. Tybed? Tybed ai hon oedd yr union gangen y cafodd Rhys ei grogi oddi arni? Ceisiodd benderfynu sut byddai'r goeden wedi newid a thyfu dros chwe chan mlynedd. Oedd, roedd o'n gwneud synnwyr – hon fyddai un o'r canghennau isaf ar y goeden bryd hynny, er ei bod bellach yn go uchel i fyny. Byddai wedi bod dipyn is yn nyddiau Rhys Fychan.

Gallai deimlo meddyliau Rhys yn ei ben:

roedd o am weld y gangen hon yn disgyn, ond eto doedd o ddim.

'Gwna dy blydi feddwl i fyny!' meddai drwy ei ddannedd, a thanio'r llif. 'Yli, mae'r gangen yn dod i lawr, a dyna fo. Hwyrach y medri di anghofio wedyn!' O fewn dim, roedd dannedd y llif yn suddo'n araf i mewn i risgl y goeden, rhisgl a edrychai fel croen dinosor oedd wedi cael gormod o haul. Diolch byth, roedd Rhys yn fodlon.

Rai munudau yn ddiweddarach, meddyliodd Cai, 'Iechyd, mae derw wastad yn galed, ond mae'r gangen yma 'run fath â haearn Sbaen.' Yna stopiodd yn stond. Roedd rhywbeth tywyll yn diferu o'r hollt yn y gangen. Hylif coch tywyll. Roedd o'n gwybod y gallai hyn ddigwydd i goed derw weithiau – *bleeding canker*, sef hylif tywyll yn diferu o'r rhisgl a rhedeg i lawr y boncyff. Ond nid wrth dorri cangen fel hyn, ac nid mor goch â hyn. Roedd y stwff yma'n edrych yn union fel... wel, gwaed.

Diffoddodd Cai y llif a gadael iddi hongian oddi ar ei harnais. Tynnodd un o'i fenig yn ofalus a dal ei fys o dan yr hylif. Oedd, roedd o'n bendant yn goch tywyll.

'Jimmy!' gwaeddodd. 'Mae 'na rywbeth rhyfedd yn diferu allan o'r gangen yma. Chwilia am rywbeth i ddal y diferion 'ma, wnei di?'

Gwyliodd Jimmy yn chwilota yn ei fag offer ac yna'n dal ei focs bwyd gwag allan oddi tano.

'Ych!' gwaeddodd Jimmy. 'Mae o'n edrych 'run fath â gwaed!'

'Dyna ro'n i'n feddwl!' meddai Cai. 'Iawn, does dim rhaid i ti lenwi'r bocs. Cer o'r ffordd rŵan, dwi'n mynd i ddechrau llifio eto.'

Arhosodd Cai nes i Jimmy fynd yn ôl i'w safle diogel cyn aildanio'i lif a dechrau torri drwy'r gangen unwaith eto.

'Ti'n dod i lawr a dyna fo,' meddai rhwng ei ddannedd. Rhyw ddeg munud ddylai torri'r gangen ei gymryd ar y mwyaf. Ond ugain munud yn ddiweddarach roedd cyhyrau ei freichiau fel tasen nhw'n sgrechian mewn poen a'r chwys yn diferu i lawr ei wyneb, a doedd o ddim ond hanner ffordd eto. Doedd hyn ddim yn gwneud synnwyr!

Cymerodd Cai hoe. Tynnodd ei helmed a sychu ei dalcen a'i wyneb. Doedd y goeden ddim yn gwaedu bellach, o leiaf. Ond wrth i'w lygaid symud ar hyd y gangen, rhewodd. Roedd y rhaff yn ôl – y rhaff efo'r cwlwm ar gyfer crogi rhywun. A rŵan roedd 'na gorff yn crogi ynddi, corff Rhys Fychan – ond roedd y llygaid yn dal ar agor ac yn rhythu'n danbaid arno.

'Gad lonydd i mi!' gwaeddodd Cai.

'Y? Be ddeudist ti?' galwodd llais Jimmy.

'O, dim byd. Anghofia fo,' meddai Cai gan gau ei lygaid am eiliad ac ysgwyd ei ben. Ond pan agorodd ei lygaid wedyn, roedd corff Rhys Fychan wedi diflannu, a chorff arall yn crogi yn ei le, y gwefusau'n las, a blaen y tafod yn hongian yn las o'r geg. Ceg Wil Camlan.

Dechreuodd Cai grynu drosto. Rhoddodd ei ben yn ei ddwylo a sgrechian yn fud. Pan fentrodd edrych eto, doedd dim byd o gwbl ar y gangen.

'Jimmy. Dwi'n dod i lawr!' meddai.

'Ond dwyt ti ddim wedi...'

'Dim bwys – bydd popeth yn iawn. Dwi'n dod i lawr.'

Roedd Cai yn gwybod yn iawn fod gadael cangen anferth fel hon ar hanner ei thorri yn beth peryglus i'w wneud, ond roedd o wedi blino'n rhacs. Roedd ei ben a'i gorff i gyd yn brifo, ac roedd o wedi cael llond blydi bol.

Wedi cyrraedd y ddaear, datgysylltodd bob dim yn frysiog a cherdded i ffwrdd, heb edrych i ble roedd o'n mynd.

'Cai?' meddai Jimmy'n ddryslyd, gan ddechrau ei ddilyn. 'Cai, be sy?'

'Dim. Gad lonydd i mi!' Roedd y boi yn mynd ar ei nerfau go iawn.

Petrusodd Jimmy, yna troi a brysio i gyfeiriad yr hogiau eraill. Roedd rhywbeth mawr o'i le ar Cai, a byddai'n well dweud wrth Wil.

'O, mae isio gras,' meddai hwnnw pan glywodd fod Cai jest wedi gadael popeth a mynd i ganol y goedwig am dro. 'Tyrd, awn ni ar ei ôl o i weld be sy'n bod ar y diawl gwirion.'

Roedden nhw'n agosáu at y dderwen, a Jimmy wrthi'n egluro bod Cai wedi gadael y gwaith o lifio'r gangen fawr olaf ar ei hanner, pan glywson nhw'r glec. Efallai mai'r ffaith ei fod yn ifanc oedd yn gyfrifol, neu efallai ei fod yn fwy effro na thad sydd â babi newydd yn y tŷ, ond llwyddodd Jimmy i droi a rhedeg mewn pryd. Nid felly Wil. Roedd y gangen wedi disgyn cyn iddo hyd yn oed sylweddoli be oedd yn digwydd. Doedd o ddim yn sefyll o dan ran drymaf y gangen, y darn oedd yn pwyso tunelli, y darn darodd y ddaear fel daeargryn. Fyddai fawr ddim o Wil ar ôl pe bai hynny wedi digwydd.

Na, cangen dipyn llai, un oedd yn uwch i fyny na'r brif gangen, oedd wedi taro Wil i'r llawr, ond cangen oedd yn ddigon mawr i wneud niwed iddo.

Roedd Cai wedi clywed y glec a throdd yn ei ôl yn syth, gan weddïo na fyddai Jimmy wedi bod yn ddigon gwirion i gerdded o dan y gangen. Diolchodd i'r nefoedd pan welodd yr hogyn ifanc yn sefyll yn ei unfan, yn amlwg heb ei frifo o gwbl. Ond yna sylwodd ei fod yn welw, ac yn pwyntio at rywbeth.

'Jimmy? Ti'n iawn?'

Trodd Cai i'r cyfeiriad roedd Jimmy yn pwyntio, a gweld braich ac esgid o dan lanast o frigau a changhennau. O, na...

'Pwy ydi o?' gofynnodd wrth frysio at y corff.

'W-W-Wil,' sibrydodd Jimmy.

'Wel brysia, gwna rywbeth! Tria gael signal i ffonio am ambiwlans. Cer i nôl y lleill! Tyrd yn dy flaen, Jimmy, deffra!'

Nodiodd Jimmy ei ben a rhedeg i gyfeiriad yr hogiau eraill. Aeth Cai yn ei flaen drwy'r anialwch o frigau a changhennau nes cyrraedd Wil. Gallai weld ei ben a'i helmed drwy we pry cop o frigau.

'Wil? Ti'n fy nghlywed i?'

Dim ateb.

Torrodd Cai frigau er mwyn gallu cyffwrdd ym mraich Wil. Chwiliodd am byls ar ei arddwrn. Oedd, roedd o'n dal yn fyw, diolch i'r nefoedd. Brysiodd i nôl ei lif gadwyn a dechrau llifio. Roedd o wrthi'n ceisio codi'r gangen yn ofalus oddi ar Wil pan gyrhaeddodd y lleill i'w helpu.

'Ambiwlans awyr ar ei ffordd!' gwaeddodd John Foel.

'Dwi'n gallu teimlo pyls, ond mi dria i weld ydi o'n anadlu. Hisht rŵan, bawb.'

Aeth Cai ar ei gwrcwd a dal ei glust o flaen ceg Wil. Na, dim byd. Ond yna, teimlodd awel gynnes ond hynod, hynod ysgafn yn erbyn croen ei glust.

'Mae o'n anadlu!'

'Iawn, pawb i glirio'r coediach yma, fel bydd y *paramedics* yn gallu ei gyrraedd o efo *stretcher*,' meddai John Foel. 'Yn ofalus. Neb i'w symud o. Rhag ofn...'

*

Pan gododd yr hofrennydd coch i'r awyr, gwyliodd y dynion o'n mynd dros y bryniau am Ysbyty Bronglais, cyn troi at ei gilydd.

'Ti'n meddwl bydd o'n iawn, John?' gofynnodd Cai.

'Anodd deud.'

'Doedd 'na ddim llawer o waed, nag oedd?' meddai Jimmy.

'Falle ei fod o'n gwaedu tu mewn, 'sti. Ond allwn ni neud dim rŵan, dim ond aros,' meddai John. Yna trodd at Cai. 'Ond mi fyddi di'n gorfod egluro pam gwnest ti adael cangen fel'na ar hanner ei llifio.'

'Dwi'n gwbod,' meddai Cai yn dawel. 'A does gen i ddim... fedra i ddim... O, dwi ddim yn gwbod. Ond mae mor ddrwg gen i.'

Nodiodd John Foel ei ben, a rhoi llaw garedig ar ei ysgwydd.

*

Roedd y lleill yn dringo i mewn i'w pic-yps pan ddywedodd Cai ei fod am fynd yn ei ôl, ei fod wedi anghofio rhywbeth wrth y dderwen. Gwyliodd y gweddill yn diflannu drwy'r giât, ac yna trodd yn ôl am y goedwig.

Safodd gan edrych ar y dderwen, a gweiddi:

'Wel? Ti'n hapus rŵan? Ond doedd Wil ddim ar fai, nag oedd. Doedd o ddim yn haeddu cael ei frifo!'

Roedd o'n meddwl am eiliad iddo glywed llais yn ei ateb, ond na, dim ond crawc brân yn hedfan uwchben y goedwig oedd yno.

Roedd o eisiau crio. Roedd o eisiau taro rhywbeth. Ciciodd bentwr o ddail crin, a gweld y bocs bwyd roedd Jimmy wedi'i ddefnyddio i ddal yr hylif ddaeth o'r goeden. Agorodd y caead – ond roedd y bocs yn wag. Rhegodd Cai, a thaflu'r bocs yn wyllt. Yna cydiodd mewn cangen a'i tharo yn erbyn bonyn y dderwen, drosodd a throsodd gan weiddi a sgrechian, nes bod ei freichiau'n crynu. Yna taflodd y gangen i'r llawr a chodi ei law i sychu'r dagrau yn ei lygaid.

Pan gododd ei ben unwaith eto, gwelodd siâp dyn o'i flaen. Dyn cadarn, barfog yn gwisgo clogyn, ac yn gwenu'n drist. Rhythodd Cai arno.

'Gad lonydd i mi,' sibrydodd Cai. 'A gad lonydd i Wil. Mi ddylet ti, o bawb, wybod pa mor annheg ydi cael bai ar gam.'

Syllodd Rhys Fychan arno am amser hir, ac yna diflannu.

Yn lle mynd adre at Mari, aeth Cai i weld Dewi Jones, ac adrodd yr hanes hurt wrtho.

'Wela i,' meddai Dewi. 'Wyt ti wedi clywed eto sut mae o?'

'Naddo. Mae arna i ofn ffonio'i wraig. Ond mi allwn i ffonio'r ysbyty – neu un o'r hogiau, am wn i.'

'Wel, gwna hynny rŵan 'ta.'

Tynnodd Cai ei ffôn o'i boced a deialu rhif John Foel. Atebodd hwnnw yn syth.

'Mae o yn *intensive care*, dyna'r cwbl wn i. Sori, Cai,' meddai John.

'Felly mi allai o farw – a fy mai i fyddai o,' meddai Cai yn llawn gofid wrth Dewi Jones wedyn.

'Na, nid dy fai di fyddai o, a beth bynnag, paid â mynd o flaen gofid – mi all o ddod drwyddi. Mae o'n hen foi caled, cofia.'

Brathodd Cai ei wefus. Roedd hynny'n wir. Yna sythodd yn sydyn.

'Mr Jones. Dewi. Dwi am fynd yn ôl yno. Rŵan.'

'Y? Pam?'

'Dwi ddim yn siŵr. Ond mae rhywbeth yn deud wrtha i y dylwn i fynd yn ôl i'r goedwig.'

'Ond mi fydd hi'n tywyllu toc, Cai.'

'Mae gen i dortsh. Ddowch chi efo fi?'

'Efo'r cluniau yma? Fydda i'n ddim byd ond niwsans.'

'Gewch chi aros yn y pic-yp. Plis?'

Edrychodd Dewi Jones ar wyneb y bachgen ifanc ac ar ei lygaid, oedd yn ymddangos yn llawer hŷn bellach. Nodiodd.

Erbyn i Cai barcio'i bic-yp yng nghae Bryn y Crogwr, roedd haul yr hydref wedi hen ddiflannu gan adael stribed felen ar y gorwel ac ambell gwmwl yn gymysgedd hyfryd o biws a phinc. Syllodd Dewi ar ganghennau duon y coed oedd yn dal i sefyll yn y pellter.

Maen nhw'n hardd, meddyliodd, hyd yn oed heb eu dail. Yn edrych fel tasen nhw wedi marw, ond tydyn nhw ddim.

'Arhoswch chi fan hyn,' meddai Cai wrth Dewi, gan gydio yn ei dortsh ac agor y drws.

'Dwi'n dal ddim yn siŵr pam rydan ni yma,' meddai Dewi.

'Na finnau. Ond mae 'na rywbeth yn fy ngyrru i... wel, rhywun. A'r tro yma, dwi ddim yn cael y

teimladau blin, chwerw yna. Mae o wedi tawelu. Am ei fod o wedi dial, am wn i.'

'Do, mae'n debyg. Iawn, cymer ofal 'ta,' meddai Dewi Jones. 'Ga i roi Radio Cymru ymlaen tra dwi'n disgwyl? Dwi ddim yn hoffi'r miwsig, na'r gweiddi 'na sydd bob pnawn, ond mi fydd *Post Prynhawn* ymlaen toc.' Doedd o ddim am gyfaddef y byddai sŵn y radio'n gwmni iddo mewn lle mor llwm a thywyll.

*

Wedi cyrraedd yr hen dderwen, sylwodd Cai fod brigau uchaf y gangen oedd wedi taro Wil hefyd wedi taro yn erbyn un o waliau'r hen adfail. Dringodd dros y brigau a'r cerrig yn ofalus, a gweld rhywbeth yn sgleinio yng ngolau'r tortsh. Roedd rhywbeth wrth waelod y wal. Aeth yn agosach ato. Darn o rywbeth metel oedd o. Cododd y llechen oedd yn hanner ei orchuddio, a gweld mai cist fechan hynafol yr olwg oedd yno – un bren a darnau haearn drosti. Na, nid haearn, sylweddolodd yn sydyn; byddai haearn wedi rhydu, doedd bosib. Rhwbiodd ei fawd dros y metel. Aur oedd o, yn bendant! Cododd y gist allan o'r cerrig yn ofalus. Doedd hi ddim yn ysgafn, ac roedd arno ofn y byddai'r pren wedi pydru,

ond roedd yn teimlo'n rhyfeddol o gadarn. Derw, meddyliodd.

'Ti oedd biau hon, Rhys?' gofynnodd yn uchel. Ond ni chafodd ateb. Â bysedd crynedig, archwiliodd y clo. Anadlodd yn ddwfn wrth sylweddoli nad oedd y gist wedi'i chloi. Cododd y caead, a gweld mai rholiau o ryw fath o bapur neu ddefnydd oedd yn y gist. Doedd dim pwynt ceisio'u hagor a'u darllen nhw fan hyn. Caeodd y gist yn ofalus a'i rhoi dan ei gesail. Byddai arno angen ei law arall i gario'r tortsh gan ei bod hi'n dywyll iawn bellach. Trodd yn ei ôl am y pic-yp, a chamu ei ffordd yn ofalus dros y cerrig a'r canghennau. Sylweddolodd ei fod yn gwenu. Ond ai fo neu Rhys oedd yn gwenu mewn gwirionedd?

Neidiodd Dewi Jones pan agorodd Cai y drws.

'Drychwch. Gafaelwch yn hwn,' meddai Cai, gan osod y gist ar ei lin.

'Nefi! Ble goblyn gest ti hyd i hon?'

'Yn adfeilion Coed Cam,' gwenodd Cai. 'Agorwch hi.'

Llyncodd Dewi Jones yn galed. Roedd o wedi breuddwydio am agor cist fel hon ers pan oedd yn fachgen. Oedd, roedd wedi breuddwydio am weld gemau drudfawr yn sgleinio arno, darnau mawr o sofrenni aur... Tybed? Chwarddodd Cai o weld y siom amlwg ar ei wyneb wedi iddo agor y caead.

'Ia, ro'n innau wedi disgwyl gweld rhywbeth yn sgleinio hefyd!' meddai. 'Ond mae'n rhaid bod y papurau yma'n bwysig i Rhys Fychan.'

'Darnau o femrwn ydyn nhw – efo sêl, yli. Iawn, gad i ni fynd adre i sbio arnyn nhw dan olau iawn. Ac mi ddylen ni wisgo menig cyn cyffwrdd ynddyn nhw.'

Roedden nhw ar y ffordd i dŷ Dewi Jones pan ganodd ffôn Cai.

'Wnewch chi ei ateb o?' gofynnodd Cai, gan ei fod yn gyrru.

'Helô, dyma ffôn Cai,' meddai hwnnw. 'O, helô, Dewi Jones sydd yma – Mari sy 'na, ia?... Ydw, dwi yn y pic-yp efo fo... Nac ydw, dwi ddim wedi dechrau gweithio fel coedwigwr!... Be?... O, ar y ffordd i fy nhŷ i rydan ni... isio dangos rhywbeth iddo fo... ia, fel mae'n digwydd. Sgynnoch chi neges iddo fo?... Ei weld o nes ymlaen. Dyna fo. Hwyl rŵan, Mari. Ia. Ta-ta.'

Diffoddodd y ffôn a sbio ar Cai.

'Faint wyt ti wedi'i ddeud wrthi?' gofynnodd Dewi.

'Dim,' meddai Cai.

'Ond roedd hi'n holi ai rhywbeth am Catrin a Rhys Fychan ro'n i am ei ddangos i ti?'

'O, wel, mae hi'n gwbod bod gen i ddiddordeb mewn hanes lleol, yn tydi?'

'Ond dydi hi ddim yn gwbod be sydd wedi bod yn digwydd i ti?'

'Nac ydi. Do'n i ddim yn meddwl y byddai hi'n dallt.'

'Wela i. Pam 'mod i'n teimlo'i bod hi'n dallt mwy nag rwyt ti'n ei feddwl 'ta?'

Cododd Cai ei ysgwyddau. Roedd o'n amau hynny'n fawr.

*

Roedd Cai a Dewi newydd gyrraedd y tŷ pan glywson nhw gloch y drws yn canu.

'Ei di i weld pwy sy 'na, Cai?' galwodd Dewi Jones o'r gegin, wrth iddo chwilota dan y sinc am bâr o fenig golchi llestri.

Cafodd Cai sioc ar ei din pan agorodd y drws. Mari oedd yno, a'i llygaid yn sgleinio.

'Sori, ond roedd raid i mi ddod,' meddai. 'Dwyt ti ddim wedi bod yn ti dy hun yn ddiweddar, a dwi'n meddwl bod gen i hawl i wbod be sy'n bod. Os wyt ti isio i mi adael, iawn, mi a' i, ond dwi ddim yn meddwl bod cuddio petha oddi wrtha i'n gneud lles i ni, nac ydi?'

Rhythodd Cai yn fud arni. Doedd ganddo ddim syniad be i'w ddweud.

'Tyrd i mewn, Mari,' meddai llais Dewi Jones y tu ôl iddo. 'Dwi'n cytuno'n llwyr efo ti, fel mae'n digwydd. O, ac mi fedra i egluro pam

dwi'n gwisgo'r rhain hefyd,' ychwanegodd, o weld Mari yn edrych yn hurt ar y Marigolds melyn am ei ddwylo.

Pennod 8

ROEDD PEN MARI YN dal i droi. Roedd Cai a Dewi Jones wedi ceisio egluro popeth iddi, ond roedd ei cheg hi'n dal i agor a chau fel pysgodyn.

'Ond... ond ydi o ynot ti rŵan?' gofynnodd. 'Rhys Fychan. Wyt ti'n ei deimlo fo?'

'Nac ydw. Dwi'n teimlo fel fi fy hun am y tro cynta ers – wel, ers i ni ddechra gweithio ym Mryn y Crogwr.'

Camodd Mari ato a rhoi ei breichiau amdano. Cofleidiodd y ddau am amser hir, nes i Dewi Jones besychu.

'Ym... be am gael golwg ar gynnwys y gist?' gwenodd, gyda chwyddwydr yn ei law.

'Lladin ydi hwnna?' gofynnodd Mari wrth graffu dros ysgwydd Dewi Jones.

'Ia. A sgrifen ddigon anodd ei deall hefyd. Aros di rŵan... i rywun o'r enw Gwilym mae o.'

'Gwilym ap Dafydd – Gwilym Gam!' meddai Cai.

'O bosib. Ond gan bwy, dwi ddim yn siŵr,' meddai Dewi. 'Llofnod pwy ydi hwnna, dwed? "A" ydi'r llythyren yna, yndê? Ai "V" sydd nesa?'

'Falle y daw hi'n glir ar ôl gweld be mae o'n ddeud, ylwch,' meddai Cai, ychydig yn ddiamynedd.

'Iawn, mae o'n diolch i Gwilym, beth bynnag, yn diolch yn eitha blodeuog hefyd, am gynorthwyo'r brenin i frwydro yn erbyn... y rebel Owain Glyndŵr. Nefi!' cododd Dewi ei lygaid i sbio ar Cai.

'Ewch ymlaen, ewch ymlaen!' meddai hwnnw.

'Mae 'na rywbeth am wybodaeth am Gastell Aberystwyth... a rhoi eiddo a thiroedd y diweddar... Rhys Fychan iddo fo!' Cododd Dewi Jones ei ben eto. 'Cai, chwilia ar y silff ucha 'na am lyfr o'r enw *British Kings and Queens*. Dwi bron yn siŵr bod 'na enghraifft o lofnod pob brenin a brenhines ynddo fo. Chwilia am un Harri'r Pumed.'

Cododd Cai ac yna oedi.

'Iawn, ond fyddai hi ddim yn gyflymach sbio ar y we?'

'Ar beiriant newydd, byddai, mae'n siŵr, ond erbyn i 'nghyfrifiadur i ddeffro, mi fyddi di wedi dod o hyd iddo fo yn y llyfr. Mari! Helpa fo i chwilio.'

Daeth Mari o hyd i'r llyfr a llofnod Harri'r Pumed – Henry V – yn syth. Roedd yr 'H' oedd mor flodeuog nes ei bod yn debyg i 'A', a 'V' ychydig mwy amlwg.

'Dyna fo! Yn union fel sydd yn y llythyr,' meddai Mari.

'Wel wir, ar f'enaid i, llythyr gan y Brenin ydi o!' meddai Dewi Jones.

'Felly, mi gafodd Gwilym, mab anghyfreithlon Dafydd Gam, ei wobrwyo gan Frenin Lloegr am ei helpu i guro Owain Glyndŵr,' meddai Cai.

'Do, a'r wobr oedd cael holl eiddo Rhys Fychan.'

'Ond y boi Gwilym ap Gam yma, neu ap Dafydd, be bynnag – oedd wedi deud celwydd am Rhys Fychan wrth Owain Glyndŵr, yndê!' meddai Mari. 'Felly fo, nid Rhys Fychan roddodd yr wybodaeth i'r Saeson am Gastell Aberystwyth. Dim rhyfedd fod Rhys druan wedi gwylltio!'

'A dyna pam mae ei ysbryd o'n dal i gorddi,' meddai Cai.

'Ond sgwn i be ddigwyddodd i Goed Cam wedyn?' meddai Mari.

'Drapia, ro'n i wedi anghofio'n llwyr!' meddai Dewi Jones gan godi i chwilio yn ei fag siopa llawn dogfennau. 'Mi fues i yn Aberystwyth eto bore 'ma, a dod o hyd i gyfeiriad at y lle. Mi fyddai teulu Coed Cam yn enwog am gynnal nosweithiau yn llawn canu a sain y delyn. Bydden nhw'n noddi beirdd, mae'n debyg. Mi fu Dafydd ap Gwilym yno adeg tad Rhys ap Fychan. Ond daeth hynny i ben ar ôl 1408, a rywbryd cyn 1430 aeth y lle ar dân a chael ei losgi'n llwyr. Mi fyddai tân felly yn ddigon

cyffredin yn y dyddiau hynny, am wn i, efo'r holl danau agored a chanhwyllau ac ati o gwmpas y lle. Ond wedyn, does 'na ddim gair am y lle yn unman, fel tase pobol wedi penderfynu anghofio amdano. Rhyfedd, yndê?'

Safodd Cai yn ei unfan, a'i lygaid yn bell. Roedd o'n gwybod be ddigwyddodd. Gallai weld Gwilym Gam, oedd wedi yfed gormod o gwrw un noson, nes bod ei lygaid croes hyd yn oed yn fwy croes nag arfer. Gallai ei weld yn meddwl iddo weld ysbryd Rhys Fychan o'i flaen, yn codi'n wyllt o'i gadair a chnocio cannwyll yn erbyn y llenni trwchus. Wrth gwrs, aeth y lle'n wenfflam o fewn eiliadau.

Gallai weld Gwilym yn llwyddo i ddianc o'r adeilad, ond yn sgrechian ac yn gweiddi ac yn crio y tu allan. Roedd yn melltithio Rhys Fychan drosodd a throsodd, nes i ryw ewyn gwyn, afiach ddechrau byrlymu allan o'i geg.

'Aeth o'n wallgo,' meddai Cai yn sydyn. 'Aeth Gwilym Gam yn wallgo. Mi fuodd o'n trio cyfaddef wrth bawb a phopeth be roedd o wedi'i neud i Rhys Fychan wedyn, ond oherwydd ei fod o'n wallgo doedd neb yn cymryd sylw ohono fo. Naill ai hynny, neu doedden nhw ddim isio derbyn bod Owain Glyndŵr wedi gneud camgymeriad ac wedi crogi un o'i ffrindiau gorau.'

'Felly, chafodd Rhys Fychan ddim cyfle i brofi nad oedd o'n euog,' meddai Mari.

'Naddo. Tan rŵan. Ond os bydd Wil yn marw, dydi Rhys ddim yn haeddu cael maddeuant, nac ydi. Dwi'n deall yn iawn pam ei fod o isio dial, ond ddim fel hyn!'

Ar hynny, canodd ffôn Cai. John Foel oedd yno, gyda newyddion da.

'Mi fydd Wil yn iawn. Mae o wedi torri ei ysgwydd a chwpwl o asennau, ond mi fydd o'n iawn. Daeth o at ei hun ryw awr yn ôl, ac roedd o am i ti wybod nad oes dim bai arnat ti, Cai. Mae o am i ti wybod hefyd fod gynno fo bolisi insiwrans hael iawn!'

Wedi eiliadau o dawelwch, dechreuodd Cai chwerthin a chwerthin, nes bod y dagrau'n llifo. Cofleidiodd Mari, cofleidiodd Dewi Jones, a dawnsiodd y tri o gwmpas y stafell – nes i Dewi Jones deimlo'i glun yn gwegian.

*

Rai misoedd yn ddiweddarach, roedd y gist a'r llythyr mewn arddangosfa arbennig yn y Llyfrgell Genedlaethol yn Aberystwyth. Ymddangosodd erthyglau am Rhys Fychan mewn cylchgronau o bob math, yn Gymraeg ac yn Saesneg. Bu eitemau amdano ar y *Newyddion* a *Heno* ac ar raglen Dei

Tomos – a hyd yn oed gan Tudur Owen ar Radio Cymru! Ond Dewi Jones wnaeth y rhan fwyaf o'r siarad, heb sôn gair am yr hyn ddigwyddodd i Cai. Soniodd yr un o'r ddau, na Mari chwaith yr un gair am hynny wrth neb. Wel, pwy fyddai wedi'u credu nhw?

*

Doedd gwraig Wil Camlan ddim eisiau cegin wedi'i gwneud o'r goeden fu bron â lladd ei gŵr wedi'r cwbl, felly mi gafodd pren y dderwen ei werthu. Mentrodd Cai ofyn am ddarn.

'Be wnei di efo fo?' gofynnodd Wil Camlan.

'Dwn i ddim. Ro'n i'n reit dda mewn gwersi gwaith coed yn yr ysgol ers talwm. Mi wna i rywbeth.'

'Wn i. Crud babi, garantîd!' meddai Daf Rich. 'Ti 'di rhoi clec iddi, yndo, Cai! Ti wedi, yn do! Mae ganddi gig yn y popty, yn does. Y diawl bach drwg!'

Gwenodd Cai. Nag oedd, doedd Mari ddim yn disgwyl babi, ddim hyd y gwyddai o leiaf. Ond doedd hynny ddim yn syniad rhy ddrwg chwaith.

Roedd o'n gyrru adre, a'r coed derw yng nghefn y pic-yp, pan welodd ddyn yn sefyll ar ochr y ffordd. Dyn barfog, yn gwisgo clogyn

ac yn gwenu arno fo. Rhoddodd Cai ei droed ar y brêc yn syth, ond pan drodd yn ei ôl i sbio, doedd dim golwg o'r dyn. Roedd o wedi diflannu'n llwyr.

Hefyd yn y gyfres:

Stori Sydyn

£1
yn unig

OSWALD

LLEUCU ROBERTS

y Lolfa

INC

Manon Steffan Ros

Stori Sydyn

£1.99

y Lolfa

Stori
Sydyn

£1
yn unig

Phil Stead
AR DY FEIC

y Lolfa

Stori
Sydyn

£1
yn unig

CYMRU
A'R RHYFEL BYD CYNTAF

Gwyn Jenkins
Gareth William Jones

y Lolfa

Llongyfarchiadau
un o lyfrau Stori Sydyn

Mae prosiect Stori Sydyn, sy'n cynnwys llyfrau bachog a byr, wedi'i gynllunio er mwyn denu darllenwyr yn ôl i'r arfer o ddarllen, a gwneud hynny er mwynhad. Gobeithiwn, felly, eich bod wedi mwynhau'r llyfr hwn.

Hoffi rhannu?

Gall eich barn chi wneud y prosiect hwn yn well. Nawr eich bod wedi darllen un o lyfrau'r gyfres Stori Sydyn, ewch i www.darllencymru.org.uk i roi eich sylwadau neu defnyddiwch #storisydyn2015 ar Twitter.

Pam dewis y llyfr hwn?
Beth oeddech chi'n ei hoffi am y llyfr?
Beth yw eich barn am y gyfres Stori Sydyn?
Pa Stori Sydyn hoffech chi ei gweld yn y dyfodol?

Beth nesaf?

Nawr eich bod wedi gorffen un llyfr Stori Sydyn – beth am ddarllen un arall? Edrychwch am deitlau eraill o gyfres Stori Sydyn 2015.

Cymru a'r Rhyfel Byd Cyntaf
– Gwyn Jenkins a Gareth William Jones
Ar dy feic – Phil Stead
O'r llinell biced i San Steffan: Newid byd Siân James A.S.
– Siân James gydag Alun Gibbard

Bryn y Crogwr

BETHAN GWANAS

to my chest so its light illuminated the room. It was empty, but every time I blinked I could see blood, and bodies, and purple eyes . . .

Groaning at the vivid images still implanted in my mind, I grabbed a pen and reached up to the calendar above my bed, crossing out and therefore marking the start of another day of the fast-evaporating summer holidays: the 31st July.

CHAPTER ONE

Autumn

'Well, look here, it's everyone's favourite recluse.' An apron came flying my way and I caught it, unfolded it and tied the strings behind my back.

'Good morning, Nathan.'

'Did you hear that, Sophie?' he asked, turning to one of the new, young waitresses, whose arms were stacked up with crisp white plates as the much older Nathan emptied the dishwasher. 'It's a *good* morning. How unusual.'

I stared at the girl and tried to decide if I'd met her before, or if she was just totally indistinguishable from the other skinny-jeans-clad and powdered orange Saturday staff.

'And how am I a recluse?' I asked without tearing my eyes off her.

She returned the gaze with wide eyes as sweat began to trickle down her temples. Her fingers nervously tapped against the rim of the lowest plate and as I side-stepped her to grab a pile of menus, she scrambled back and squeaked. The plates in her hands dropped towards the tiled floor.

Haven't met her before, then.

With a flick of my finger the plates froze in mid-air and floated onto the worktop. Before she could react again I left the cramped kitchen and made my way towards the front of the Harbour Café, flipping the 'Closed' sign on the door so it read 'Open'. It was the end of August, and though it was still early I could see through the window that tourists were already beginning to crowd the busy walkway from the working harbour to the more upmarket marina; in the distance, trawler fishing boats squeezed between jetties, bringing with them the smell of fish. Neither was the glass a barrier against the sound of chinking of masts and the cry of the gulls as they swarmed for their chance to snatch a portion of the day's catch – the score which accompanied every morning in the bustling fishing town of Brixham.

Nathan rounded the counter and crossed the café in a couple of bounding strides – not hard because of his tall and lanky build. He cocked his head apologetically.

'Before you arrived, she was telling me she's never seen a Sage,' he explained in an undertone.

I shrugged. Her reaction came as no surprise. In the year I had worked at the café, only Nathan – the chef – and I had been permanent, and every new member of staff had given me a wide berth and left shortly after. The only reason I hadn't lost my job over it was because my boss knew she could get away with paying me less. I wasn't about to put up a fuss. She had been the only person in town willing to offer me any work at all.

Nathan placed a tattooed left hand on my arm as I went to pass. 'And recluse because you haven't answered my texts for a month.'

'You were in Iceland, and I was in London.'

'You still could have replied.'

I grabbed the sleeve of his chef's whites – which were, in fact, black – and removed his arm. Released, I laid the menus containing the day's specials on the tables, working my way across the café with Nathan following.

'How was Iceland?' I eventually asked to fill the silence.

'Beautiful. Democratic.'

I sighed and rolled my eyes as my back was turned.

'The humans and Sage there live together as one community, not divided like here.' I straightened up to see him jerking his thumb back towards the kitchen where Sophie was. 'Or anywhere,' he added as an afterthought.

I'd heard his rhetoric on Sagean-human relations before, but he had saved up for so long to afford his holiday that I didn't want to burst his bubble. And yet . . .

'Sage? Only Extermino live there.'

I couldn't see his eyes because his hair – curly, brown and almost down to his shoulders – was covering them, but I thought I saw him avert them.

'Extermino are Sage too, they just believe different things.'

'And yes, their scars turn grey just because they play happy families with humans,' I mocked, but didn't find the matter funny at all. 'They're violent extremist rebels, Nathan. They are enemies of the Athenean monarchy, and of all other dark beings too. Don't forget that.'

He looked towards the ground and adjusted his rolled-up cuffs. 'I just think things aren't great as they are, whilst people like you get marginalized—'

The tinkle of a bell interrupted him and we both startled and turned towards the door, as if surprised that customers actually might be coming in. The three girls in the doorframe paused, as startled as we were, and then proceeded towards the table beside the window.

'Good luck,' Nathan muttered, and retreated back to the kitchen.

I took a deep breath, pulled out my notepad, and approached the group.

'Good morning, what can I get you?' I chirped, pretending they were total strangers.

The nearest girl flicked her long black hair over her shoulders and leered at me from behind her heavy fringe. She was tall, and her shoulders very wide; she didn't have to tilt her head far to meet my gaze.

'The usual, witch.'

I gripped the pen tightly, trying to focus through the window on the steady lap of the sea against the harbour walls.

'I've been away for a month, I'm afraid I can't remember what you and your friends have, Valerie,' I said through clenched teeth.

Valerie Danvers was what could only be described as a bully. My school's bully.

Her sustenance was my misery, not a damned coffee.

She muttered something to her friends about Sage, and then begrudgingly gave me her order, demanding that half the dish be omitted. Her friends were only slightly less unpleasant.

I went and got their drinks and was thanked with the usual grunt. A minute later I was in the toilet, back to the door, forcing myself to take deep breaths. It was a Saturday morning ritual, and had been ever since Valerie Danvers had discovered the café was the perfect place to torment me.

With my eyes closed I could almost see the short outline of a woman – my grandmother – growing older but still in her prime, with her head bowed towards a small child, half her height, and talking. Always talking.

Sagean children are like ivy; you grow fast and live very long. Human children are like butterflies. They are ugly in their chrysalis, until the day they finally emerge, and become adults. The ugly chrysalis is jealous of the ivy, you see?

I squeezed my eyelids tighter together. *Breathe . . .*

Hammering on the other side of the door wrenched me back. The small room was still dark and I grabbed a cord, flooding the room with sterile white light.

'Autumn, I know it's you, get out of there now!'

'Nathan,' I groaned. He knew Valerie was a pain, why was he bothering me?

'Something's happening outside!'

My skin began to heat and tingle as blood and magic raced to my hands. Walls ceased to be barriers . . . because from far away, I could hear a heartbeat, fast approaching and speeding up . . . and it wasn't human.

I unlocked the door and peeked out. A pale Nathan stood on the other side whilst the rest of the café was empty; stepping out I could see Valerie and her friends straining over the railings surrounding the harbour, watching a commotion across the water.

I ran outside and the warmth on my skin was whipped away with the cold sea breeze; but my heart went cold too. A jetty opposite us was blanketed in a miniature patch of fog, like a fire had been lit and the smoke had engulfed the wall. Yet it lit up with flashes of light, and it screamed; it screamed for mercy . . . or the people trapped inside did.

My body froze. The rational part of my brain knew I should help but my feet wouldn't move.

Suddenly, Nathan bolted away from my side and sprinted along the wall towards the screams. His action shut the fear off and I flung myself into the air and flew across the harbour, crumpling to the ground near the fog.

I had no idea what the fog was – I was too afraid to send any magic towards it in case it hit anybody trapped inside . . . so instead I tentatively reached out with a finger, ball of fire ready just behind in the other hand.

It seemed like fine drizzle from a couple of inches away yet as the tip of my finger touched it, no moisture collected . . .

Like a sheet being torn apart, I felt the borders between dimensions rip open. You had to have magic to cross them – strong magic – and weak dark-beings and humans couldn't open them.

The dread in my heart only increased as I realized what kind of enemy I was facing: not one I could fight.

The pull of the borders tried to yank me forward and I stumbled, trying to hold myself back until the white cloud abruptly disappeared into a closing black hole; it sealed before I could possibly see who had created it.

The scene that was revealed was horrifying. There were maybe ten humans, most crouched or lying on the ground, some bleeding, all blinking and looking around bewildered at the sunlight. In the middle there was a man lying flat on his back, a pool of blood gathering around his head but not a scratch anywhere else on him.

A woman was leaning over him and shaking his shoulders. Another had her fingers pressed to his wrists. She reached out and placed a hand on the arm of the other woman, shaking her head.

'Autumn, do something!' Nathan demanded having caught up with me.

The humans looked up for the first time and noticed me.

'No, Nathan, he's gone, I can't—'

Nathan shoved me forwards, glaring. 'You're a Sage, of course you can. Sage can do anything.'

I looked down at the man on the ground, shaking my

head as tears brimmed. *Why is he doing this? Nathan knows I can't bring back the dead!*

'It's your duty,' Nathan continued.

The woman managed to stop sobbing long enough to speak. 'They had grey scars . . . two of them. Hit him with black light.'

Grey scars – Extermino! And black light . . . That was a death curse!

'I'm sorry, I really can't—'

I backed away. There was nothing I could do even if I hadn't been paralyzed by fear of the Extermino . . . *in Brixham. Attacking humans.* It didn't make sense, and something told me that their target had been a Sage . . . and I was the only Sage for miles.

The woman screamed and kept shaking the man. I couldn't watch any longer, and leaving a gaping Nathan, I took to the air again and fled the horror.

CHAPTER TWO

Autumn

Coursework: Writing to Inform 'My Life and Purpose'

My name is Autumn Rose Al-Summers. I am almost sixteen years-old, and a Sage. As a guardian, I have one purpose in life: to defend humans, namely the students of Kable Community College, against the Extermino, a group of Sage who do not follow the rule of our monarch, and who commit such terrible acts their scars have turned to grey.

My grandmother, whom I lived with for eight years at St. Sapphire's School in London, is dead. Therefore, as a minor by human law, I am compelled to live with my parents in a sleepy seaside town on the south coast of Devon, possibly the most Sage-deprived place on Earth.

My people, the Sage, are feared, ridiculed and held in awe by the humans of this dimension due to their self-administered wish to be ignorant of our culture. This is demonstrated quite perfectly by my experience of being a guardian: I started at

Kable a year ago, and ever since have faced merciless bullying, with few friends to my name.

Thankfully, I am about to embark upon my last year of compulsory education as far as humans are concerned, and all I have to do is endure ten more months of torture before I am free of the system and the required two years as a guardian. Yet despite my hate of the place, you insist on my continuing to A Level at Kable. But I assure you; the Damned will set down their knives before that occurs.

Moving on. I have blonde hair. Auburn streaks. Natural, I might add. Liquid amber eyes. My legs are too short. My skin burns far too easily. (There, I will point out, are the simple sentences you complain my writing lacks).

And the worst thing? (I have inserted a rhetorical question. Am I ticking the mark scheme boxes now?) The thing that means as a Sage, I can be singled out and targeted? The thing that means I am instantly identifiable as not belonging to the human race?

My scars.

All Sage bear them on their right side, and each Sage's scars are different, like a fingerprint, serving as a reminder of what we are, what we possess and what we wield.

There. That is my life.

P.S. I refuse to type my work, so you, sir, and the examiner if my work is called for moderation, will have to, as you put it, 'decipher' the elegant, curling script I was tutored in from age six. Furthermore, I found this whole exercise to be offensive to my intelligence. In its entirety, the coursework could have been written in half a lesson; setting it as summer homework was unnecessary.

I scanned through the sheet again, feeling my lips flatten. *Drivel.* It was *drivel* – albeit truthful drivel, but such a rant would earn me a detention, or at the very least a caution. Yet the lure of causing a stir remained, forcing me to slide it into a plastic wallet and place it into my schoolbag, ready for the first day of the new academic year.

Returning to my mirror, I grabbed a brush and roughly pulled it through my thick hair, wincing as it tugged on the blonde tangles. Deciding I could not be bothered with straightening it, I mumbled a few words and watched as it smoothed out. After running an eye pencil around my eyes, I grabbed my satchel and jumped the stairs in one, knowing I was verging on being late.

'Mother! I'm flying to school, so you don't need to drop me off at the ferry.'

Hearing no answer I rounded the corner into the kitchen, which turned out to be empty. I grabbed a freshly made piece of toast and stuffed it into my mouth.

'Mother!' I attempted to yell, the sound muffled by my stolen breakfast.

The call of 'Living room!' came back and, hurrying into the hall, I pushed the door open to see her curled up on the divan with her laptop, busy typing away. I frowned at the figures and symbols spread across the screen.

'I'm flying to school.'

She sighed, placing her laptop aside and standing up to peck me on the cheek. Noticing my expression, she shut the lid on the laptop. 'It's a work assignment. Speaking of my job, you know you'll be home alone for most of the week whilst your father and I are working in London, don't you? So no wild parties. Understood?'

I sighed in exasperation, a habit I had around my mother. 'It would be fruitless to plan a party. Nobody would come.'

'Hmm,' she hummed, casting a cynical eye over me. 'Be good, either way. I'll probably be gone before you get back, but there is plenty of food in the freezer and I've left some pizzas and some meat stuff in case you want any of the girls around, okay? You shouldn't need to go shopping; we'll be home on Thursday. Autumn, are you even listening?'

Busy creating a spell to transport my satchel to school, I clearly wasn't. 'I'm positive I can survive for four days. It's not as though you haven't been away before.'

My satchel disappeared into thin air and I retreated into the hallway, grabbing my scabbard off the rack, feeling the familiar weight of my sword balanced on my left hip as I fastened it on. I wouldn't normally take it, or the knife that joined it, but this was the first day of the term: I might as well keep up appearances and make an impression on the new students. Tugging on my blouse and rolling my skirt up a couple of inches, I slipped my flimsy little dolly shoes on, teasing a strand of hair back into place.

'Oh, Autumn, I don't know why you do all of that,' my mother said, peering into the hallway after me. 'You're beautiful without all that make-up and when you let your hair curl you look just like your grandmother.' She placed her hands on my shoulders and rubbed them in circles. I shrugged them off.

I'm a match in the darkness compared to her beacon of elegance and decorum. Strike me and I'd struggle to even fizzle; she would burn for hours.

'It's what all the other girls do, so don't fuss.'

She backed off. 'You know you don't have to wear make-up and short skirts to fit in, Autumn. Just be yourself and they'll accept you.'

I scoffed then, ignoring the mirror because I knew it would reflect the scars that encased the entire right side of my body. Twisting and turning beneath my tights, they were a bright red, tapering to burgundy along the tips. *Like the blood grass in the garden,* my grandmother always said. *Imperata cylindrica. Learn your Latin.* They faded to ochre and yellow on my arms, before lapsing into pale gold across my face.

'Except being myself is being a Sage, and no one around here likes a Sage.'

Rolling my skirt up even further just to emphasize my point, I placed a hand on the door.

'Then at least take a coat, it's supposed to rain today.' She unhooked one off the rack and held it out to me. I stared at it like it was an explosive object until she let her hand fall, allowing me to glare at her instead of the coat.

'It's not going to rain.'

'You should take one anyway.'

'It's not going to rain,' I repeated, still glaring.

'But the weather man predicted—'

'Mother, I take my magic from the elements, I'm sure I know whether it's going to rain or not!' I snapped, a spark of fire flickering to life on the tip of my index finger. Quite used to my volatile emotions, my mother simply placed her hands on her hips and I knew I was in for a lecture on fire safety. Not wanting to stop and hear it I opened the door and navigated my way between the overgrowing fuchsias alongside the path, neglected over the past weeks.

'I do not want such an attitude in this house, Autumn Rose Summers! I'm tired of your lack of respect!'

Closing the low, whitewashed garden gate behind me I stepped out onto the oak and maple tree-lined pavement, leaves already surrendering to my namesake. I paused as the latch dropped and clicked shut.

'My name is Al-Summers, not Summers.'

She disappeared behind the maple tree in our front garden, the slam of the door telling me she had heard me.

Your mother is not like us, Autumn. She is human. Sagean blood does not run in her veins like it does in your blood, or your father's blood.

But Father cannot use magic, Grandmother.

Carrying on along the pavement, I felt my spirits drop. The prospect of the first day back to school was not a happy one.

Magic sometimes skips generations.

Castigation was the name of the game at Kable, and it had left me despising every jibe-filled hour, flourished and garnished with stares, whispers, and an aura of fear that followed me like the wind chases the rain.

But why, Grandmother?

The curriculum was slow too, but I had learned one thing: adaption was a means to survival.

It has good reason, child.

'Red sky in the morning, shepherd's warning!' my batty neighbour Mr. Wovarly called over his fence, gesturing to the peach-tinted sky. 'It'll rain later. Be careful you don't catch a chill, m'dear!'

I forced a smile and nodded my head with unneeded exaggeration. 'I will, Mr. Wovarly.'

I dodged his tiny terrier, Fluffy, who was leaping at the gaps in the fence, barking his small head off. Letting the smile fade, I ran the last few steps of the street and leaped into the air, feeling the familiar thrill of taking to the skies. Gaining height, wind whipping my hair back into a mess, I soared higher and higher, leaving the trees of my road far behind.

CHAPTER THREE

Autumn

Dropping into a crouch I steadied myself as I made a less-than-graceful landing in the school car park. I straightened up, brushing myself down, gazing towards the entrance. I must have made good time; the school seemed to be quiet. Deciding I had better go examine the damage done to my hair I set off in the direction of the girl's toilets. Astounded stares followed me, from a few of the new students – judging by their height and white socks, still adorned with frills, hair pulled back into regulation buns. They gawked as I walked past, shuffling back as though I carried an infectious disease, but I knew better: if they weren't local, this could be the first time they had seen a Sage, let alone seen one fly.

Bless their oversize school jumpers.

Yet as I skirted the edge of the school, I began to feel uneasy. Pent up nerves I had stifled all summer began to surface, reminding me of just what I was returning to. I was also drawing more unwanted attention. Girls, almost always girls, were watching me with disdain as I passed by, their lips curled until they turned and muttered furiously to their friends, glancing at me when they thought I was not looking.

Feeling self-conscious and a little sick I wrapped my arms around my middle, knowing that the sword balanced on my hip and the barriers around my mind and the magic in my blood couldn't protect me from the words that would come.

Spotting the toilets I dived into them, noticing that for once they did not smell like an ash-tray. Neither did they smell of blood, although only a Sage would ever be able to detect that scent. Instead, they reeked of bleach, an aroma that was not much more pleasant.

I gripped the sink tightly, staring into the mirror, endlessly analyzing my hair and make-up. If it wasn't perfect, they would notice. They always noticed. They would not notice the spots on Christy's forehead, or the sunburn across Gwen's collar, but they would notice my fallen eyelash, or the chipped nail polish on my right thumb, or the scent of the cheap perfume I was now using because I had spent the money I had saved up from work in London.

I sighed. I had to get a grip, and fast. The new school year was beginning and it was my duty to protect all the humans in this school, even if the dislike was mutual.

I needed to be vigilant: I had heard the whispered rumours while I was in London. We all had. The Extermino were getting larger and bolder, and their attack on my town had proved it . . . why else would they bother with a tiny rural outpost?

And then what of the rumour about the dark-beings of the second dimension: people were saying the Vamperic Kingdom had kidnapped a human girl. The second dimension was the only one where the existence of dark-beings was kept secret from the humans . . . keeping a human hostage threatened to reveal us all, and then what? Even in the other eight dimensions, the dark-beings lived uneasily. The Damned had lived through years of genocide by the *humans* just because they used blood magic and there were hardly any of them left; the elven fae suffered because of the climate change the *humans* were creating; and we, the Sage, were constantly having to negotiate other dark-beings out of difficult situations because a diplomat had said something stupid.

Yet at the moment unrest gripped the dark-beings in a way I had never known in my short life.

I sighed once again, pressing my forehead to the mirror that on this rare occasion was not covered in lipstick graffiti. Things were changing; any dark-being could feel that. We were losing ourselves, drowning in velveteen tradition and microchip technology, caught between one world and another – figuratively, of course, because each kind of being firmly belonged in their own dimension, whether the humans liked sharing or not.

Change was brewing, and I feared this was just the calm before the storm. If things did get bad, no amount of treaties could protect us from our enemies . . . ourselves, the Extermino . . . the humans.

Shaking my head I realized what I was doing and pushed aside all depressing thoughts as my grandmother had taught me to do. *Dwelling on what has and will come to pass is as good as kicking the stool from beneath the future*, she always said.

Assuming that the buses would not be far away, I made my way back out after sweeping one last coat of mascara over my lashes. I cursed myself as I left, wishing I had kept my phone with me rather than casting it to school within my bag – now locked in my tutor room. At least then I could have texted one of the others.

Wandering around, parting the crowd and doing my best to ignore the stares of the younger students, I did not notice when my feet came to rest at the foot of a dull bronze plaque. It stood beneath a large cherry blossom tree, planted in the centre of the concrete and plastic clad courtyard we called the quad. The words on it were clear for all to see and each and every letter reminded me of why there were no Sage in the area.

> *This tree is planted in loving memory of Kurt Holden,*
> *Who died on the 23rd April 1999.*
> *Student, friend and brother.*
> *Taken too early by magic.*

I knew the story. Everybody knew the story. He was killed by accident when the guardian at the time had failed to use the proper shields when using magic. The school ceased to host a guardian for years, until the rumours about the Extermino had started and they decided they needed one again. Six months later, fresh out of the Sagean St. Sapphire's School and still grieving the loss of my grandmother, I arrived.

But everybody remembered my predecessor's failure . . . and they assumed I was the same.

'You can't change what happened, you know.'

I sighed, a small smile just upturning the corners of my mouth. 'It doesn't hurt to wish I could.'

I turned and came face to face with one of the few people who had never uttered a bad word against me: Tammy. Nevertheless, she contradicted everything I said, thought my taste in everything from music to boys was strange and hated my ability to read her thoughts. We were chalk and cheese, but she didn't judge and I appreciated that.

I gave her a quick hug. She withdrew before my hands

had even met behind her back, a very visible shiver passing up her spine.

'So how was your summer?' I asked, rueful, knowing I would not have to ask that question if I had spared the time to meet up with her.

'I have so much to tell you.' She didn't wait for me to answer, but continued, her words merging into one excited gush. 'I kissed someone.' She snatched the sleeve of my blouse, tugging me beneath the privacy of the tree, lowering her voice. 'I didn't just get my first kiss though.' She pointed to the top button of her blouse, resting on her totally flat chest and petite frame.

I inhaled a sharp breath, sensing images from her conscious of what she and this guy had been up to.

'And look.' She swept aside her tight, dark brown curls from the back of her neck, revealing several blotchy red marks, coated in what looked like powder. 'I tried covering them with foundation, but it hasn't really worked, has it? It just felt so, you know, nice, when he kissed my neck, I didn't want to stop him.'

'Sure he wasn't a vamp?' I asked, intending it to be a joke.

She shot me one of her glares and a sarcastic smile, her shoulders hunching like they always did when she was getting defensive. 'I think I'd know a vampire if I met one.'

'Not necessarily,' I replied, but let the subject drop as I heard the high-pitched cackle of Gwen and the quieter chuckles of the other two, Tee and Christy, as they weaved their way between the benches towards us. Gwen's dark hair shone against the late summer sun, a grin spread across her face from ear to ear as she made squeezing – and not very subtle – motions with her hands in the air, opening her mouth to speak as she got close.

'So how is our deflowered girl today then?'

Tammy blushed bright red. 'I didn't actually do *it* with him! Honest!'

'Sure.' Gwen nodded, proceeding to make crude gestures with her fingers that I hoped the younger students could not see.

'I didn't! Gwendolen, stop it!'

Gwen stopped immediately and scowled as she always did when someone used her full name.

The two of them descended into bickering, their circle closing. I gladly stepped back, focusing on filtering the chaotic thoughts of hundreds of teenage humans and allowing the barriers I had relaxed over the summer to rebuild, brick by brick, back around my mind. I did not even notice my eyes close as my thoughts cleared and I was able to break past the excited chatter of students and the coffee-fuelled grim resolve of the teachers. I felt my conscious skim the green pasture of the fields that surrounded the school and rush like a torrent down the rolling hills towards the river that separated me from home. In the town, perched on the mouth of the river, the cobbled streets were lined with tourists and a second ferry had been laid on to cope with the rush. On the railings that lined the embankment, the gulls waited like vultures, knowing an easy feast was on its way.

The sound of my name forced me to release the image my conscious had formed and like the tide rushing out to sea, I returned, opening my eyes.

A hand much darker than my own tugged at my fingers and round brown eyes stared up at me from behind a mass of tightly curled black hair, partly twisted into braids.

'Tee,' I said, greeting the younger student beside me. The girl, barely twelve, wrapped her wiry arms around my middle, clutching me like I was a sister – sometimes I felt like I cared for her as though she were a sibling. I might be inadequate at preventing the bullies from taunting me, but I hadn't been able to stand the racist remarks that were casually thrown at Tee by the older students. In return for my sticking up for her, Tee's cousin, Tammy, had sought me out as a friend and steered me towards Christy and Gwen.

'How was your summer?' I asked as Christy stepped around the chattering group, joining me.

'Quiet with lots of rain,' Christy replied, referring to the particularly bad summer we had endured – endless storms, broken by odd days of sunshine like the one we were lucky enough to be experiencing, lightening the blow of returning to a school regime. Tee nodded in agreement, lips raised at one corner into a glum expression I was sure I shared.

'I keep telling you, I didn't do *it*!'

A shiver travelled up my spine. My gaze darted to the blossom of the autumn-flowering cherry tree, eyes trailing the frail pink petals as they descended, spiralling in slow circles towards the ground. A breeze stirred my hair.

'Gwen, I don't want to talk about it.'

I wrapped my arms around my middle, feeling the chill the breeze brought tease out the goose bumps along my uncovered wrists. Above, the sun was snuffed as low, callous clouds clawed their way across the blue sky, leaving behind an ashen trail that betrayed them as coming from the direction of the sea.

Tee shuddered. Tammy untied her school jumper from around her waist and slipped it on.

'Tammy, you don't need to—'

'Gwen, shut up!'

'I was only—'

'No, look at Autumn!'

The outlines of the tree and the people blurred, air gathering where there should be white shirts and bark. Only the falling blossom remained crisp: a rotating plume, falling, slow, slower, slow enough that I felt I could reach out and catch each petal from the air.

'Shit! Autumn, say something!'

I could hear every step of every student, falling into a rhythm, regular. The rise and fall of my chest filled in the pause between each beat, struggling to remain steady. My hand tightened, a finger at a time, around the hilt of my sword, tips tracing a ridge, feeling the grip worn from the years of practice mold to the shape of my palm. Between the metal and my flesh, sparks sprung, words forming on my lips as I prepared to cast.

'Autumn!'

In my empty hand I held a heart, grip tightening and slackening to the rhythm of its pumping, knowing that the beat I felt belonged to something – something that wasn't human; something that was nearing, fast.

Death danced on my lips and I allowed my magic to drain from my system into shields around as many of the students as I could manage. Then without tearing my eyes away from the falling blossom, I let go of the sword and slipped a small knife out of the scabbard instead. I gripped it in my right hand, curse balanced in the left; waiting.

Panicked, fearful babbling faded away, leaving only the thumping heartbeat of whomever – *whatever* – was coming.

I didn't have to wait long. I heard breath behind me; felt another's magic; heard a voice.

'Duchess.'

I spun around, lifting the dagger until it rested beneath the defined jaw line of a man not much older than me. But it didn't get any further.

Half-formed on my lips, a curse that would kill was snatched away by the wind that whipped past, replaced with a sharp intake of breath; then a silence that was only broken by the clatter of my dagger striking the ground. Thrust forward, my hand hung in mid-air, fingers sprawled from where I had let the blade fall.

I wet my lips, shock turning to realization. The seconds fell and neither of us moved. After a minute, it occurred to me to drop into a deep curtsey, onto one knee, aware of how high my skirt was hitching; aware of how the trees whispered *treason*.

'Your Highness,' I managed, eyes fixed firmly on a blossom petal, partly crushed below the edge of my shoe.

'Duchess,' he repeated quietly, so only I could hear. I raised my head, risking a glance, but did not allow our gazes to meet.

Always remember your place, Autumn. Etiquette, child, is everything.

My mind fought with itself. *He should not be here. He has no reason to be here.* But I could ignore neither the leather satchel resting at his side nor the diary in his other hand, the school logo printed on the hard front cover. He wasn't wearing a uniform, but I knew the sixth form didn't have to. A lump formed in my throat.

'Do you always greet people like that, or am I the exception?' His accent, Canadian, rung over the whispers of the students around us – they weren't stupid. They read the magazines and watched the news. They knew who was standing before them.

'My apologies, Your Highness, I was not expecting you.'

'No, forgive me, I didn't mean to startle you.'

I nodded to the ground, feeling the urge to reach out and snatch up my dagger. I knew better.

The bell sounded, yet nobody moved. *The Athenea. Not now. Not here.* Movement only began as teachers started to cross the tarmac, late and unhurried as they always were to tutorials. If they were surprised by the scene before them, they didn't allow it to show.

'Good, I see you've met each other.'

The sound of the headmaster's voice straightened me up; fingernails buried into my palms to help me keep control.

'Autumn, this is—'

'I shouldn't think either of them needs an introduction, Headmaster,' a second teacher said – Mr. Sylaeia, my English language and literature teacher, as well as my tutor. 'They will have met at court.'

Mr. Sylaeia, unlike the other teachers, didn't hide his surprise, his untrimmed eyebrows arching as they moved from the dagger on the ground, to me, to the tanned arms of the man in front, clad only in faded jeans and a white v-necked t-shirt.

'I'm afraid the weather here isn't quite on a par with what you will have experienced in Australia, Your Highness. I would recommend a coat in the future,' Sylaeia said.

'Please, call me Fallon,' the prince replied, his eyes never leaving me as my mind reeled, unable to comprehend what I knew was happening. I stared straight past him to Mr. Sylaeia, mental barriers opening just enough to allow him to speak in my mind – he was half-Sage, and although he did not bear the scars, he possessed many of our abilities.

'*You understand what is happening,*' he said. It was not a question.

'*Why?*' I replied, releasing the dread in my chest which wormed its way between my ribs, slowing my breathing.

'*His parents desired for him to spend a year as a guardian within the British education system. He requested a state school.*'

'There are thousands of state schools. Hundreds without any guardian at all.'

He held my gaze and his silence told me there was more, but that I wasn't going to be privy to it.

'Autumn: Fallon will be spending a year here studying his A2 levels. I would like you to mentor him in his first few weeks and make him feel welcome here at Kable,' said the headmaster.

I can't do that, I thought. But I nodded, just once, keeping my lips pursed to prevent myself from revealing the wrong answer.

'Well, if you'll excuse us, Headmaster, I believe my tutor group is waiting for morning registration. Autumn, Fallon; after you.' Mr. Sylaeia motioned towards the two-storey block that housed English and I sped in front of them both, feeling my expression crumple into one of despair when I entered the dimly lit stairwell that led up to my tutor room. I moved as though in a dream, climbing the staircase without noticing where I placed my feet, unable to believe that what was happening was anything but a nightmare.

But this was reality: one of the Sagean royal family, a prince of Athenea, was here, at Kable, to study.

From the bottom step there came a burst of giggling as Christy, Gwen, Tammy and Tee followed us up. It didn't take much brainpower to work out what the source of their amusement was. There was a reason this particular member of the Athenea was continually featured in magazines.

I swept into the classroom, ignoring the startled year sevens, whose frightened eyes moved from me to the prince, causing one tiny girl, who simply didn't look old enough to be in secondary education, to actually pick up her seat and move around the desk, settling back down right beside her friend.

The older girls reacted in the complete opposite way. I saw their eyes graze over his scars, burgundy red, and his shirt, short sleeves clinging to muscular arms, and then to me as I slipped into a chair at my usual desk, indicating for the prince to take a seat too. He sat down opposite, facing me. Seeing an opportunity, Christy snatched the seat beside him and Tammy sat down next to me; not to be outdone, Gwen stole a chair from another desk and placed it at the side of the table and within a minute, Tee had invited her best friend over so that our little table designed to seat four was accommodating seven. I was a little shocked, and bitter . . . they didn't usually make this much of an effort to be around me.

Their interest, along with that of the rest of the class, was subtle at first, as they buzzed about their summer holidays to one another before they started introducing themselves, chatting over each other to ask him questions.

'So you're from Canada, right?' Christy asked. 'Your Highness,' she added.

'Please, just Fallon. Not quite. Athenea, my country, is part of Vancouver Island but we are a nation of our own, separate from Canada.'

'So, do you, like, speak Canadian?' Gwen asked, twiddling with a strand of her dark, dyed hair. His eyes widened and I couldn't prevent a smile from creeping onto my lips – to hide it, I began fiddling with the ring of keys attached to a loop in my pocket, searching for my locker key.

'Er, no, we speak Sagean, and English. Some of those born further east speak French,' I heard him say as I got up and weaved my way between the tables to the stack of square lockers in the corner of the room.

It is important in life that you are patient with those not blessed with your intellect.

But Grandmother, they ask such simple questions! I am quite sure I will die of boredom if they do not stop it.

'I've never heard Sagean,' Gwen continued, her voice meek and devoid of the flirtatious tone it had possessed before.

'*So'yea tol ton shir yeari mother ithan entha*, Duchess?'

I froze, hearing my language spoken for the first time in months. Pulling the locker door open, I glanced at him. He stared at my back, his finger curled and pressed to his lips, as though pondering.

Why is he asking that? Does he not know the nature of the area? I do not speak my mother tongue because there is no one to speak it to.

I turned again to my locker. '*Arna ar faw hla shir arn mother ithan entha*, Your Highness.'

I finished, knowing I spoke in staccato and that my words did not roll from one into another like they should; Sagean felt strange to my mouth, like a second tongue was trying to grow from beneath the first.

'Of course,' he replied as I retrieved my bag and clicked the padlock shut. When I turned back, his cool eyes – cobalt blue – hadn't left me. Placing my bag onto my chair, I met his gaze, raising the walls around my mind even higher to ensure he would not know what I was thinking.

I know you know, I thought. *I know you know about her. And I hate you for it.*

Responding to Mr. Sylaeia's request for help handing out the new timetables, I retreated from where the girls twirled their hair and requested translations into Sagean. They giggled and commented on his accent; the fact he was a Sage, and that they feared the Sage, was forgotten.

I handed around the sheets and friends squealed or groaned as they compared schedules, exclamations of disgust erupting from those who had drawn the less popular teachers. Two year ten boys cheered, celebrating that they no longer had to study history and the three girls in the year above, year twelve, compared their free lessons, excitedly discussing how once the eldest learnt to drive they would go into town instead of studying.

I neared the bottom of the pile, coming across the cluttered timetable of *'House of Athenea, Prince Fallon'*, which was followed by a long list of prefixes and titles, the first being *'H.R.A.H.'*: His Royal Athenean Highness.

Why didn't the school tell me he was coming? I thought, but answered my own question almost instantly. *Because I never would have come back to school. They know my attendance is bad . . .*

He barely had any frees, which was unusual for a year thirteen and when I counted up his subjects, I realized why.

English Literature, French, History, Maths, Chemistry. Five. But nobody *takes five subjects at A2. He must either be mad or prepared to work insanely hard.*

Knowing others were waiting for their timetables, I placed the sheet in front of him. Beneath his was my own timetable, which I set on the desk whilst I handed the remaining few out. But before the paper had even touched the wood, Tammy had snatched it up, comparing it with her own.

'We're in everything together,' she informed me when I sat back down. I felt very enclosed and, with a glance around, realized most people had moved at least a foot or two nearer to us; to him. 'Apart from GCSE French and your A level English Lit.' She sighed. 'You're crazy, doing both GCSEs and A levels.'

I acknowledged that information with a nod, busy writing

my name on the front of one of the homework diaries Mr. Sylaeia was handing out.

'You're taking A level literature, Lady Autumn?' Fallon asked.

Tammy offered him my timetable and he took it. Still filling in my details on my diary, I watched him through my eyelashes, noting the fact he had switched to using a formal address rather than my title.

'In that case, I believe we have that class together.'

My pen paused part way through writing my address on the inside cover. I looked up, forcing a disinterested smile, as though this was not strange; as though a prince attending a tiny, rural state school was the norm. I resumed writing, retrieving my timetable and copying it up into the diary.

'Don't have many frees, do you?' Gwen commented, leaning over his shoulder and getting as close as she dared without touching the vine-like scars trailing across his tanned skin. Her hair fell on his shoulders and he shifted away from her in his chair, running a hand through his own flaxen hair.

My lips parted. *That I did not expect.* Gwen seemed affronted, but blessed with people skills I could only envy, she didn't allow it to show for long as she twisted behind her and started an animated conversation with the three year twelve girls, who repeatedly looked at the prince.

My attention was snapped away as Mr. Sylaeia retreated behind his desk, writing his name up on the whiteboard. 'Good morning, ladies and gentlemen. Welcome, and welcome back to Kable. I am going to be your tutor this year, and will take registration every morning, so we will be getting well acquainted. For those of you who don't know, I am Mr. Sylaeia; that's how you spell my name right there.' He slammed his marker pen against the plastic board. 'I'm half-Sagean and I'm told it's a pain to pronounce, so you may call me Mr. S. if you wish.'

He put the pen down and picked up a piece of paper with a list of words on it, and squinted at the top. 'So we have a new student in our midst today. Some of you might know him. It's . . . er . . . A-athana? Athena? I don't know, tricky name, that.' He lowered the paper and squinted over at the prince. 'They have a whole load of weird letters before your name. H.R.A.H. anybody? Anybody got any idea what H.R.A.H. means?'

By this time the class could barely contain its glee and burst into raucous laughter, in which the prince more modestly joined, tipping his chin towards the ground as he blushed.

'I jest, of course. But yes, Fallon is joining us this year as another guardian to protect our school, and we should all feel *very* lucky to have two such powerful young Sage keeping watch over us in these dangerous times.' The laughter had died down to a sombre silence now, and Sylaeia embraced it. 'On a serious note: some of you may have heard about the recent local Extermino attack, and about others around the country. No doubt most of you have heard the rumours about the young kidnapped human girl, Violet Lee. You may be scared, or unsure of what this means for you. These emotions are all expected, but this doesn't mean you should lash out, or be anything less than the decent human beings I know you all are . . . so please, respect the privacy of our guardians, do not view them through the light of how many letters come before their names, or view them as so very different from you. If you can let them get on with their jobs, then with fate's grace, we will have a great year.'

Then with fate's grace, I thought, *we might survive this year.*

* * *

I fastened the buckles on my bag, careful to avoid raising my eyes. The reality still hadn't sunk in and I didn't wish to hasten its arrival. I felt as though I could look up and he would not be there; everything would be normal and this unsettled feeling in the pit of my stomach would disappear.

'Autumn, Fallon, could I speak to you both for a moment?'

This time I had little choice but to look up, my eyes settling first on the prince, bag already slung across his shoulder, and then on Mr. Sylaeia, waiting behind his desk.

'We'll be in the quad,' Tammy muttered, ushering the others out. At the same time, Mr. Sylaeia gestured for us to come closer.

My hand gripped the strap of my bag until my knuckles whitened and in the back of my mind, I was aware that the last time I had been so close to this boy was at my grand-mother's funeral.

Were you still ignorant then?

Mr. Sylaeia turned away, using a rag to wipe his name from the board. 'As Autumn knows, any Sage on the school campus are my responsibility. Therefore, Fallon, I ask that you ensure you maintain shields when using magic on site and respect the privacy of the minds of humans. The paperwork I have to fill out in the event of an accident is enough to send any man or Sage to an early grave and I would rather like to make it to forty.' The prince nodded. My grip tightened. 'And Autumn, I read this over the summer. I thought it might interest you. Enlightening interpretation of misogyny in *The Taming of the Shrew.*' He handed me a thick paperback volume, well-used judging by the creases in the spine. I mumbled my thanks, placing it into my near-empty bag.

Sensing he was finished, I moved towards the door. But as I reached it, Mr. Sylaeia's voice sounded in my head. *'It will not be as bad as you think.'*

I fought the urge to freeze, yet I could not stop myself from glancing back at him. He was not facing in our direction, but typing something on the computer in the opposite corner. I turned back, carrying on along the short corridor until I reached the door to the staircase.

He is a wise man, but this time he cannot understand.

'Duchess!'

I concealed a sigh, pushing through the door. It swung shut after I had passed through but quickly opened again.

No, I am quite positive it will be far worse than what I imagine it to be.

'Lady Autumn?'

I knew I could not ignore him for long, so I turned, taking my time so that I could compose my expression into something resembling polite interest.

'Your Highness?'

He adjusted his bag on his shoulder and shook his head, seeming puzzled. 'On your timetable, there is no mention of your title and *Lady* is not placed in front of your given name. They didn't even have the courtesy to use *House* in reference to your surname. Is this a mistake you intend to have corrected?'

Throughout his short rant – and a rant it was, judging by the irritated tone he used – I stared at a stain in the faded brown carpet, worn by the hundreds of feet that passed over it during the working week.

'It's not a mistake, Your Highness.' I brought my eyes up to meet his, holding his gaze for as long as I could stand to, so my meaning was clear.

'Not . . . a mistake?' He turned the words over on his tongue as though they belonged to a foreign language.

'No. I prefer not to use my title and I would be very much obliged to you if you would respect that wish.'

I continued down the staircase, hearing him mutter 'Obliged?' to my retreating back. As I reached the landing halfway down, he suddenly sprang forward, leaning over the banister.

'For Pete's sake, do you mean to say that none of the humans here know who you are? How can they not know?'

I tugged the strap of my bag higher on my shoulder, picking my words with care. 'I've never appeared in any of the gossip magazines, or anything these people would read. So they know me as Autumn, Your Highness. Just Autumn.' I bobbed into a quick curtsey and fled, marching straight past the others outside, knowing that there would be plenty of willing girls prepared to act as a mentor in my absence.

CHAPTER FOUR

Autumn

The atmosphere in the textiles room was electric. Kable was a small, rural school and news could spread in a break time, meaning that the topic of conversation was focused solely on the prince; and if anybody had not known about his arrival before, they knew within sixty seconds of stepping through the door. The two girls sitting at the table nearest the entrance almost pounced upon any newcomer, pleading for more information which I was waiting for someone to realize I possessed. It helped that I sat on the table furthest from the door and board, meaning nobody took much notice of me. I hid behind my thick hair, hunched over my sketchbook whilst I outlined a design for a dress for the upcoming unit of work.

'Autumn, you'll know the answer to this.' Christy swung around in her chair, pushing the pile of fabric she had picked from the resource cupboard aside so she could lean closer. 'He spent three years studying in Australia, didn't he? He must have with a tan like that.'

My pencil pressed so hard against the page that the lead snapped. I brushed it aside, mustering an offhand tone. 'Who?'

She arched an eyebrow. 'You know who.'

'Yes, he did.'

'And he had a girlfriend there, right? But they split up.'

My chair scraped back as I snatched my pencil and sharpener and headed towards the bin. 'Christy, I suggest you read *Quaintrelle* or some other gossip magazine if you wish for the prince's life story.'

'Man, don't get your knickers in a twist, I was only asking.'

'But you know him better than the magazines, don't you?' Tammy asked and I was surprised at her perceptiveness – I didn't think any familiarity had shown.

'We played together as children when I visited court. But I have not been to Athenea since I was twelve, so I do not pretend to know him.'

The lead of the pencil snapped once more, this time following a violent twist of the sharpener.

'So do we have to, like, curtsey to him?' Gwen asked, and judging from the quiet that had descended, most of the class was listening.

'You can if you like, but it is not obligatory.'

'Okay then, if I married him, how rich would I be?'

I couldn't help but crack a smile at Gwen's question, lighthearted as always. 'Extraordinarily rich.'

'Well, Gwen,' Mrs. Lloyd said, appearing at the door carrying a tall mug of tea, topped with a lid. 'If you work a little harder this unit than you did in the last, you'll be able to make your own wedding dress.'

'I was thinking Kate Middleton-esque. But in black,' Gwen mused, holding up the square sample of lace she had brought along.

'You can't have black for a wedding!' Christy protested and they started to bicker.

'Girls,' Mrs. Lloyd began, neglecting to address the three boys in the class as usual. 'There shan't be any time to make anything as extravagant as a wedding dress considering the powers that be have only granted us one lesson a week. Therefore, I expect each and every one of you to attend after-school sessions on a Thursday. If you don't attend at least two per month, you will be struck from the register.'

A roar of disapproval erupted, all thoughts of the prince forgotten, if only temporarily.

'Hush girls, if you dislike it, take it up with those who created the new timetable. Autumn, what are you doing?' she exclaimed, noticing me for the first time. I lifted my pencil to explain, but she was already barking her orders for me to sit down.

I trudged back to my seat, flopping down into my chair with little grace. As I returned to my sketch, I distinctly heard Gwen giggling to herself on the opposite side of the wooden bench. 'The prince has an after-school lesson on a Thursday too. I saw it on his timetable.'

I succeeded in avoiding him for the rest of the day. I did not regard it as an achievement, however; to even get close to him one would have to fight through a horde of girls and even the odd teacher.

Third period brought English, and with it, the arched, disapproving eyebrows of Mr. Sylaeia as I handed him my summer coursework. He made no comment, but placed it on the pile with the two or three others that had been completed.

Lunch presented the most problems. We sat in our usual spot on the field, splayed out on the steep banks that enclosed the track, my stomach growling because the canteen was devoid of anything vegan – again. The others eagerly watched the football team practice dribbles and tackles as talk turned to the prince; after ten minutes, there was a commotion beside the tennis courts from the direction of the main school buildings. I didn't hang around to find out what was causing it.

As I neared one of the gaps in the fence that led back towards the school hall, I heard someone – a boy – call my title. A few seconds later, louder; closer, came the call of my name and the gentle probing of another conscious against my barriers.

The part of me that longed for this all to be a bad dream told me to hold my tongue, whereas my rational side demanded I answer – he was a prince, after all. My prince.

I turned my back to the fence. 'Your Highness.' I lowered into a quick curtsey, aware of how his entourage, my friends and the football team were all watching.

'You dropped this.' He held in his hand a strip of silk material that was usually tied around the handle of my bag.

I blushed. *I ignored him and this is all he wanted?*

'Thank you. I'm much obliged.'

I took the tail of the material, but he would not let go. I tugged, yet he held fast.

'You're much obliged for everything, aren't you?'

I did not miss the meaning in his words. My breath caught. If he were to tell the students, it would spell the end of any of the normality I maintained here in this micro-bubble, so far removed from the whirling social scene where I was *Duchess*, not Autumn. My eyes became wide – *he wouldn't, would he?* – and I yanked on the scarf.

He laughed. 'Sure you do not wish me to keep it? As a token?'

Like a length of string twisted into a knot I felt my patience shorten. *If he refuses to let go, I will leave it.*

A snort of contempt sounded from the sidelines of the pitch, where Valerie Danvers had stopped playing to massage her elbow. 'Don't bother with her, Fallon; she's not worth your time. She never says a word.'

The material drifted away from the prince's hand. Seizing the opportunity, I wrapped it back around my bag and squeezed through the gap, leaving the field behind as fast as I could. When I stole a single glance back, he had gone.

CHAPTER FIVE

Autumn

Brixham was quiet when I returned home. It was too late for the tourists and the fleeing of school children, and the driveways and streets were still empty of parked cars. Only across the road from my own house was there movement, where a father talked in undertones to his son about the night shift down at the fish market. Beyond the whitewashed picket fence of our garden however, all was still. As the front door slammed shut behind me I could still hear the jangling of the keys in the lock racing along the vacant hallways, breaking through the silence of a house that was used to its own company.

Grandmother, why do Mother and Father live so far from London when that is where they work?

Because your father does not enjoy London society, child.

He doesn't enjoy it? But how can he not enjoy it?

My sword followed me upstairs, my thoughts ever lingering on the arrival of the prince. *Why?* was the imperative question. There was always a why with the Athenea, and I had no reason to doubt that this occasion was any different. As I stowed my sword beneath my bed, those thoughts wandered further, back to the whispers in London. The Extermino gather . . .

My hand was still clasped around the buckle of my scabbard and I yanked the sword back out, replacing it between my bedside cabinet and the bedpost; it was a small comfort in an empty house.

In the fridge several containers were set out, my name scribbled on Post-it notes stuck to the lids. Peering into one I found a tomato-looking sauce and behind that, egg-free fresh pasta. From the colourful, fruit-adorned cardboard crate on the top shelf I pulled out a few mushrooms and an onion. Reaching up to the hooks lining the wall, I lifted a heavy-bottomed copper pan down.

Here were the signs that I had not a surname, but a 'House of'; that I was 'Al-Summers' and not Summers, and that we were not a family of little means. The Mauviel pan I was filling with water cost well over three hundred pounds; our entire collection of cookware – extensive, due to my father's love of cooking – was the same brand. Every day, a new box of fruit and vegetables was delivered to our door from the local organic farm; the countertops were brand new, replacing the old ones which were barely a year old.

We were not a bustling London household of thirty that entertained, or the peers swamping the Athenean court on Vancouver Island, but that was only through Father's choice.

And what a choice to make.

The pasta did not take long to cook, and even less time to eat whilst I thumbed through that day's edition of *The Times*. It told little, as did its Sagean sister *Arn Etas*. Even *Quaintrelle* was silent. I was surprised. I had expected the prince's move to be mentioned, especially in the latter, which had covered in extensive, agonizing detail the prince's breakup with his Australian girlfriend the June before.

I placed my plate into the dishwasher, having learnt to use it exactly a year before when my parents had first gone away on business. I smiled to the empty room. If the prince thought it was a disgrace that my title was not used, then what would he think of this? A Lady Sage – *worse, a Duchess* – cooking and cleaning and as she stripped out of her uniform, dressing herself. Not exactly royal behaviour.

No . . . I should be at a top school, studying politics and law and preparing for my first council appearance, which was suppposed to be on my sixteenth birthday, this November . . .

I wasn't going. It wasn't mandatory, and in my absence the Athenea sat in my empty seat and made decisions for me. It was mutually beneficial: they had more power and I could stay away from court. Nobody was exactly going to protest the situation.

On my desk, I warmed my laptop up, placing a strong cup of tea beside it. It filled the room with the scent of jasmine, steaming up one corner of the laptop screen. I folded my skirt and blouse and placed them on the flowery cushioning on the chest at the foot of my double bed. Opening the mahogany wardrobe in the corner, the only item of furniture I had convinced my parents to let me bring from the lodge at St. Sapphire's, I felt my hands run themselves down the material hung inside. There were dresses, flowery, and black trousers for work. Beside my school jumper, reserved for the winter, were pleated skirts of every colour and stowed at one end, wrapped in grey polythene, were ball gowns, too small now, and corsets, lightly boned, but still so tight they restricted breathing; eating was out of the question.

In one of those bags I knew there hung a pale yellow

court dress, with white elbow length gloves and a pair of satin shoes, laced with white ribbons. It was the dress I had worn to court when I was twelve. It had not been my first visit; it had not been the first time I had met the Athenea – my grandmother had been close to them – but it was the first time I had truly talked to the Athenean children; it was the first time I realized who I was and what I would become. When all the other little girls stared at me with jealous eyes and the adults treated my grandmother and I with reverence, I realized what it meant to be a member of the House of Al-Summers: to be second only to the Athenea themselves; as near to royalty as one could get.

Does he remember those weeks the Duchess and her grand-daughter spent at his home?

In another bag, tucked behind the others, was a black dress. *Mourning dress. He will remember that day.*

I pushed that thought away and pulled down a loose shift, slipped it on and curled up on the seat in front of my laptop, proceeding to write a long rant of an email to Jo, an old Sagean friend, so very far away when I needed her most.

CHAPTER SIX

Autumn

The next morning brought the prospect of first period English literature with the prince. As though I had swallowed a cherry stone whole, I felt a knot of dread work its way down my throat into my stomach as I counted up the members of his already-established entourage in the class. They made up more than half the group. The knot grew.

My routine had been much the same as the day before; except today, there was no fussing mother. The top button of my blouse remained undone, my skirt folded twice at the waistband, make-up lining my eyes. I'd had no choice but to fly to school that morning: no one was there to drop me off at the ferry and I was running too late for the bus.

For the second day of the term, the school was very much alive. The buses had arrived and it looked as if every member of the student population had tried to cram themselves into the quad. They hung from the railings lining the steps leading up to the quad, or else had seated themselves on the benches, odd blossom petals settling in their hair. Most stood. As I weaved my way between the groups, chattering animatedly, it didn't take long to work out why. Leaning casually against the edge of one of the picnic benches was the prince, surrounded by his followers and, to my disgust, my friends.

He spotted me before they did and it was he who broke the silence.

'Fallon,' he corrected in advance, anticipating what would have been my next words. I did not respond, but curtsied; grateful he had not used my own title.

Insulted at being cut off mid-sentence, Gwen huffed and turned back to him, trying to engage him once more in conversation. If he heard her he did not acknowledge her efforts, his eyes transfixed in a steadfast gaze at me, as though I was a problem to be unravelled and solved.

'Your sword. You carry it always?'

'Occasionally.'

'May I see it?' He held out his hand expectantly, but I did not fulfil his request, feeling my hand tighten around the grip of its own accord. The puzzled look returned, before his expression cleared and he reached down to his own belt, offering his sword in return for my own. I did not hesitate this time and he took it, weighing it in his hands.

'Light, very light. Too wide for a rapier, yet too long for a small sword.' In my hands I did the same with his sword, though I refrained from speaking my thoughts aloud. *Too heavy and stout for my liking. Rapier, though sharpened entirely along both edges, much like my own.* 'Swept hilt, very intricate. The grip is engraved with your coat of arms. Your grand-mother's sword, I presume?

A familiar fire started to flicker into life along my breast-bone. I swallowed. 'Yes.'

'I thought it must be. It was transferred to you on the

day of her funeral, wasn't it? I remember it being blessed atop her coffin.'

I didn't pause to consider the stupidity of what I was doing as I found myself raising his sword to rest under the curvature of his jaw, my breathing shaky; my hand steady. His look turned to complete confusion, as though he could not work out what he had said to offend, before it returned to one of calm assuredness.

'I suggest you lower that.'

I did not move. His voice was soft, yet the authority clear as he spoke again. 'Remember who I am, Duchess. Lower it.'

I know you know.

'That's an order!'

Behind him I could see the breeze stirring the uppermost petals of the blossom tree, snatching them from the branches to the ground, to be trampled beneath the feet of the students aware that the bell had rung.

Beyond that tree there was a sea of black; rough, weathered stone slotted in at odd angles between them. Amongst those dark pillars, motionless, was a girl, caught in the transition between child and adult, wrapped in a black shift and veil, concealing the tears that would not fall. Behind her was the family tomb that would not shelter her grandmother's corpse, because she was afforded the honour of being laid to rest in the Athenean cathedral. Instead, the oak coffin stood atop the plinth in front of the tomb's entrance, draped in Death's Touch and a royal blue velvet cloth bearing the Al-Summers' coat of arms; the late duchess' sword and dagger there too, alongside some of the prettier tokens left by mourners during her lying in state.

'Is there a death? The light of day at eventide shall fade away; from out the sod's eternal gloom the flowers, in their season, bloom; bud, bloom and fade, and soon the spot whereon they flourished

knows them not; blighted by chill, autumnal frost; "Ashes to ashes, dust to dust!"'

The blessing called and the mourners swayed in the light breeze, the faintest trace of water in the wind, as the clouds angered at the slow service, so endless for those whom it hurt the most.

'Come, Autumn, you must sprinkle the earth now. Step up, that's it, so they may see you.'

With trembling knees and a lip clenched between her teeth, the girl stepped forward, taking a handful of dirt from a silver bowl and letting it drift onto the roses, and then repeating the gesture twice more as the master of ceremonies called.

'Earth to earth, ashes to ashes, dust to dust. Earthern carn earthern, ashen carn ashen, peltarn carn peltarn!'

With those words, the pallbearers came forward as the girl gave a final deep curtsey, the late duchess' son and five of the elder Sagean princes lifting the coffin high into the air and beginning the slow procession through the fallen fields to the cathedral, just visible beyond the treetops. As it passed, the onlookers, hundreds in total, bowed, King Ll'iriad Athenea joining them in a show of unity that only a state funeral could bring.

Behind her veil, the young duchess let a tear slide down her scarred cheek.

'Autumn?'

The sound of my name snapped me from my trance. My eyes refocused, finding the glinting tip of the sword pressed to the crimson scars of his upper jaw.

'Autumn, don't force me to hurt you.'

He didn't need to worry, as my rigid arm was already slackening; he took the opportunity to raise his left arm and tentatively, like I was a wild animal that might pounce at any moment, to press his fingertips to the blade and push it away from his neck. I didn't resist.

'Autumn, I didn't mean to offend—'

I cut him off as I forced his lowered sword into his hands and took back my own, sliding it into its sheath. I tried to mumble something resembling an apology, but the words would not come and instead, I fled, humiliated and desperate to work out why I had let my emotions get the better of me.

CHAPTER SEVEN

Fallon

She didn't say a word to me throughout tutorial. It was as though she was making every attempt to blot my very existence from her mind. *Why?*

When the A level English class started she stuck her hand out for the sheets that had arrived on the desk, just as I did the same. When our hands brushed, I thought for a moment that a flint of fire from my fingertips had caught her knuckles and that I had burnt her – there was a spark of a very different sort travelling the length of my arm – because she nursed her hand to the deep V of her blouse like I had hurt her. Yet there was no expression of pain in her face – not the physical kind, anyway. Instead, her lips parted into an O, her eyes widening.

She turned away quickly, and I thought she breathed, 'Idiot.'

I recoiled in shock but didn't say anything. I just couldn't reconcile the image of the emerging woman with that of the twelve-year-old girl who, even then, had managed to stun the court with her looks and stage-managed character.

Where is the granddaughter of the old duchess who would never even speak against a superior, let alone press a sword to their throat?

'In pairs, I want you to analyze the soliloquy I have assigned to your table. Off you go,' Mr Sylaeia said.

I turned my attention away from her and to the sheet.

'To be, or not to be, that is the question . . .'

I groaned as I read through Hamlet's dramatic contemplation of the pros and cons of suicide, before my gaze returned to her. Her gaze flicked towards me.

'What?' she snapped. 'Why do you keep looking at me?'

Fates above, is it illegal to look at her now?!

I thought fast and scanned the sheet. 'Disease imagery.' My pen hovered above the paper. 'There.'

'I don't need help,' she insisted, despite her blank-looking page.

My eyebrows lowered a fraction. 'He said analyze in pairs.'

She bowed her head and hid behind a curtain of hair and began scribbling across the page.

So she's not going to share, then? Fine.

I adopted the same tactic.

She said very little once we had finished with the soliloquies, only answering questions when she was picked on. As the bell sounded, she repeated her ritual of slowly, even sluggishly, packing her bag, as though very tired – or in the hope I would leave before her. But I did not leave (I did not fancy throwing myself to the hordes), hovering beside the door as Mr. Sylaeia called her over to his desk. She dragged her feet, hand clutched so tightly around the strap of her bag that her knuckles whitened. She seemed to know what was coming.

'Precocious. Presumptuous. Insulting.' He handed her back what looked like an essay. Her head drooped. 'Not to mention the fact it was far below your usual standard.' He glanced towards me, still hanging beside the door of the classroom that was now empty except for us. I pretended to become very interested in an explanation of adverbs on the wall. 'Autumn, I'm disappointed. I'm the one person in this school that can truly understand your predicament – do you really think it is any different amongst the staff? – yet you repay me with such rudeness.' I raised my eyebrows to the wall, wondering what on earth that essay contained to affect him to such a degree.

'Sorry, sir,' I heard her mumble.

'You will be sorry after a detention on Thursday evening.'

She inhaled sharply and I thought it safe enough to turn back. 'No, sir, please! I have work that evening and that's following a twilight textiles lesson anyway.' Her face was aghast and panicky, her eyes wide and shaped like almonds. I was aghast for a different reason. *She has a job?!*

'Then your detention will take place after textiles, and you will have to miss work.'

'Please, sir, any other evening, lunchtime even. Please, they are already threatening to sack me!'

'Because of poor attendance?'

Her head drooped again.

'As I thought. I wonder, Fallon, would you mind staying behind on Thursday, too? There's a lot of summer work for you to catch up on, and Autumn will very quickly get you up to speed.'

I didn't answer immediately. She wanted to protest, that much was clear, but her manners prevented her mouth from ruining the perfect straight line her lips created. I felt a tiny pang of resentment – *what have I done?* – but nodded. 'Sure.'

That resentment increased a notch when the room went silent as they conversed with their minds, leaving me out. Yet it shattered when I caught a glimpse of her lips quivering as she turned away, her hand rushing to her face.

'Fallon, would you mind stepping out of the room for a moment, please?'

I didn't want to. But then I remembered the pained expression she had worn when holding the sword to my neck. I did as I was told.

Outside the door, which slammed on its self-closing hinge, I tried to demystify what had happened that morning. Yet the deeper I dug, the less it seemed to make sense. We had been friends as children! We played kiss chase and staged play weddings and bossed each other about. Now it seemed like she hated me?

A few minutes later, the door opened and a blonde blur passed without pausing. She had already shot past before I had prised myself away from the wall I was leaning on. I hurried after her down the stairs. She glanced back towards me and her pace doubled, as she half-jumped the remaining steps.

'Autumn!' She didn't stop. 'Autumn, I was just wondering if you want a lift home on Thursday? It'll be late—'

I never got to finish my sentence as she whirled around, mouth agape; lips rolled back slightly; red, puffy eyes narrowed so that they slanted. She didn't say a word, but her expression said more than words could. She remained like that for a few seconds before she turned back around and left; her movements slow and sluggish once more.

CHAPTER EIGHT

Autumn

How all occasions do inform against me indeed.

Fallon appeared in my history class. The whole A2 class appeared in my history class. The explanation was simple: the usual history teacher was off on maternity leave, and the current unit for our class and the A2 class was Sagean history, so Mr. Sylaeia would teach both classes together in addition to English. I knew that my look when he entered the room was one of stewed fury and betrayal, firm in the belief that he could not have thought of a crueller punishment than detention with the prince. When the latter entered I urged Christy and Tammy to sit either side of me, walling me in. They didn't seem too pleased that we had used up all the seats in our row, leaving no room for the prince, but it didn't matter. He chose to sit on the other side of the room, squeezing in at the far corner of a desk with some of the other A2 students. I was surprised, but relieved. Yet the horseshoe arrangement of the desks still meant that we faced him. I inched my chair around to the left, to face the board.

It would be an understatement to say that Sagean history was not a popular topic. A groan circulated the room when it was announced and I felt my cheeks flare up in shame. Even the prince's cheeks tinted pink. He hid it well, resting his head in his hands, his elbows on the desk.

My eyes bounced back towards the desk, cursing myself for looking. There they rested until a textbook arrived. I flicked it open, finding paragraphs dedicated to customs that were second nature to me, yet so alien to those around the room. I closed it, knowing that as a child, I had studied books at my previous school that mirrored these in every way, except that they were about humanity. Looking up, the Prince caught my eye, a grin on his lips as his eyes darted down to the book and back up. He thought it amusing. I thought it a tragedy.

Mr. Sylaeia started with the same rhetoric about the prince as he had used in registration, and when he talked about the Extermino, he was greeted with the same fearful silence . . . and my heart went just as cold.

Mr. Sylaeia wrote three words on the board: 'The Dark-Beings'. 'I know you all hate this topic, but it's compulsory! So let's start with something simple. Can anybody explain a little about the dimensions, and name the nine different types of dark-beings and the powers they possess?' Mr. Sylaeia asked.

Even though everybody *had* to know the answer, nobody spoke up until tentatively, I lifted my hand.

'There are nine dimensions, and humans in every one. Each dimension is a rough parallel of the rest. We all share a cultural memory, because whatever happens to the humans in one dimension happens in another, because the nine parallels of a country are one state, not nine different states. The humans and dark-beings co-operate through the Inter-Dimensional council . . .'

I trailed off to seek approval from Mr. Sylaeia, unsure whether I was explaining it clearly. Even though I was trying to ignore him, I glanced back to the prince, suddenly embarrassed that I was explaining something he probably understood better than me.

Mr. Sylaeia nodded for me to continue.

'We live in the first dimension, and it is the domain of the Sage. There isn't a hierarchy amongst the beings, but we have the strongest, most versatile magic. There isn't much we can't do, so long as it doesn't drain nature too much, which is where we take our magic from if we need more than what is in our blood. We're ruled by . . . by the Athenea, from a small country of the same name, at the northern end of Vancouver Island.'

Now I really was blushing. *He should be explaining this!*

'Then there are the vampires in the second dimension, ruled by the Varns in England. And yes, they are the ones who kidnapped Violet Lee. The vampires rely on consuming blood for energy and to top up their magic, which is what keeps them alive. The Damned in the third dimension are magic users too, but they have to make a blood sacrifice to use it . . . but by returning blood to the earth, they can use very powerful magic.'

Finally, the prince chipped in. 'The fourth dimension is host to the shifters, who can shift between their human forms and spirit animals. They look a lot like ghosts when they do, and they live mostly in the mountains of central Asia . . . before they revealed themselves a few centuries ago, people used to think they were demons.' His eyes lit up as people turned their attention to him and his more exciting explanation.

'The fifth and sixth dimensions are very similar, because more forests have been preserved compared to here. That's where the winged people and the elven fae live . . . they are both very beautiful beings, and nomadic. They don't have a monarchy, and they don't use modern technology. They are so at one with nature they don't need it.'

'The wolves in the seventh dimension can transform into human-like creatures at will, and the maengu in the eighth are water creatures, who can also transform to come onto land. And then in the ninth . . . well, we call them the phoenixes, and they can only take on a human form for one month in every nine.'

He left it at that.

Like actors in a play, the prince and I only spoke when directed by Mr. Sylaeia. The rest of the class was infuriatingly silent. They knew nothing, even when Mr. Sylaeia asked them for the basics that would have been obvious to any human elsewhere.

Eventually, he gave up, turning to me, his tone much softened now. 'The fas, or basic principles, if you will, Autumn.'

'The wielding of energy, preservation of the balance of nature, courtesy in respect to rank, loyalty to Athenea, and strict adherence to the Terra Treaties.'

Though Sagean was a tongue stifled beneath the other, it still felt strange to speak those words in English, when I had repeated them as a mantra in my native language as a child. They did not belong in this language. This tongue could not convey the beauty and binding power of those words.

Mr. Sylaeia pulled out the board marker that lived in his shirt pocket, scribbling out each of the fas. 'The first four are quite self-explanatory: magic; a respect for nature, especially concerning diet and more recently, climate change; etiquette; and loyalty to the Sagean royalty. Does anybody know what the Terra Treaties are?'

I could see Fallon perk up, gazing around the room as his eyes became wider and wider. His lips parted.

'Nobody?' Mr. Sylaeia clicked the lid of his pen shut with the palm of his hand. 'Nobody at all?'

A chill passed up my spine at the disturbed silence. I knew there were many things they didn't know. I knew that beyond how hot the nobility was, and who was dating who, there was no interest in my people. Yet to not know what the treaties were . . .

Mr. Sylaiea answered his own question. 'The Terra is the name given to a group of treaties signed universally by all dimensions and humanity in the early nineteenth century, formalising what had previously been a set of uncoordinated laws. The Terra Treaties are the reason Autumn and Fallon are sitting in this room as guardians, here to protect the school. The Terra Treaties are what binds a dark-being, under penalty of death, to never harm a human unless lives are threatened, with the exemption of the vampires – who wouldn't be able to survive without this exception. The Terra Treaties are what essentially keep the peace that you enjoy.'

Nobody spoke. It was not a stunned silence; the quiet of a class in awe. It was bored silence. This was not achievement to them, or reassurance, it was politics: boring, mind-numbing politics that – beyond the hot prince – did not touch upon their closeted lives. I shivered at those words; I could still remember the whispered utterance that came with their mention in the classes at St. Sapphire's, the pride that our race had negotiated stability for all dark-beings. The treaties did not bring stability now. They didn't bring anything.

'They won't hold us in peace much longer, will they?' I said before I could hold my tongue. But I decided I wanted to continue. *Why lull in a false sense of safety?* 'Humans are in conflict with dark-beings everywhere. And situations like what has happened with Violet Lee only make things worse! Meanwhile, enemies of us all take advantage of the conflict to try and make the Terra fall apart, and cause war . . . enemies I am trying to protect you from,' I finished quietly, eyes bowed to my book.

The class finally broke their silence and erupted into murmurs, followed by protests about how it wasn't the humans' fault. Mr. Sylaeia's eyes widened and it didn't matter how much he rapped on the board, the room wouldn't quieten.

I buried my head in my hands and dug my nails into my scalp. *Why couldn't I keep my mouth shut?!* Now everybody would think I hated them, and they hated me enough already . . .

I didn't even notice the prince had stood up until I heard his voice over the hushing room.

'Autumn is right. The Terra won't last much longer. The world has changed, and we don't see eye-to-eye anymore. It could lead to war. But it won't. Fate won't let it get that far. What do you think the Prophecy of the Heroines is for?'

I pushed down so hard on the desk to stand up that the table moved with a groan and my chair nearly toppled over. I felt silly standing but it was an old ritual from my Sagean school, and sitting made me feel small compared to the prince. 'And how can a few dark-beings rebuild the Terra and stop a war? What if they don't appear in time? What if they fail?'

'They won't,' he insisted, and for the first time I actually met his gaze. His forehead was set in a single line of frustration and I could feel my magic beginning to warm up my veins with anger.

'No Heroines have appeared yet. If the vampires killed Violet Lee tomorrow, there would be no stopping a war. What happens there affects us all!'

I waited, holding my breath and almost hoping he would try and deny my logic. I *knew* I was right, I had seen the threat with my own eyes: the hate of the humans, the Extermino . . . and Violet Lee, the peculiar girl I couldn't get out of my dreams.

'You're wrong—'

It was still early enough in the term for the coming of the bell to be something of a shock: as the shrill, uneven wail cut through the quiet, everybody jumped.

I packed up my things as quickly as I could and rounded the end of the horseshoe, wishing my feet would move a little faster so that I could get out before the prince finished what he had to say. All the courage that I had possessed when angry had fled, just like I was fleeing outside.

'Autumn!'

Turn for Pete's sake! I could feel him closing in on me, the rest of the class not far behind, never breaking from their packs.

'Duchess!'

Then came the call that stopped me, that turned me on the spot. It was a call that summoned from the unnatural earth roots that held me in place, prisoner to hear what I knew was coming.

'Why do you keep calling her duchess?' It was an innocent question. Tee, joining her cousin in the ranks of the class, could not have known how much I had dreaded that very question and prayed in the last twenty-four hours that nobody would notice how the prince addressed me.

I pleaded with my lips, mouthing *no, no,* over and over, but when he turned to look at the younger girl and back at me, I could see in his bright cobalt eyes – they always said you could mark noble blood by the eyes – that he would not oblige.

'Don't you know? She is the duchess of England.'

I did not wait to hear the gasps, or the questions, because I could not bear to hear them. Instead, I turned and walked six measured paces, then took to the air.

Remember who you will one day be, child!

I do not want to think of that day, Grandmother. I do not want to think of it.

Why do that? Why be so wilfully cruel? Why deny me my choice like that? At least I could run. If it had not been the end of the day I wouldn't have been able to escape his revelation like this. Escape him.

Though the sun created a patchwork of light and shadows below me on the town, the air was cold. The wind from the sea was caught in the jaws of the concave river mouth, funnelled along the increasingly narrow valley, stirring the masts of a tall ship moored on the Dartmouth embankment. The rigging made a soft chime that the wind carried with it, an underlying melody to the beating of water that the old paddle ferry produced and the shrill whistle of the steam train weaving along the embankment towards Kingswear. It was a small village, standing in proud opposition to Dartmouth on the other side of the river, its multi-coloured cottages rising in uneven terraces much like the larger houses of the larger town did. Over bridges, past creeks and below the village school, where the old-fashioned bell tolled to announce the end of the day, the train passed, eventually coming to a halt beside the smaller, lower ferry.

It was a world perfectly preserved, continuing on in its own isolated sphere, relying on its unquestionable beauty to bring in the tourists. Yet its isolation was why I suffered.

Finally, as time in my angst seemed to move much slower, I reached the other side of the river, the trees lining its bank broken and falling into the silt. It was a pity that the leaves had fallen so early – it was barely Septembe; empty bottles, sandwich papers and silk handkerchiefs testimony to the summer nights whose mark had not yet been erased. But that was what they got for perching on the riverbank. They were rotting. They were dying.

Why? Why did you have to tell them when I asked you not to? What have you achieved by doing that?

There was a brief respite in the chill as I moved away from the sea, only for the cold to be replaced with fog as the tower of the church near my house came into view and with it the harbour a little further on and the salty suspension that the sea mist carried inland.

I still couldn't comprehend everything that had happened that day. It felt as though the events since that morning had occurred over several days, and were still no more than skin-deep. Yet my body hadn't failed to note the pricking and inside, I felt oddly numb – my mind's way of protecting itself, I supposed.

I glanced at the clock on the church tower, surprised at how long it had taken me to get home. Time just didn't seem to move in a constant way anymore.

Inside, the blinking light of my laptop lured me in as I placed a cup of tea on the desk and checked my emails. Sure enough, Jo had returned a sprawling epic that required much scrolling. Despite her confused lineage – French-Canadian and German, now serving as a guardian at a boarding school in Switzerland – her English was word perfect, something eight years at St. Sapphire's had given her.

The first three paragraphs were dedicated to gushing about how hot the prince was, and how I *should* feel lucky to be bestowed the chance to be so *intimate* with him. The rest added up to a warning: what I suspected of him and his family was not a light accusation and that I should tread carefully. She ended with her own theory as to why he was here, which I dismissed immediately, blushing.

I leant back in my chair, unsure of how to reply. I contemplated telling her about losing it that morning, but decided against it, not wanting to provide any opportunities for rumours. There was no point telling her about what the prince had revealed: she didn't know I hid – *had hidden* – my title.

Pushing away from the desk I collapsed onto the cushioned window seat. Through the window, I could see the maple tree in the garden, the nearest branch just a foot or two from my window – when I was a child, reluctantly returning home from school for the weekend, I would often seek solace in the crux of its branches, where the trunk would divide into four and form a neat little seat, perfect to fold into. It was my own palace of leaves, decorated with pinned flowers, plucked from the garden, or dream-catchers, which I would make endlessly at the desk where the laptop now sat – some of the frail structures had survived, and were now dangling from the eaves of the window, minus the feathers. They had become rotten and mildewed, and my mother had removed them. When I had collected more gulls' feathers to replace them, she had taken those too.

I knew I couldn't face school the next day. I couldn't face the questions on top of the already mounting dread I had at the prospect of detention on Thursday. Besides, a day would act as a sort of buffer against the shock: the buzz about my title would have died down a bit by Thursday. *Let the prince deal with the questions,* I thought. *Let him sort out what he caused.*

CHAPTER NINE

Autumn

'Autumn, why didn't you tell us?'

'You never asked.'

'That's not the point. You're *the* duchess of England, and we never knew. I mean, that makes you the highest ranking nobility in the country. Right below royalty. Er, hello?' Gwen snapped.

'I thought that title died with that woman, a couple of years back. There was something about a state funeral on the news, remember?'

I shot Tammy a look, and comprehension slowly dawned on her face.

'Oh my God, that was your grandmother, wasn't it? And what, the title skipped your dad? How come?'

'Human.'

I was wrong about the buzz dying down. If anything, my absence had escalated the hype. The questions didn't stop all day, and when they did it was only because I made an escape to the bathroom, or the prince was around. Then, the questions would be aimed at him. They could extract more from him considering I was letting little out.

Thankfully, the day passed quickly. I even managed to avoid speaking to the prince for the entire length of our English literature lesson. He didn't try to start anything resembling conversation.

Five o'clock had long passed before I got out of textiles and I suspected it was going to be a long evening. In contrast to the GCSE essay that had earned me the detention, the A level English work was long and laborious. It didn't help that the prince hadn't read the play or any of the set poems, so I had to explain everything he was copying out. From his desk, Mr. Sylaeia would occasionally look up until eventually, as the hands of the clock shot past seven and towards half past, he announced that we could leave.

The contents of my folder had become so sprawled across the desk that by the time I had reorganized and packed them away, the light had faded outside and what had been a murky grey sky became purple through the pouring rain. I watched it through the window, unable to see the art building roof just opposite. A knot formed in my throat.

Outside in the corridor, the rain didn't seem as heavy, the doors at each end sealing out the roar of the wind, but on the stairs, it was clear just how bad it was. The sky slapped the rain down so forcefully that water sprung a metre back up from the ground, ricocheting off the benches and joining huge pools where the tarmac dipped and was beginning to crumble. The autumn-flowering blossom on the tree was putting up a fierce fight, but the wind was winning, sweeping the petals high into the air and away over the buildings.

'You're not going to fly in that, are you?'

I paused and the prince drew up beside me, both of us staring through the glass doors at the chaos outside.

'I'll take the bus.'

He looked me up and down sceptically and I knew that in my blouse, skirt and thin tights, I wasn't exactly dressed for the weather.

'You'll get soaked. It's dark too. You shouldn't wait on your own.'

'I'll be fine—'

'Seriously, I can give you a lift.'

I took a few steps towards the door, hoisting my bag higher on my shoulder and preparing to make a dash through the rain. 'My parents say I shouldn't accept lifts from strangers.'

He flinched and the puzzled expression from two days before returned. 'I'm not a stranger.' His tone made it sound almost like a question, as though he wasn't even sure of that statement himself.

You're as good as a stranger, I thought.

I hovered for a few more seconds, unsure if he was going to say anything else. When he didn't, I braced myself against the door and pushed, hoping my body weight would be enough to hold it open just long enough for me to slip through. It wasn't. In the second that the wind caught the door and flung it wide open, I became drenched, standing directly below the overflowing gutter; blinded by the water seeping down from my hair and the rain, battering my face like needles, I only just saw the door swinging wildly on its hinges and dived back, helped by a hand yanking on the material of my blouse. Landing on the floor, I pulled my feet back over the lip of the frame just in time as the door slammed shut so violently that the lowest pane of glass fell from its seal and shattered on the ground outside.

'Are you okay?' I heard the prince ask, whilst I stared

dumbly at the broken door, where the wind now rushed through and chilled my exposed legs – my tights had laddered. 'I'm giving you a lift home. No arguments.'

I didn't argue. It would be useless to argue; his point had already been proven. He helped me up.

'Watch the glass,' he said and then flung the door open, bracing his back against the frame as I leapt over the fragments and sprinted for the sheltered entrance on the other side of the quad. Behind me, I heard the door slam and a curse whip passed me, mangled by the wind. It was followed by the sound of footsteps in hot pursuit.

Suddenly, a hand grabbed mine and urged me on, tugging me down the steps and into the school's tunnelled entrance, where we paused, shivering. The prince rubbed his upper arms ferociously.

'Ready?' He extended his hand towards me after a minute.

I looked at it for a few seconds and then out to the rain. Even if I remained close enough to touch him I wouldn't see him. As I looked, the car park lit up beneath the sheet lightning.

'Come on,' he insisted and took my hand, pulling me back out into the rain as the inevitable thunder followed. I squinted, searching for a car, any car, until suddenly through the gloom a pair of headlights flashed on and off and I caught a brief glimpse of a surprisingly understated five door sports car – but more interestingly, a car with no Athenean badge across its side.

He headed for the right door and gave me a gentle nudge around the bonnet. I pulled my bag off and got in the passenger side, placing it at my feet but keeping a tight hold on the handle, only letting go to plug my seatbelt in. He had already started the engine and was reaching across to turn the heating on, turning the dial right up. I felt the air, initially cold, blasting through the vents and my feet inched towards the warmth. With the windscreen wipers beating, he pulled out of the car park.

'You live in Brixham, right?' I nodded and he indicated right. The sound of the rain on the windscreen and the rolls of thunder every minute or so prevented him from saying anything, so I looked out of the window. Every time the lightning struck, the valley below us would light up, revealing the fields, houses and the corner of the late Victorian building that made up the Naval College; a building that was not a stranger to royal officer cadets, albeit the human kind. The scene was suspended in negative and then faded again.

The steep main road leading to the lower town was deserted and as we rounded the foot of the Naval College, so was the queue for the higher ferry. When we neared the slipway, a large yellow sign made it apparent why: it was closed due to the bad weather. The prince cursed under his breath.

'Try the lower ferry,' I murmured, finding it difficult to talk with him there. He looked at me, puzzled. 'Follow the embankment,' I added, but didn't hold out much hope. If the sturdier higher ferry was closed, then the barge-and-tug that was the lower ferry would be too. I was right. As we approached the oldest part of town, where the beamed black-and-white upper floors of buildings leant precariously over the cobbled pavement and fishermen's cottages lined the streets, I could see one of the ferrymen deserting his post as he bent against the wind. Out in the choppy river, I could just make out the lights of the ferry heading back to its pontoon.

The prince sighed. 'Guess it's the road way around then. You'll have to direct me.' I nodded and he continued. 'I normally turn off at Totnes towards Dartmoor. I haven't been to Torbay yet.' He finished and out of the corner of my eye I could see him glancing at me. I knew I was supposed to carry on the conversation, but said nothing.

When we reached the top of the hill again, I saw him looking once more. He opened his mouth and closed it again, and then seemed to settle on speaking. 'I'm living with my aunt and uncle – I suppose you know them as their royal Athenean highnesses the duke and duchess of Victoria, don't you?' His tone was heavily sarcastic. Titles were clearly a bother to him, except, of course, for mine. 'They bought a place up on the moors, near Princetown. When I heard, I jumped at the chance. I've always wanted to study in England, and Australia had become impossible with the paparazzi. I knew this area was like a bubble and Kable seemed like a good choice with you there, so we took out super injunctions against the media running anything about our whereabouts, fed the gossips at court a lie about me returning to Sydney and here we are. No bodyguards and no paparazzi.'

I nodded slowly. *I didn't hear anything about them moving here whilst in London. They must really want the quiet life for nothing to have filtered down the grapevine.* Yet I knew it would get out eventually. It was a ticking time bomb and when the press did descend, I would be implicated too.

Again, I sensed that he was trying to start a conversation, but I wasn't sure how to respond. Everything I did want to say to him was unspeakable; treasonous, even.

'And you are here because of your parents,' he stated. It was not a question.

He fell silent again and I knew that with a little effort, I could break the quiet, yet made no move to do so. In that moment, it was hard to believe that at twelve, I had effortlessly talked up or down, to my superiors and inferiors, and thought nothing of the ability. It was to the manor born, installed in me since birth. But now my two tongues strangled each other and the words would not come.

'Do you miss her?' he murmured suddenly, his two hands gripping the steering wheel so tightly I could see his knuckles whitening. I stared at them for a few seconds, and then looked straight ahead, watching the cat's eyes flash below us.

'Yes. Very much,' I whispered, not sure he would even hear me above the battering rain and hum of the engine.

Yet he nodded in acknowledgement. 'It was horrible, what happened. It – you were so young. Only fourteen. To experience loss like that must be . . .'

He didn't finish his sentence. He didn't need to. I knew how it felt and he was obviously trying to comprehend it.

'Murder,' he said after a while. 'Have you . . . have you ever thought about revenge?'

'I would if I knew who her murderer was,' I snapped, surprising myself with my change of tone.

The prince turned towards me as far as he could without taking an eye off the road. 'I'm sorry, but have I done something to offend you? I know I haven't seen you for several years, but we used to be friends and now I might as well have the plague.'

'Other than reveal my title, Your Highness?' I retorted.

He let out a sharp breath. 'I was just trying to help you—'

'Why?'

He passed the wheel through his hands as he took a sharp left, and then sped up as the road widened into two lanes.

He shook his head slightly and frowned. 'Well . . . we go back a long way, you used to come to court a lot. Why wouldn't I help you?'

I rubbed a clear patch in the condensation on my window and stared out of it. 'I don't like you.'

There was a long silence in which the muted whirring of the engine and the beating of the windscreen wipers was the only sound. I didn't look at him, and silently wondered how many times – if ever – someone had actually admitted that to him.

He finally hummed in acknowledgement. 'May I ask why?'

I hadn't thought this far ahead in my impulsiveness. I had just said what I felt . . . for once, I had just let go and admitted to my feelings. But what I wanted to say in reply was an accusation . . . treasonous even. *But when else will I get the chance to ask?*

'I think you, and the entire royal family and council are withholding information from me. I think you know why my grandmother was murdered, and by whom. I think that because I heard mutterings at her funeral . . . and why else would no answer have been given by now?'

His knuckles went instantly white on the steering wheel, and eighteen months of suspicion was confirmed by his paling complexion. 'What makes you think I would know that kind of information?'

'You're second in line to the throne. You're good with politics; better than the heir. I think your parents would trust you.'

I averted my gaze at the unexpected compliment I had paid him. I kept it averted, and waited and waited, until I rested my head against the window in defeat.

'I have orders not to tell you,' he said, stiffly.

I gasped and the surge of hate and pain I felt every time I thought of her trebled. I wanted to say something, but words failed me. A tear eased itself down my cheek, squeezing between the window and my skin. I closed my eyes, preventing any more from forming and allowed my hair, wet and beginning to curl, to cover my face.

I felt a pressure on my knee – his hand. I jerked my leg away and pulled my bag protectively onto my lap, feeling my cheeks flame a very bright red. His hand hovered between the gear stick and the steering wheel, as though he was unsure of what to do with it. He settled for the steering wheel.

'I'm sorry. I really am. And I'm sorry for revealing your title too. It was wrong of me.' I waited for him to continue. He took the hint. 'I thought it might ease relations with the students and, though I know this will sound selfish of me, I wanted to treat you as an equal. People accept that more when they can put a title to a name.'

I opened and closed my mouth again, feeling remotely like a fish out of its depth.

'I suppose I didn't understand that you wanted to . . .' He seemed to search around for an appropriate phrase. 'Well, live as a human.'

I felt my chest split into a bizarre mix of anger and confusion. 'That's not what I want.'

'Sure? When was the last time you used complicated magic? And I don't mean to tidy your hair.'

I couldn't even answer that and I slumped back in my seat.

'Exactly. If you mean what you say, then why don't you practice your magic?'

Again, I couldn't answer him until we approached my road and I told him to turn right. We climbed passed the church and the adjoining graveyard, turning left onto the tree-lined avenue. I could see his eyes glancing left and right, taking it in; judging. I knew that behind those eyes, he was thinking how unimpressive it all was. Though the houses were of an intimidating red-brick Victorian design, detached and comfortably spacious, I knew this was not the norm for someone of my standing.

I told him to stop halfway down and unbuckled my belt. I hesitated, my hand on the handle, about to open the door.

Decorum, child, I heard her voice say. *Decorum is everything.*

I pursed my lips. 'I'm sorry if the way I live offends you, Your Highness. I'm sorry if you don't think I'm entitled to be upset over your stupid orders. But I'm afraid I do not have much choice in it.' He turned to me so sharply that I felt my weight fall against the door, away from him. His expression was completely puzzled, but something in his eyes bordered upon recognition as they widened ever so slightly. 'Thank you for the lift,' I finished and got out as quickly as I could, scuttling around the car to the pavement and under the shelter of the tree. As I closed the garden gate behind me, he turned around and pulled away. I watched the car disappear around the corner, recalling his outburst in my mind.

A smile appeared, bigger than the one I had worn earlier. It was a bitter smile, displaying itself only in triumph.

So you know. You know why she's dead. And I'll get it out of you; and I'll never like you until I have!

Behind me, light pooled across the garden from the glass panels on either side of the front door. The cars were parked in the driveway. My parents were back. I groaned and prepared myself.

The door was unlocked and I tried to open it as quietly as possible. I slipped my shoes off and had one foot on the stairs when my mother appeared from the living room, where curtains had no doubt been twitching.

'And where have you been? It's almost nine o'clock!'

'I was asked to tutor a student by Mr. Sylaeia.' I hung my bag on the rack above the radiator for the morning and turned back to her, hoping she would vent quickly so I could get changed into something dry.

'And I suppose if I rung the school he would verify that?' she replied, rather testily.

'Yes.' I knew he wouldn't mention the detention; he had punished me enough.

She huffed, pointing out the closed front door. 'And who was that driving you home?'

'A friend.'

She wasn't falling for that one. 'None of your friends are old enough to drive.'

'A friend in the *sixth form*,' I rephrased. Yet she still wasn't buying it as she moved to stand in front of the mirror to remove her earrings – they had clearly only just got back, as she still wore her business suit and her hair hadn't re-curled, still resembling the short sleek bob she maintained for meetings.

'I don't know many sixth formers who can afford the insurance for a Mercedes, Autumn.'

My eyes rolled towards the ceiling and I took a long, slow breath. 'Fine. A new Sage has started at school.'

She smiled in a motherly, patronizing way that was reserved for moments when she knew she had beaten me. 'Ah, we settle upon the truth.'

I returned the smile and was about to make my way upstairs when my father's voice sounded from the kitchen.

'What are my two lovely ladies arguing about this time?' He appeared from behind the staircase, a glass tumbler and tea towel in his hand.

I clutched my tongue between my back teeth, wishing they would let me go and get changed before my soaked clothes flooded the hallway.

'A new Sage has started at school,' I repeated.

He looked mildly interested and continued rubbing the inside of the glass. 'That's nice for you then, isn't it? What family?'

This time I really did hesitate, chewing my tongue frantically. But there was no putting off the inevitable. I looked from one parent to another. 'The Athenea.'

The glass shattered on the floor and the tea towel fluttered after it, covering the shards. My father's mouth fell open and closed again as he tried and failed to mask his emotions.

'My God,' he breathed, clutching his chest. My mother moved to his side, rubbing circles in his back but looking just as shocked as he was. 'Which one?'

'Fallon.'

'Their seventeen year-old?' my mother asked, her eyes widening.

I nodded.

'But he's second in line to the throne. What on earth is he doing here?'

I shrugged, but having already embarked on the truth, knew it would be as good a time as any to reveal the rest.

'He said he wants to avoid the press. He's staying with the duke and duchess of Victoria.' I took a deep breath. 'And they have bought a property on Dartmoor.'

The two of them exchanged worried looks, before turning to me. I didn't have much in common with my parents, but this was something we were united in: we didn't want the Athenea anywhere near.

'And I asked him not to, but he also revealed at school that we're the duchy of England.' That wasn't strictly true. Only *I* was the duchy, but as I was underage and my father managed my finances, he was able to use it as a courtesy title.

This was all too much for him. He slumped against the banister, burying his face in his hands. My mother guided him towards a sofa in the living room and I took the chance to escape. I didn't feel much pity for them. They didn't want the Athenea here either, but they didn't have to deal with them like I did.

When I got to my room I stripped out of my clothes and found my longest nightie, pairing it with a pair of thick socks. Despite the warm clothes and the hot radiator, I was still cold.

'Inceandia,' I murmured, and an oval flame sprang to life in my palms. Removing them, I let it float and grow into an orb in mid-air, warming my room in seconds.

I watched its solid, unflickering mass as Fallon's words came back to me. Impulsively, I waved my hand and the flame was snuffed out. Hearing a curse in Sagean escape my lips I threw myself face down on the bed, pummelling the mattress until the tears began to seep across the pillow.

CHAPTER TEN

Autumn

It was the sound of grunts that first reached my ears: rhythmic, unbroken and oblivious to the whimpers that began to emerge as an echo.

It's just a dream, I told myself as the scene gradually came into a blurry focus, pillars disappearing into the darkness as I moved towards the source of sound, though really I wished to get as far away as possible.

Two trees stood close together like prison bars, and between them I could see the outline of a figure, grotesque and hunch-backed with the hair and skirts of a woman; it was from this creature, thrusting itself against the tree, attacking it, that the sounds came.

Shards of bark floated to the ground like sawdust as its pale skin met with the trunk, drops of blood joining them from a set of fingertips drooping towards the forest floor.

But as I slipped between the two trees, I realized the horrible truth that the gloom had concealed.

It was not one figure, but two: a man with his back to

me, hunched over the collapsing form of a woman, her torn skirts bunched up around her thighs; it was onto her, and not the tree, that he forced himself.

I circled them, trying to move closer but never managing to close the distance. Instead, she came into sharper focus, and I could see how her hair was so dark it neared black, and how her eyes shone a disturbingly familiar colour: violet, glossy because she sobbed.

The rest of her face was in shadow. But I could hear her pain. I closed my own eyes, wishing to blot away their forms with darkness, but their outlines were burned onto the back of my eyelids. Only then did it occur to me to scream. And I did. A horrific, dreadful, spine-chilling scream that was not my own as it chased around empty hallways, echoing.

I woke to the sound of the whistling kettle downstairs. Though my clock read seven, I did not move. *Another one. Worse this time.* I closed my eyes, trying to merge the dark and tangled curling hair of the woman I had just seen with the straight, sleek hair of the girl whose image I knew to be Violet Lee's. I hoped it was a struggle because they were not one and the same.

I knew there was no way I could face school. Sliding out of bed and pulling a dressing gown on, I approached my mirror to see what damage needed to be done. *Not much. I look awful.* My eyes were already puffy – I must have been crying in the night – and my nose and cheeks were red raw from the cold the evening before. My hair, too, was a mess.

Shuffling into the kitchen, I saw my parents unpacking papers from files. I continued shuffling towards the fridge, allowing my slippers to screech against the tiled flooring. I contemplated adding a cough for effect, but my father was already blocking my way; hand on my forehead, feeling my temperature.

'You're freezing, Autumn.' He took another look at me. 'I think you should stay home from school. You must have caught a chill from being out in that rain yesterday.' Out of the corner of my eye I could see my mother narrowing her own eyes.

I knew I should put up some sort of protest myself for authenticity. 'But Father—'

'No disagreeing. Just blame the mean prince for it all,' he joked, but his eyes, also puffy, told the real story. He bent down to kiss the top of my head and turned me by my shoulders so I faced the hallway again. 'Now back to bed with you.'

They were going out for the day and as soon as I heard the front door shut, I changed into fresh clothes and cleaned away the smudged leftover make-up from under my eyes. Then I curled up on my window seat and watched the people who lived on my road beginning their days, shifting dustbins around, starting cars and herding schoolchildren along the pavement. Opposite, the fisherman's son threw lobster pots into the back of his truck, stamping his cigarette out with his boot.

'You were right, Fallon Athenea,' I whispered. 'I do want to live as a human.'

It took a lot of willpower to go into work the next day. But I knew that having to cancel for my detention had put me on very thin ice with my employer, and it was the only café on the harbour willing to take on a Sagean teenager.

The air was still damp and speckled with rain, but I walked into town anyway. The bus wasn't an option as I was running low on money – I had no access to my wealth without my parents' permission; they certainly weren't going to give me an allowance – and I needed what I had left for the bus to and from school if the weather turned bad again.

As I walked, I passed the newsagents and paused, scanning the headlines of the tabloids and local newspapers. There wasn't even as much as a hint about the Athenea, and royals would have made the front page. I had already checked the broadsheets at breakfast. Again, there had been nothing. *The injunctions are working so far then.*

The closed sign was still up on the door when I got to the café. Inside, my boss glowered at me from where she sat working out pay slips and all was quiet behind the counter. I lowered my eyes and hoped she was angry because I had missed work for my detention, and not because of what had happened last time I had a shift.

Sophie was working again and when I entered the kitchen she backed behind Nathan.

There were no pleasantries this morning.

'You didn't answer my texts again,' Nathan accused.

I halted and stood my ground in the doorway. 'You gave those humans hope when you *knew* I couldn't save that man!'

'I was just trying to help,' he countered.

'You made me look awful. School has been hell!'

'Sorry,' he mumbled, but didn't really sound it.

I shrugged and went out to prepare the café for opening. Even though seeing the man's dead body had been an all too horrible reminder of the death of my grandmother, it wasn't the death that bothered me, or even the appearance of the Extermino. It was Nathan's reaction . . . it hadn't been him that day, and it hadn't been him in the kitchen just now. He was too callous, and not the light-hearted person he usually was.

But when I went back to the kitchen he had recovered.

'C'mon, enlighten me then,' he said, leaning on the edge of the sink. 'What was so important on Thursday that you ditched us all?'

'There is a new guy at school—'

'Oh, there's a new guy, is there?' He brushed his shaggy hair out of his eyes, and I saw they were full of mischief.

'A new *Sagean* guy I had to tutor.'

The sheen on his eyes faded and he faltered. I wasn't surprised. One Sagean teenager around here was more than enough for the human population to cope with. 'Anyone we've heard of?' He glanced towards Sophie, who had stopped shifting plates around to listen.

I didn't answer, feeling my teeth close around the tip of my tongue.

Nathan noticed. 'You Sage and your privacy. Seriously, who am I going to tell? I'm a computer geek who dropped out of uni. I have no friends. And you won't tell, will you, Soph?'

Sophie blushed and shook her head, but when I caught her eye, she returned to the crockery.

I sighed. 'He is of a higher status than me.'

His mouth fell open, comprehension dawning, and then he promptly swore. I didn't need to give further explanation. Nathan was the only human outside of my family who had known about my title – he had 'accidentally' found my supposedly deleted Wikipedia page – and more importantly, he knew where it put me in the ranks. He waited until Sophie had left the kitchen before he spoke again. 'What the hell? *Here?* Which one?'

'No. I've said too much already.'

He fell back against the counter, gripping its edge very tightly. 'Aren't you pleased? They're supposed to be heart-throbs, aren't they?'

I laughed dryly, gathering up the baskets of salt and vinegar to put on the tables. 'I think every other girl at school is pleased. I'm not.' He smiled in confusion. I continued, lowering my voice. 'If the press find out about this, and they will eventually, then I will be dragged in too. Can you imagine what a field day *Arn Etas* would have if they found out that I work in a café?' It was only part of the truth, but I certainly wasn't telling him what I knew the Athenea were hiding about my grandmother.

His smile faded. 'What's so wrong with that?'

He followed me out as I organized the tables and flipped the sign over to Open. He continued to trail after me as I scooted past Sophie back into the kitchen, waiting for an answer.

'I'm a duchess, Nathan, not a maid,' I muttered, then stopped. 'I don't particularly like this life; it's near impossible for a Sage to live around here, but I am content with it as long as I am out of the spotlight.'

He shook his head, making his muddy blond fringe bounce as he screwed up his nose. 'I swear you should've been born human. But anyway, what are you so down about? Just don't have anything to do with him. And if he gives you any trouble, just tell him you've got a friend who is a purple belt in karate who will beat him up.'

I looked his wiry build up and down and raised an eyebrow. 'Or I could just hex him.'

'Or you could do that. And anyway, cheer up, Valerie just came in,' he said, peering out of the kitchen.

I groaned. *What a way to round off the week.*

CHAPTER ELEVEN

Autumn

I succeeded in following Nathan's advice, partly by skipping school, until Thursday. I couldn't completely avoid the prince, of course, and still greeted him each morning in tutorial and in history and worked – silently – next to him in English literature. But he didn't press for my company and I began to think that I had made my stance on him clearer than I had thought when he had driven me home.

I woke up Thursday morning with the prospect of after-school textiles period, and therefore a whole room of gossiping girls. The hype around the prince had still not died down and even I had to admit he had incredible patience considering how he was effectively stalked by half the student population. The paparazzi seemed like a better bet compared to that.

We were let out late from the lesson before lunch and coming out, I found that most people had already eaten. Thankfully, the canteen had finally got their act together now that there were two Sagean vegans in the school and there were plenty of sandwiches left. I grabbed one, paid, stuffed it into my bag and made the walk of shame through the seating area to the exit. From one of the circular tables inhabited by the football and rugby teams, the prince caught my eye and raised his hand, as though to motion me over. I quickly looked away and sped up.

Tammy and the others were on the field, making the most of the reappearance of the sun, and that was where I was headed. I easily made my way through the mingling students – they had always parted for me before, but now they stumbled and moved with a kind of disbelief, as though I couldn't be who the prince said I was.

'Freak! Oi, freak!'

The call came from the other side of the quad. I told myself to keep walking.

'Fur-reak!'

I closed my eyes briefly. Valerie Danvers. I was surprised she hadn't approached me earlier, considering the new material the revelation concerning my title must have brought her.

'Hey, useless! You let that man die on purpose, didn't you? You basically killed a man! Just like the last guardian killed Kurt!'

Keep going. Ignore her.

'Oi, duchess! You too much of a snob to talk to me now? Duchess, where's your granny? Go on, tell us where your granny is.'

Keep walking. She will get tired of it eventually if you ignore her.

'C'mon, don't be a spoilsport, I only asked a question.'

I bounded up the steps to the field, walking as fast as I could.

'Is your granny dead, freak? Did they murder her?'

My breathing shortened. I was almost running.

'Did they kill her 'cause she's a freak like you?'

My tongue ran across dry lips, blood hot.

'Fucking witch, she deserved to die.'

Sticks and stones, she always said. Sticks and stones.

'Mortana!' The curse left my lips before I could stop it, accompanied by a writhing ball of molten energy which had been stewing in the sweat of my hot palm, fighting against my clawed fingers to find its way to her skin. As I closed my hand around empty air, I felt hot blood run like a drink down my throat.

But the spell never reached her chest. A shield sprung from midair, reaching over Valerie and her friends as a globe that rippled as my magic met with it. The curse, blue in the air but black as it fanned out across the shield, searched for a hole in the defense; finding none, it surrendered itself with the sound of a shattering glass, and gradually, the barrier faded into nothingness.

There were gasps and even a few screams, and I knew that all over the field, people had sprung to their feet in shock. To the left of us the headmaster stood frozen to the spot, extremely pale and sweating. The teaching assistants on the other side stared at Valerie and her friends. Nobody moved but the prince, who lowered his outstretched scarred hand and glowered at me. I tried to look at him. I tried to form something resembling shock or remorse on my face, but it would not come as I watched Valerie, feeling sparks jump between my fingers.

'Go,' he snapped as though I was a servant to be bid about. My eyes flicked towards him and straight back to Valerie. I did not move.

'That's an order, duchess.'

Courtesy in respect to rank; loyalty to Athenea; strict adherence to the Terra Treaties.

My feet began to move. I tore my gaze away from Valerie and watched the ground in front of me instead. Out of the corner of my eye I could see her square up, her fists clenching.

'Don't so much as move an inch towards her, Valerie.'

My eyes snapped up to the prince and his expression softened. I focused on him and not the other students as I walked, faster and faster, wanting to break out into a run and get myself out of there because I was afraid of what my anger would do next. I tripped down the steps and heard the thud of the prince's feet behind me.

She deserves to die.

My breathing hitched and the anger exploded against my ribs and sank into the pit of my stomach. If he hadn't been there, a personification of Athenea's authority, I would have turned straight around and finished her off.

All of a sudden, the prince grabbed my hand and tugged me along the path behind the hall building. He led me right around until he found a secluded corner, and without noticing how muddy the ground was, pulled me onto the grass.

'She's not worth it,' I heard him say as I was spun around so my back was against the wall and he faced me, arms folded, lips pursed. I registered the blackening anger in his eyes, but it was nothing compared to my own. My breathing would not slow and I could still feel a burning in my palm where sparks leaped around. Dancing on my tongue were several curses that would at least put her in hospital.

'Autumn, you're not in control, you need to—'

Animated voices sounded around the corner and he hushed mid-sentence, waited for them to pass, then switched to Sagean.

'Aclean. Calm down. Take deep breaths.'

I closed my eyes, forcing air into my lungs, waiting for

the anger to seep away. I tried not to think of her; I tried not to think of anything, to become numb, but it was impossible with the sound of his breathing, husky and more erratic than my own. Listening to it, I felt the fury ebb away to be replaced with shame. Shame, then fear, as the full realization of what I had just done hit me.

The previous guardian at Kable had been banished for accidentally wounding – fatally – a student. But I had *intentionally* tried to injure a human. The Terra set out a far worse punishment for such a crime. *Death*.

I slowly opened my eyes. He was stood in the same position, but this time the composure had disappeared.

'Are you out of your mind?' he suddenly exploded after a minute of silence. His arms unfolded and flew into the air beside him as he took a step towards me. I shrunk away into the wall. 'Do you have any grasp on what you just tried to do?'

Each time I inhaled my breath split in two and my lower lip began to tremble as I shook my head. 'It was an accident, she provoked me—'

'How long has she been bullying you?' His right hand slammed against the brick wall beside my head and his face moved closer to mine.

I glanced at his splayed fingers nervously. 'W-what?'

'You're a Duchess; you were not brought up to lose control so easily. She must have been filing away at your patience for you to do this. How long?'

I kept shaking my head, looking at his shoes to avoid the fire in his eyes. 'A year, maybe.'

'Since you arrived?! Why haven't you reported it? I heard what she said. That was more than bullying, it was racism!'

'It's nothing.'

'Nothing?' he repeated, raising his left hand and closing

his forefinger and thumb so they were almost pinching. 'Autumn, you came this close to blowing her to pieces! This close to breaking the Terra! I won't report you, but if that curse had hit her there would be no sheltering you.'

I blinked back the tears in my eyes, feeling a mixture of relief and horror, because his words were true. There was no hiding when the Terra were breached. There was no mercy in the law courts, because they were the only thread that suspended us in a state of peace with the humans.

'I know,' I whispered. 'I know.'

He closed his eyes briefly and groaned, placing his other hand on the wall the other side of my head. 'Do you have a death wish? Because what you just did makes it seem like you do.'

'I-I' I couldn't answer and neither could I shake my head. Instead, I ceased my attempt at holding back the tears. They slithered down my cheeks and plummeted as I hung my head.

'Autumn?'

My bisected breathing became rasps, and the rasps sobs. There was no stopping the misery now. I knew that much. It was an insatiable beast, but its touch had become silken and light over the summer as hope had surfaced. But that had been a deception; soft strokes to entice. It was back. *Yet.* Though it was a cold demise, it was not a product of mine. *No.* It had been caused by *him. The prince.*

'Autumn Rose? Tell me you're not being serious?'

Now that brief moment of flattery in the car the week before disgusted me, because it was he who had dragged up so many things that I had learnt were better buried, for my own wellbeing and sanity.

'Please?'

I could not say anything.

'Autumn, a death wish? Do you mean you want to take your own life? *Mortalitas voltana?*' His face crumpled and his hands closed around my shoulders, shaking me slightly.

I raised one shoulder, intending to shrug, to look nonchalant, but couldn't summon the energy to do any more; to deny what he said.

'No? You've thought about it then?'

I gave a small nod.

'B-but why? What is it? Is it your grandmother?' He shook me even more and when I didn't answer, pulled me into a crushing embrace. I sprang back before my sobs heightened, tripping over my own feet to put as much distance between us as possible. 'Autumn? What is it? Tell me!'

It's you! I wanted to scream, and I would have if it had been completely true. But it wasn't. It was *everything*.

'E-Extermino. Not saving that human man . . . V-Valerie. Your stupid orders about my grandmother! I hate your stupid orders!'

Through my blurred, frantically blinking eyes I could see him watching me in horror as I backpedalled, summoning the magic still brewing after Valerie's words and took to the air.

Let me be numb again, I thought. *Let me bury the depression as best I can. Burying is better than this.*

The wind slapped against my cheeks, bitter and stinging. But behind my closed eyelids, it was not air making contact with my cheek, but a hand. *Once, twice. Hard enough to leave an imprint.*

'Stiffen that upper lip, child! Kindness only comes when you are strong because when you grow up the world will fall on your shoulders! You are my heir; how dare you cry? How dare you be so weak? How dare you lose your mask?'

CHAPTER TWELVE

Fallon

I did not let out a breath until she was high in the air, a retreating speck. Around me I was aware of voices, incoherent interference in the distance, as I struggled to switch my mind back to English – whether those voices were those of human minds or tongues I could not tell. I could barely even *think*.

Suicide. Any fool could see that she was not happy. But there was a huge cavernous cut in emotion between unhappiness and . . . and . . . *that*. Between dejection and despair; between discontent and utterly losing the will to even live.

A surge of adrenalin passed through me. There was no way she should be alone; not in the state she was in now.

I tossed my bag from my shoulder; it disappeared before it reached the ground. I was meant to have a math lesson that afternoon, and catch-up afterwards, and leaving would mean abandoning my car until the next day, but none of that mattered. School wasn't why I was here.

Knowing she wouldn't hang about I took to the air in

pursuit, praying she intended to go home. But when I'd risen far above the campus, there was no sign of her and when I expanded my conscious out, hoping to touch upon her own, I found nothing. Making a split-second decision I headed over the river, wondering how she could have disappeared in less than half a minute.

When the town came into view, I searched for the church and graveyard we had passed when I had dropped her off. To my complete relief, frantically walking though the graveyard was the young duchess. I waited until she had passed through the gate in the dry stone wall and then dropped to the ground behind the church tower.

She didn't hang around once she reached the lane – though she didn't push herself as far as her magic would allow, but moderated herself to a jog. I took after her as quietly as I could; cursing the crunch of the gravel path and opting for the grass verge instead, weaving between the graves. All around, wilting flowers lay in mildewed jars.

I halted at the gate and waited for her to reach the top of the hill at the path's end, where I could just make out the cottages and their tiny doors giving way to the vast branches of a maple tree. When she crossed the summit, I broke out into a jog too and quickly emerged at the turning she had directed us to the week before. On the other side of the road, I could see her diving between the unruly shrubs in her yard and hear the slam of a front door.

I let out a sigh of relief, but it wasn't enough. I couldn't let her be alone, not with those thoughts running through her mind.

Yet when I reached the opposite sidewalk, something made me pause. There were no gates, or guards, or lodges, but I was acutely aware as I passed the sign bearing the avenue's name that this was her territory, and that I was trespassing.

It was like being a kid again, trying to steal apples from the crown orchards; they were not fenced and we were never told not to go there, but we knew that what we were doing was wrong.

I took a few cautious steps and glanced around nervously. It had been a long time since I had walked around a neighbourhood alone and unguarded.

I stopped when I reached the edge of her front yard. It wasn't an unpleasant house – it was quite charming in a small, rustic sort of way – but it was hard to believe that the duchy of England, with all their wealth and property, lived here; much easier to imagine the field day the paparazzi would have if they knew the details of their lifestyle choice.

I gripped the pointed post of the white picket fence. It was common knowledge the House of Al-Summers had always rejected pomp, but this . . . *this* I had never expected.

Then I noticed something that made my blood run cold. In the driveway were two cars.

It took a minute for my heart to stop racing. I knew her parents worked away in London. It had never for one moment occurred to me that they might actually be home for her.

I shook my head and let out a sharp breath. She was not alone. I could go. Yet at the same time, it seemed like a perfect opportunity. Human or not, her parents were nobility and I would have to introduce myself at some point. It would be an advantageous move.

But even as I placed my hand on the gate I knew that I could not do it. I could not face them, look them in the eyes, and shake her father's hand. Guilt – for now, at least – prevented me from intruding upon their lives any further.

I looked up at the house, half-expecting, half-hoping, but

knowing it would be better if I didn't, to see a flash of gold. There was nothing.

She is safe now. Her parents will take care of her.

And so I let go of the gate, turned, and walked away.

'If your mind is anything to go by, I'd say you'd been to dinner with a vampire, and you were the main course.'

I did not reply. Behind my closed eyelids all was dark.

'Fal, I'm your cousin. What is it?'

'You remember Autumn Rose as a child, right? How would you describe her?'

'Confident, pretentious, bossy maybe. Good talker.'

'Yes. She was. But that is not the wreck I'm at school with. That is not the girl we came here for.'

There was a pause. *'It's this place, Fal. It's godforsaken.'*

CHAPTER THIRTEEN

Autumn

My parents were home, and there was no faking illness with the shrewd eyes of my mother tuned to any pattern she didn't believe colds could muster. A cold that miraculously healed in time for work the previous weekend only to return exactly a week later was not a believable cold; that was why I was up with the bright break of the next day and in school just as the caretakers were unlocking the doors.

The sun had not yet risen high enough to warm the bench I sat down on, so I stretched the tips of my toes beyond the shade and let my legs bask in the growing heat as the light worked its way up towards my skirt. I slid a little lower, letting my head rest on the back of the bench.

I closed my eyes. He wouldn't be here for another twenty minutes at least, and it would be half an hour before the buses arrived.

Why did he bring up that *yesterday?* It made me uncomfortable; more than uncomfortable. I was admitting a stranger into the innermost workings of my mind; and as much as he obviously thought to the contrary, we *were* strangers. Playing as children to pass the long hours at balls did not make us friends. I didn't even properly remember the visits before I was twelve and I had not been the only child of high birth to move in such circles at that time. There were dozens of us. Yet in just two weeks he was privy to things I had not divulged to a single human at Kable. *How does that work?*

I summoned a globule of water, about the size of a pea, into my hand and let it skate across my palm, perfectly intact, and down to the base of my wrist. It was soothing – a trick my grandmother had used to get me to sleep when I first went to live with her.

I felt the clouds close over the sun and reluctantly opened my eyes, thinking it must be time to find somewhere to hide out until tutorial. I blinked a few times, before the globule burst and I scrambled to my feet.

Leant against a nearby bench was the prince. The remnants of a small smile on his lips disintegrated as our eyes met and he began the stuttered apologies of someone caught red-handed.

I dropped into a low, cautious curtsey, unsure of how else to react.

'Don't,' he muttered. 'Just don't.'

Instead of standing back up, I sank onto the bench.

He sat down beside me. 'Tell me you wouldn't do it?' he asked in a near whisper.

I shrugged my shoulders.

'Have you seen someone about this? Had therapy?'

'Right after she died. It didn't help.'

'But it's got to be better than this. Look what happened yesterday!'

I said nothing for a while, resting my forearms on my

thighs and leaning forward; that way I couldn't see him. 'Have you heard of something called coping ugly?' His silence answered me. 'Sometimes things – and emotions – that might otherwise be bad are the only way we can cope.'

I briefly glanced back to find him shaking his head.

'But how can you still let it affect you? Why not start looking forward instead of back?'

'It's not just her.'

'Then what else is it?'

I remained mute. He sighed, before I heard the bench creaking in protest as he leant forward; out of the corner of my eye, I could see his arms, clad in the thin wool of his jumper, just inches from my own, bare.

'You have a job.' It was a statement, not a question. 'Runs in the family, huh?' He let out a chuckle then stopped abruptly. 'St. Sapphire's was lucky to have your grandmother as a teacher. She was one of the best.'

'Yes.'

The dark blue jumper disappeared from my view. 'Does it not bother you that your parents work in the City? The banks have a lot to answer for these days.'

I shrugged.

'Listen, I was wondering if you would agree to a fight this lunchtime? Only to retirement, not first blood. I'll run it past Mr. Sylaeia in the tutor time . . . if-if you want to, that is.'

I sat quietly for a few minutes. I heard him shift.

'The Extermino could come back and attack here any time. We should keep ourselves ready.'

I scoffed. 'We wouldn't stand a chance against them. But, yes. I would like that.' I rose to my feet, hearing the rising chorus of voices from the car park as a busload of students arrived.

'I have a few useful tricks up my sleeve to use against them. Oh, wait, you're going?' he questioned, scrambling to his feet.

'Your entourage has arrived, Your Highness.' I bowed my head in the direction of the entrance and curtsied as he narrowed his eyes at the oncoming crowd.

'My what?' he said, but I had already turned and retreated, hearing his title, and mine, rise on the wind as he was swamped once again.

'I will not go! You cannot make me!'

The child fastened the ribbons of her straw hat beneath her bun, a few stray hairs covering the clumsy knot. Usually, she would tie a neat bow, but she could not do that whilst walking, especially so fast, with careful emphasis on every step to make sure that it echoed. She climbed the staircase, intending to lose herself within the pre-lesson crowds of the dining hall, but her grandmother followed close behind. Her footsteps were the echo-of-an-echo, and they were relentless in their pursuit.

'Child, it is your tenth birthday! You cannot turn your back this time.'

The girl was careful to keep her back to the older woman, weaving between the crowds towards the top end of the middle table.

'Why not?'

'Because already you ignore your parents when they travel to the City on business.'

The girl smiled the smile of someone much older, revealing a gap in her bottom row of teeth, partly closed by an adult tooth.

'As do you, Grandmother.'

'Mr. Sylaeia was fine with it, he said we should practise defensive magic, just in case.' The prince hoisted his bag higher, marching across the field with me at his side. 'But the headmaster was a pain. I don't know why he's so against it? Does he want Extermino knocking on his door?'

'Kurt Holden,' I muttered.

'Yes, but that was years ago, wasn't it?'

'Valerie still remembers,' I replied under my breath, extremely conscious of the way the prince's fan club had swollen in their ranks to include most of the school: the wildfire gossip network had kicked into action once again. Most settled on the banks nearest the school buildings, whilst a few of the older, bolder sixth formers continued on with us towards the very end of the field. When we stopped and deposited our bags, they carried on to a sunny patch in-between the trees.

'Right, no weapons and the first to retire loses. But don't push yourself too hard, we need to keep a shield up to protect the students.' He began unbuckling his scabbard from his belt and my eyes, without seeking my permission, wandered down. 'I don't suppose you're the type to put a wager on this, are you?'

I blinked a few times and shook my head, hastening to cast my own sword aside, along with my flimsy shoes – they would only get broken.

He began backing away, and as he did, I felt the buzz of a shield erupt from the ground up. It rose above our heads, enclosing us in a dome forty feet high. He continued back, a smile appearing on his face. I recognized that smile: it was the smile he wore for the media; a wry grin of quiet confidence.

'I should warn you, duchess: I won't go easy on you.'

'No, Your Highness,' I responded, adding my own magic to the shield. My muscles tensed and I was shocked by how quickly it was draining me. It was then that I questioned what on earth I was doing. I had as good as admitted to him in the car the week before that I hadn't used any serious magic for well over a year; in contrast, he had the best education and disciplined training money could buy.

Suddenly, a bolt of what looked like lightning crossed from one side of the shield to the other, accompanied by the same shattered-glass sound my curse had created when it had been absorbed by the prince's shield the day before. At its source were Christy and Gwen, flat on their backs. The prince laughed as they got up, both girls completely confused until the shield rippled a little and revealed itself. They flushed and hurried around its edge, followed by Tammy and Tee.

I did not share my opponent's amusement. Beyond my friends were Valerie and her own group and it was their leering expressions that re-ignited the anger I had felt the day before. They *wanted* me to fail.

The Prince saw me looking and cleared his throat. I turned my attention back to him and curtsied as he bowed, as was customary.

'What are the three ways of casting?'

I was taken aback by the question. I hadn't expected a quiz and it took me a few moments to answer, though it was basic knowledge.

'With the mind, the voice and the hands.'

'And what is the first way any Sage learns to utilize their magic?'

'With the mind.'

'Why?' Before I had a chance to answer a deep orange streak – a hex, I could only assume – appeared from thin air and sped straight towards my chest. It was utterly silent.

I could only trust my mind to react quickly enough, and it did. Without so much as a breath a shield appeared as a second skin around me, deflecting the hex back towards the prince. He, of course, was ready and his own small shield appeared as he flicked his hand casually, directing the remnants of the spell towards the larger dome shield, where it crackled and died.

'Shields.' He answered his own question. We both tensed. I knew I should resist, but my eyes flicked towards where the students lined the banks. It was not so much fear in their faces, but shock. Seeing, for the first time, a Sage cast without a single word or movement was quite something – I could remember mirroring their awe as a child.

I half expected him to cast in my moment of misdirected concentration, but he didn't and I turned back to him, wondering if he was going to ask another question. Instead I found his face quite blank. More seconds passed and I eventually realized that he was waiting for me to make a move. I was not prepared to do that. Everybody knew the Athenean princes were fast; any aggressive attack on the prince would just make it *far* too easy for him. Casting when he was concentrating on a spell was my only chance.

I could feel my tights soaking up the water on the slightly damp grass, filtering out the mud, and slowly, cautiously, took a step forward. Like an awakening statue he came to life, equally as slowly as my step, as though he had only just noticed I was there. Then he rapidly began to cast and I realized I had *no* chance. His hands moved fast, but more spells appeared than gestures created and the shield I threw up drained me in seconds like I had run a marathon. My muscles burned until they were so weak I felt as though the ground itself was moving as I was battered into taking several steps back.

My pride prevented me from casting anything – I only had enough energy to create something weak, which would not so much as split a hair on his revered head. It was unnerving too to find that somebody, of the same age and training level, more or less, could overwhelm me so easily.

It was at that moment that my mind split into two: one half contemplated retiring, the other at least trying to do something to preserve some dignity. An echo of Valerie's taunting words sounded in the latter half, and that was all it took for it to engulf the former.

I knew what I could try: but attempting to do it whilst maintaining a shield was near crazy. Yet it would work, if I could keep him at bay long enough. It had never failed me.

I pushed the shield away from my body, peeling the part that protected my back around towards the front to form a misty disc which I ducked down behind, placing one hand flush to the ground with my fingers splayed. There was a momentary pause in the onslaught against my shield. I panicked for a brief second, wondering how quickly he could move around me and how much he was into chivalry.

To my surprise, he continued to cast at my shield, and not above or behind me. I could only presume he thought I had a second shield to protect against him doing exactly that.

Keeping my eyes fixed on his misty outline through my shield; I murmured a few words and felt my hand immediately tingle. My skin warmed in a wave as energy in its rawest form penetrated my flesh and travelled up towards my chest. The moment I felt it pass from beneath my scars and into the centre of my chest I was able to stop gasping for breath, my muscles ceasing to ache. With a brief promise to the trees to restore their energy, I stood up; I knew I would have to use what I had taken quickly – too long and it would refuse to be tamed.

I let my shield drop and a few spells escaped; to my surprise, one broke the prince's shield and he stumbled back a few steps. Within seconds, his shield had re-appeared and he was casting again. But those precious moments gave me time to act: spells alone would waste the precious magic I was borrowing and besides, my strengths lay elsewhere.

'Terra,' I muttered, continuing the rest of the summons in my mind, keeping my hands as still as possible. I did not want him to know what I was calling upon.

Beneath my feet I felt the earth stir. It continued for half a second more; as soon as it stilled, I raked my shield back in so it clung not an inch from my skin and released the magic I had manipulated back into the ground.

He had no time to react. He could not even look towards his feet as roots from the very trees I had borrowed the energy from pierced the surface, wrapped their tips around his ankles and waist – a personal shield of the kind he had summoned was no use against physical objects – and propelled themselves towards the larger dome shield. As though made of elastic, they whipped back towards the grass; he on the other hand kept going, only stopping as he was thrown into the shield, sliding down until he met the ground.

My heart stopped when he didn't move. On the wind I heard the trees I had utilized whisper *treason* with barely disguised glee. Before I knew what I was doing I was sprinting towards him, half-tripping over the ripped soles of my tights. A few feet away from where he lay I fell onto my hands and knees and scrambled to close the distance, feeling my heart start again when I realized he was groaning and clutching at the bottom of his rib-cage.

'Are you okay?' I blurted out, crawling even closer to search for any bleeding.

His eyes snapped open and he lifted his head at the sound of my voice, before relaxing back into the ground.

'Fine,' he said between gasping breaths. 'Just a little winded.'

But even as he spoke I had spotted deep gouges just above his ankles where the roots had knotted themselves. The skin was knitting itself together as pale gold sprigs of magic weaved in and out of one another, acting like stitches. By the time I had looked away, all that remained was a thin red line dividing the scars on his leg and foot.

'I'm so sorry,' I continued, glancing at the muddy stains on his jumper.

He choked a little as he chuckled. 'Sorry? You won!'

'But I hurt you.'

He slowly propped himself up until he had pulled his knees up to his chest and was sitting. 'I thought you weren't the gambling type? You were bargaining with nature there.'

I rolled back to rest on my knees and heels. The shield around us faded.

'That's degree-level magic,' he continued. 'Where did you learn it?'

I slumped, feeling my concern ebb away to be replaced with a need to escape. 'My grandmother.'

He didn't say anything but glanced behind him, examining the crowds moving towards us. 'Come on, we had better get our things.'

I stood up and offered him my hand, but he managed on his own, climbing to his feet as though not hurt at all. I followed a pace behind him as he strode towards where our swords were piled in the grass. Just beyond that, Christy, Gwen, Tee and Tammy were galloping towards us; Gwen skipped ahead and threw her arms around me, squealing.

'You were so amazing!' She almost instantly drew back as always, smiling ruefully as though surprised at her own compliment. 'So were you, Your Highness,' she added coyly.

The prince let out a wry grin as he fastened his scabbard back onto his belt. 'Same time Monday? I won't let you get away with the same trick twice though.' He smiled, and for the first time I noticed how teasing his expression became when his lips upturned.

I nodded, already finding myself being pulled away by Gwen, who was clearly desperate to gossip.

'Oh, and Autumn?' I heard him call and came to a slow stop, turning. 'You would definitely stand a chance.'

The four girls burst into a fit of giggles and I blushed bright red, bowing my head and hurrying off with them to conceal my sheepish smile.

CHAPTER FOURTEEN

Autumn

The prince stuck to his word. Of the two fights we fitted in before the Wednesday of the next week, he won one, whilst the other ended with us both flat on our backs. The audience by no means shrunk, as the appeal of the dangerous converted into genuine curiosity. For my friends, it was a chance to talk to the prince outside of the classroom.

Nathan did not turn up at work the weekend after that first fight. He had not called in, and I ended up bearing the brunt of my employer's anger.

By Wednesday, things were settling down. The initial hype that had followed the prince like a shadow was diminishing, though that which surrounded my title never did. Valerie's jibes became less direct, but she made a point of mocking my wealth. That I could cope with.

What happened on Wednesday night I couldn't.

Tick, tock . . .

I was in a forest, but the sounds that played on a loop

were not of the trees. The clock that ticked never stopped, and the grunts of the man never ceased. If the woman ever screamed, I didn't hear her, and if the man ever taunted, I didn't hear him.

But I did see her hair, brunette, tangled, and her calves, spread beyond his feet, her weight balanced on the tip of a silver shoe on one foot, and a muddied sock on the other. Her torso relied on his body to remain upright.

Every time she haunted my dreams I became more convinced of the girl's identity: she was Violet Lee.

I was angry, but I felt her anger too. I took two steps forward, and then my knees buckled from beneath me and I collapsed to the ground, feeling something warm and sticky run down the inside of my thighs. I registered my body slowing down before everything went black.

Behind my closed eyelids was the cut-out of a billowing cloak, silhouetted against the blotched peach of sunlight shining through translucent skin. It appeared to move away, becoming smaller until it eventually faded. As it did, I heard the sound of a clock ticking, accompanied by the sound of water running into a basin. The noise became louder as the light brightened until it became so unbearable that I woke, sitting bolt upright in bed.

I never went into school that day. A migraine started five minutes after I woke, and the aura was so bad I tripped down the last few stairs on the way to collect my tablets. I slept until lunch.

Even after a cold shower I felt like the bright light of my dream was still burning my skin and only put on a pair of boxer panties and a camisole. The afternoon passed slowly and I did none of the schoolwork I told myself I would do. I could do nothing but curl up on my bed and analyze the dream, and all its counterparts. They were too *real* not to.

At about four I heard the sound of a car pulling up outside, and the opening and closing of the gate. My heart jumped into my mouth. My parents had mentioned they might be home earlier than usual and I should only have been back from school a few minutes. I dived for my wardrobe, pulling out and scrunching up a fresh school shirt just as the doorbell rang – the chain was across the door and I would have to let them in. I chucked the shirt onto the pile of dirty washing outside their bedroom and shrugged my threadbare and ever-shortening silk dressing gown on to make it look like I was just getting changed. I had been using it since I was twelve and the belt had long since gone missing, so I left it open. When I was halfway down the stairs the doorbell rang again.

'I'm coming,' I said in annoyance, more to myself than to them. It had become altogether too easy to forget about my parents these past weeks.

I turned the lock, unfastened the chain and opened the door, hoping they would let me escape quickly. Instead I became rooted to the spot.

He recoiled a step in shock. In the time it took me to process what was happening he had the opportunity to take a good look at me, though his eyes were clearly trying to avert themselves as he blushed wildly. I felt my cheeks burn and gripped the edge of the door until my knuckles whitened.

'What are you doing here?' I demanded, finally realizing that I should try and cover myself up. Yet even when I pulled the two sides of the gown together it made little difference – it wasn't long enough to cover my tiny shorts and too small to reach across my middle and I was very conscious that I wasn't wearing a bra.

'I brought your homework. From Sylaeia, obviously.'

He kept a tight hold on the papers, though I reached out to take them. I let my hand drop, knowing my gown had once again fallen open.

'Can I come in?' he asked, peering behind me.

'No.'

He shrugged. 'All right. I'll just stand here then.'

My gaze turned upward as if to ask for strength. 'Fine,' I breathed, opening the door wider. 'I'm just going to go and . . .' I waved my hand across my middle and then gestured upstairs, bolting away.

'What you were wearing was fine,' he shouted after me.

I summoned the calm to not slam the door as my eyes bulged in mortification. Taking a few seconds to lean against the door forcing deep breaths, I began to seriously consider just not going back downstairs.

A *prince of Athenea* was in my kitchen, in my tiny little house, and I had just greeted him in what wasn't much more than underwear.

In the mirror I could see that my cheeks were flushed to the point of seeming burnt, and it looked like my skin was about to break out from a potent overdose of stress. The idea of covering it up with foundation was hurriedly pushed aside. I didn't want him to think I was trying like the girls at school. I didn't want him to think anything. I wanted him out of my house.

I threw on a pair of jeans, bra and a thin jumper. My hair had reverted to its natural tight wave and ringlet curls and straightening it with magic would definitely be trying too hard.

I could just climb out of the window and down the tree. It wouldn't be hard and the kitchen was around the back; he wouldn't see me. *Or I could fly.*

I entertained other possibilities as I knelt on the window seat. I could see his Mercedes parked just to the left of where our front garden ended – even in a relatively well-off neighbourhood it looked out of place.

I knew I couldn't really escape. I would have to face him at school and there was no way I could explain away my disappearance. So taking a few calming deep breaths I headed back down the stairs and into the hallway. When I entered the kitchen, he was sitting on one of the bar stools at the island, his eyes sliding across the contents of the room.

'It's quite small, isn't it?' he commented.

'Really? I hadn't noticed,' I mocked as I squeezed between his chair and the wall to get to the fridge.

'It's just not your real home, Manderley mansion.'

Retrieving a carton of orange juice out of the fridge I poured him a glass. I went to give it to him but then pulled my hand back. 'I'm only getting you a drink because you're a prince and my grandmother would turn over in her grave if I didn't. I still don't like you for not telling me about my grandmother's death.'

He cocked an eyebrow and beckoned for the glass. 'Ah, but by having to tell me over and over that you don't like me are you trying to convince yourself?' He shrugged. 'I won't force you to like me.'

The exchange came to a close and I felt no urge to continue it. I was hoping the silence might hasten his departure, though his taking the drink suggested otherwise.

'How are you feeling?' he asked suddenly.

I jerked up to face him. 'What?'

The corners of his lips upturned. 'I said how are you feeling? You were off school, so I can only assume you were ill.'

I felt myself tinge pink at the ears and fluffed up my hair to cover them. Taking the carton and putting it back in the fridge, I tried to sound as casual as possible. 'Oh, I had a migraine. It's gone now.'

'A migraine? What triggered it?' His voice was more intense and even from behind the fridge door I could tell he was no longer smiling. I shifted some plates around on the shelves.

'I didn't get much sleep last night.'

'Why?'

My eyes widened in exasperation. 'None of your business,' I snapped.

He had near-enough invited himself into my house, outstayed his welcome and now he was quizzing me.

'We can do this the easy way or the hard, I'm-your-prince way. Why didn't you get much sleep?'

I slammed the fridge door harder than necessary. 'Bad dream.'

'What was it about?'

That was going too far and I didn't answer. Instead I rinsed out my mug and put it in the dishwasher.

'Was it about your grandmother?'

'No.'

'Tell me, Autumn.'

I chewed the tip of my tongue, still refusing to turn. 'I saw a woman being assaulted.'

I heard him swear quietly in Sagean. I had shared her anger in the dream, and now I shared her shame, forcing myself to turn to face him.

'Have you had dreams like it before?'

'Once or twice.' I blinked back tears.

Something unspoken passed between us and I didn't need to break past his mental defenses to know what he was thinking: the same thing I was. It was an uncomfortable thought and I pushed it very deep down.

I think he must have seen my eyes veil over, because he looked away. 'I'm sorry, I should not—'

'It's fine. Don't worry.'

His eyes roamed the kitchen as it became awkwardly silent. Once or twice they passed over me. I looked away after the second time and went back to the sink, where I cleared away the glasses that were resting on the draining board.

I wish he would leave. Why won't he leave?

As I turned he was reaching across the counter to pick up our copy of *The Times*. Across its front cover was a picture of a girl, clad in a red and black blazer, stark against the blotched grey background, her back artificially straight, shoulders at a slight angle; a school photo. She smiled up at us from below her headline.

Varnley confirm hostage situation but still deny Bloodbath responsibility.

Above her was a cameo of the second dimension's Trafalgar Square, six weeks on from the night it had been attacked. The pink tinge of the paving had been the first thing I had noticed when the paper had dropped onto the mat the morning before.

I was glad to move onto a subject that did not directly pertain to me, but the vampires and their bloodbath wasn't much better. That was a dream I would really rather forget.

'It seems pointless for their council to make an official announcement so late. Violet Lee has been in the press for weeks.'

The prince frowned as he scanned the first few lines of the accompanying article. 'Varnley delayed it because the British government in their dimension are hand in hand with the British and Canadian governments here. They were worried that any media hype would pressure our human governments into helping with negotiations.'

'But I thought governments here have a no interference policy in the second dimension? Because the humans there don't know about dark-beings?'

'Yes, but that could change. Vamperic secrecy suits the Varns and all their nobles and councillors quite nicely. They do not want to risk that policy for a human girl.'

'Why do they not just . . . kill her?'

The prince's head jolted up and he examined me for a moment. My heart pounded. Eventually, he seemed satisfied and spoke again. 'The Terra. Killing a hostage is enough to bring them before an inter-dimensional court. But it is worse than that.'

I knew about The Terra already. 'Worse?'

His voice dropped in pitch and became very intense again. 'Do you know who her father is?'

I strained my memory back to when I had read the article the day before. It had been very sparse on details, as had the 6 o'clock news – there wasn't much beyond a repeated statement that she was alive and well. That the media was under heavy censorship was obvious. But I did vaguely remember a mention of her family.

'A politician?'

'Defence Secretary for the British government in the second dimension, and he is on the Inter-Dimensional Council too, so he is one of very few humans that know of our existence in the only dimension where humans are ignorant. He's very right wing. If he had his way, his policy against the vampires would be aggressive, not defensive. It's only the prime minister that keeps him in check. He is on our watch list as well because he is in league with the Pierre clan of slayers, and probably the Extermino too . . . and with both attacking more and more, we have to be wary of humans like him.'

I started to reply but he cut me off.

'You never heard that last part, by the way.'

I got the gist of what he was saying and nodded. 'But what has that got to do with his daughter?'

'Because if she gets hurt he has the excuse to become aggressive.'

'Why not just let her go?'

'And risk her and her family revealing the existence of vampires?'

'Then what are they supposed to do?'

'Wait until she turns of her own free will.'

The back and forth came to an abrupt end as I reeled in shock. In all the stories I had heard about the Varns' rash actions, it had never once crossed my mind that the response to it all would be to do *nothing*.

'Seriously?' I managed in a hoarse whisper.

He nodded and got up, washing and filling his glass with water.

'Politics gets you to talk,' he suddenly said as he returned. 'I'll remember that.'

I blushed to my roots and tried to stutter a reply, but he interrupted again.

'No, I understand why you are curious. The kidnapping of Violet Lee could change the very fabric of our society if it ends in a war. Human—dark-being relations will never be the same. We should all be interested.'

I nodded frantically. His conversation was not unbearable, yet he always drew it back to me, and I did not like to turn inward. The mirrors he forced upon me caught reflections of things I had buried deep.

'Listen,' he began, and I detected the same tone of embarrassment as when I had answered the door. 'We were wondering – that is, my aunt, uncle, cousin and I – if perhaps you and your parents, one weekend, would maybe like to come and stay up on Dartmoor? They really want to meet you – I mean, meet you properly now that you are older.'

This was why he had come to my house. It had nothing to do with the homework. 'I don't think that would be possible,' I replied, hardly able to keep the dislike out of my voice. *I let him in, I give him a chance and then he's forcing his company on me!*

He looked at me as though my scars had turned bright green. 'What do you mean?'

'My parents have stressful jobs. They like to have the weekend to recuperate.'

'They can recuperate at our place.'

'It's not possible,' I snapped. I went over to the sink, intending to busy myself again but instead just stood there, staring out of the window. Reflected in the glass were his eyes, so very bright and blue, as though to prove the purity of his lineage.

Blue bloods. Royalty. Why are they entitled to know what had happened to my grandmother when I'm not? And how can he look me in the eyes, or talk of my parents, when he knows what he does?

And why at the same time was I *admiring* them?!

'Just you then.'

'No!'

'Look, you're England's primary family; the top nobility. It's your duty to welcome us.'

He had me stumped there. It was a duty I had totally neglected since I had come here, but to snub royalty was a step too far, and both of us knew it. Yet it wouldn't stop me from trying. I turned back to him and folded the open paper, hiding Violet Lee's face.

'I work on weekends.'

'Skip it. You don't have to work.'

'I can't.'

'You don't have to be afraid. My aunt and uncle are really nice.'

'I'm not afraid.'

'Then—'

The sound of the front door opening and shutting cut him off. He looked at me alarmed; I caught his expression and then looked at the clock. They *were* early. There wasn't enough time to do anything and they were in the doorway before I could give anyone any warning.

My mother came in first, her mouth falling agape, followed by my father who took the smallest step back as he put two-and-two together. My mother's shrewd mind wasn't far behind.

The prince slid off his stool and stuck out his hand. 'Sir.' He looked quite positively terrified, and his manner had become abruptly formal. My father did not shake it. Nor did he bow. The younger man gradually let his arm fall back to his side, eyeing my mother's scathing expression. 'I was just dropping Autumn's homework off.' He half-turned towards the papers on the counter.

'You were off school again?' my mother asked, completely ignoring the prince and looking at me. I must have looked guilty. 'Autumn, this is getting ridiculous!' I did not want to know what she would think if she knew how many times I had really been off school. 'Do you not care about your education anymore? Because that is how it looks—'

'Marie.'

I stared at my father in shock. In the whole time I had spent living with my parents, I had never once heard him interrupt my mother. She was the dominant character. But she was human. She had no idea what she was doing. My father might have been born human too, but he had been brought up a Sage. And that upbringing was causing him to flush with embarrassment, just like me, in a rare moment of affinity.

'I should be going,' the Prince said, heading towards the kitchen door as though he couldn't get out fast enough. He turned at the threshold. 'Have a think about that invitation, Autumn.' His eyes flicked briefly towards my parents. 'Sir. Ma'am.'

My mother waited until the door had shut to round on me. 'What invitation?'

'He has invited us to stay with him one weekend.'

My father looked horrified.

My mother was more vocal. 'Not happening. I won't suffer their contempt. It's enough to find one of them in my kitchen.'

I thought that a little harsh. He had been perfectly civil. 'I already made your excuses.'

My father looked relieved and went to put the kettle on, opening the paper and flicking right over the front cover. 'I think you should still go though, Autumn.'

'Vinny!' my mother gasped. 'How can you say that after the way they treated you?'

'That wasn't just the Athenea, Marie.' He looked at me quite intently. I felt examined and stared at the tile flooring. 'This could be a good opportunity for her.'

'But she can't miss work, and that's not to mention the schooling she should be catching up on.'

He didn't say anything for a few moments. 'No, this is more important,' he declared quietly, and I wondered if he was dismissing my mother or his own thoughts.

'Vincent! But what about—'

'Stop it. Just stop it.' With that he poured the water from the kettle into his mug and disappeared down the hallway. I blinked a few times, wondering what had gotten into him.

I had never seen him like this; and he had never taken my side against her.

My mother didn't look at me as I left the kitchen. Climbing the stairs and entering my bedroom, I wondered what my father had ever seen in her. It was a question that as I grew older preoccupied me more and more, as I had noticed that all the other children's parents were not like mine.

'Your father is weak. He has always suffered with his nerves.'

'But he has such a stressful job.'

I folded one leg under me as I dropped onto my window seat. I could hear the crunch of gravel and looked down to see my father walking along the path, what looked like a ham sandwich clamped between his teeth. He opened the boot of his car and pulled out several box files, anchoring them under his arms before haphazardly making his way back towards the house. I smiled.

'His nerves are not as bad around humans. And he has a human job.'

'But what does that have to do with my mother?'

'She is domineering. She was willing to take over so he did not have to make decisions. That is why he married her.'

'What kind of decisions, Grandmother?'

'Decisions that mean they are not a part of society, and never visit court.'

I knew that eventually I would have to go downstairs to collect the work the prince had delivered, but felt no sense of urgency. There was no way that I would cancel on work at such short notice to accept the prince's invitation – my boss had already cut me off the evening event shifts list for missing the Thursday I had detention – and so I could do the school work on Sunday. Instead, I went over to my laptop and set about answering the slew of emails Jo had sent me.

'*Grandmother, do you love my mother?*'

The older woman had bent down, un-tucking her grand-daughter's ringlets from behind her ears and cupping her scarred cheek. '*Of course I do, child. Without her, I would not have you.*'

CHAPTER FIFTEEN

Autumn

'You just won't die, will you, Violet Lee?'

I felt my palms burn in shame at those words and I knew my mouth was open, screaming, but there was only the sound of flesh being torn from flesh, and blood being slurped from the offal that stained the white gravel rosy, and bones clattering to the ground, over and over, rhythmic, until the sound became the ticking of the clock.

A child fled the gagging human, her dress trailing in the breeze. She knelt by the corpse of a woman and leaned as if to kiss her hand . . . instead, her teeth sunk into the palm.

I could not see faces, because they were buried in corpses, eating them, but I knew what these creatures were. They were vampires; vampires eating vampires.

And Violet Lee lurched, and swayed, and fell crashing to the ground, as the cry of 'Stop! Stop!' went ignored.

Yet even as she lay in a pool of her own vomit, the prince of the vampires, blood staining his shirt, sleeve used as a cloth to wipe his face, picked her up with all the gentleness of a lover. He brushed the fringe from her eyes, tipped her head back and carried her away, hugging her like she might slip away from his arms at any second, and never return.

I couldn't put my finger on why I chose to accept the prince's invitation a couple of weeks later. Maybe it was simply to defy my mother; or maybe it was because work had crossed the line into being unbearable without Nathan around. He had resigned without warning. My boss couldn't give any explanation.

Maybe it was because the prospect of the whole thing didn't seem so awful now. It was my duty to pay them a visit and in any case, it was becoming harder and harder to keep in my head the thought that they were withholding information about my grandmother's death, mainly because a multitude of reasons were forming in my mind to explain why they might do that. They made it harder to justify the distance I had thus far maintained.

I checked my packing one final time. A couple of books, my school bag and a fresh school uniform were folded and ready for the following Monday at the bottom, followed by underwear, two spare outfits, and riding clothes, which I had ordered especially when the prince had mentioned we might venture out. I did have a full riding habit from when I was younger, but I didn't want to ride side-saddle, and I doubted it would fit anyway.

I had rushed home after school – the prince had to stay later even though it was a Friday, but I still only had an hour to get ready. Yet miraculously, by 4:20 p.m. I had showered and dressed and sorted my hair out, twisting it into a spiral bun on the side of my head. A few curls had been left to fall around my face. I looked in the mirror and tugged my skirt down, hoping my outfit was formal enough.

The skirt was pleated and patterned, and the reddish-brown of my tights was probably pushing it, but my tucked-in blouse and jacket looked quite smart. I could curtsey in it. That was all that mattered.

I took my bag and placed it at the base of the staircase, then sat down myself on the lowest stair, waiting. A few minutes later, I heard the gate opening and clicking shut again and bounded up. My nerves were making me jumpy and the only comparison I could make was to the time I had been summoned before the principal at St. Sapphire's. This occasion, unlike that one, truly mattered.

The bell rang. Before I could cross the distance to the door, however, my father had stepped in front of me. He came from nowhere and I faltered, unsure of what he wanted. I had already had *the* lecture from my mother.

He hesitated too, and then placed a hand on each of my cheeks and tilted me forwards, kissing the top of my head. 'Be good. Stay safe.'

And with that he disappeared into the living room, shutting the door behind him. I stared at the wood panels in astonishment, until the sound of knuckles rapping the tinted glass broke me from my reverie.

I opened the door to find the prince, smiling. 'Ready?' he asked. I nodded and went back in to collect my bag, which he stooped down to take from me before I could protest. I didn't look back as I got in his car, afraid that my resolve might weaken.

'You don't need to be nervous,' the prince said as we pulled away.

'I'm not nervous.'

'You're shaking.' His eyes left the road for a second and focused on my hands. I looked too. He was right, and I clasped them together in my lap.

The journey progressed largely in silence, and it was almost an hour before we reached the moors, where his family had taken up abode.

Ahead of us the road weaved across the landscape as a grey scar, seeming to disappear completely in places as the land dropped into gullies. I could see for miles, and for miles, there was nothing. A blanket of gorse, burnt in places, and thick tufts of elephant grass suffocated any other shrubbery, save for the odd staff of wood that had once been a tree. Dartmoor, I could remember thinking as a child, must be the loneliest place on earth, because here, you could walk and walk and never see another living soul.

We came over the crest of a hill and descended, and suddenly, through the mist that had sunk into the valley, there appeared the grey outlines of several huge granite buildings. Their walls were sheer with hardly any windows; from the roof protruded tall chimneys. A chill ran down my spine. They looked like slaughter houses.

'Dartmoor prison. Hound of the Baskerville territory, huh?'

I thought it more apt to think about the way the town we were passing through was called *Prince*town. But my attention didn't linger long on such a depressing place as the ground levelled out and pine trees began to appear, lining the road for a good mile. Suddenly the car swung left through a gap in the trunks that I would totally have missed if we hadn't entered it. The trees were tall around us, and if the mist had chosen to descend here, I doubted he would have been able to pick out the narrow lane which eased itself between the wooden pillars and low branches. But there was light ahead, and we moved steadily towards it until the trunks fell away to be replaced with a conifer hedge arch, complete with gates thrown wide open.

I gasped.

We were in a narrow meadow. The ground was completely

coated in green, with patches of purple and orange and pink peeping from between the grasses; there was even a small aqueduct running down one side. The drive weaved through its centre, enclosed by more of the same trees, creating a vast evergreen gorge. It swept around a shallow corner so I couldn't see what lay beyond us, but when the trees formed a neat row again, the view was equally as picturesque as a meadow.

The house looked Georgian, with a central wing lined with four engaged, partly-embedded columns, and two wings on either side. It was only two-stories high and whitewashed. I breathed a sigh of relief. It was a beautiful building in beautiful surroundings, but considering who its owners were, it was very modest.

The drive widened to form a turning circle and a chauffeur stepped out of a small door just below the raised ground floor of the main house. The prince cut the engine and undid his seatbelt, but didn't move, turning to me with the corners of his lips upturned.

'Welcome back, my lady.'

He didn't give me a chance to answer or ask what he meant as he grabbed my bag off the back seat and got out. I followed, waiting until he had rounded the car to move. It pulled away from behind us, the chauffeur driving. I watched it retreat, sincerely wishing that I was still in it. But I wasn't, and that meant I had to face this.

Decorum, child, is everything.

I started to walk forward and the prince quickly overtook me by a stride, leading the way up the steps to the large door, which was already thrown open. I took a quick breath and clasped my hands in front of me to stop them from shaking, and then followed him across the threshold.

I didn't get much chance to take in the interior, because my eyes went straight to the four people standing in the centre of the hall. The prince stopped just short of them and I drew up beside him, and then did something that a month ago, I didn't think I would have to do for many years yet: I dropped into a full, deep curtsey.

'Your Highnesses,' I addressed to the well-varnished floor. It seemed like a very long time before an address came back.

'Lady Autumn.' I straightened back up; trying to tell myself the worst part was over. 'How wonderful to see you again.'

Prince Lorent, the duke of Victoria, the king's older and closest brother stood before me, smiling. Immediately my mind was delving through images of the king, reconciling the appearance of the two men. The king had made an impression on me as a child, and in his older brother I recognized the same ash blonde hair, and of course, the Athenea's blue eyes. But despite being older by several decades, this man looked far younger than I remembered his sibling. There were no grey hairs, and the creases in his skin were clustered around his mouth – they were from laughter, not stress.

'You remember my wife, and youngest son, Prince Alfie.' It was not a question, and I smiled at each of them. Prince Alfie I definitely remembered – I could remember him teasing me at court – yet was startled to see how adult he looked these days. He must be around twenty-one, but he certainly hadn't slowed down in his ageing, despite being fully-fledged. I was shocked too by how much he and the other young prince, Fallon, had grown to resemble each other. They could be brothers, not cousins. Even their idea of a smile was identical: lips upturned at the edges; flat in the middle. In contrast, I could barely recollect seeing his wife, the princess and duchess, save for hazy images of her in a black veil at my grandmother's funeral.

That left only the young woman at the end of the line. She certainly didn't look like one of the Athenea; and in the back of my mind, I thought her features seemed familiar.

Prince Alfie stepped forward a fraction, taking the woman's hand. 'And this is my girlfriend, Lady Elizabeth Bletchem.'

I was aware of a strangling noise in the back of my throat, which was all too audible in the silent hall, and berated myself for not making the connection sooner. This was *the* Lady Elizabeth Bletchem; the woman who had toyed with the affections of one of the human princes for the past year. Evidently, she had lost interest in him.

If she noticed my surprise, she chose to ignore it. With her fingers still clasping the prince's fingers, she bobbed into a shallow curtsey. 'Lady Autumn, I am so pleased to finally meet you. My father knew the late-duchess of England, and always spoke so highly of her.'

I forced a smile. I never knew what else to do when my grandmother was mentioned in such a context. I saw Prince Fallon glance my way, and wondered how much he had told his family about me.

The lady Sage waited for a reply, and when none came she let go of her boyfriend's hand and leant down – she towered over my short frame – and to my utter astonishment, pecked me on each cheek. 'I hope we can become very good friends,' she whispered.

I didn't move. It was not normal to be that intimate with people when first introduced, and the feeling I was left with was identical to when the prince had put his hand on my knee whilst giving me a lift home. It left a burn; a burn just like the one I had felt in each palm in my most recent dream.

The other woman spared me the necessity of replying. 'Fallon, why don't you take the duchess upstairs and show her to her rooms? Then meet us on the terrace. I'll have some tea and coffee ordered.'

'Sure.'

I bobbed into a low curtsey and the youngest prince picked up my bag, carrying it towards the staircase.

'Fallon, Chatwin can take that up,' the princess said, beginning to move away.

Her nephew slowed and wheeled on his heel, walking backwards towards the stairs. I was a few paces behind him, and so could see how wildly he was blushing. His eyes widened, as though trying to communicate something to her. 'I've got it, Aunt,' he said in a tone clearly meant to make her sound stupid for suggesting he not carry it.

There was a roar of laughter from the retreating back of his uncle, to which the youngest prince responded by blushing even deeper; even his eyes tinged pink, which was unusual as Sage could mostly keep enough of a check on their eye colour to prevent emotion showing. When he saw me staring he chewed on the corner of his lip and half-raised his shoulders, then quickly turned and headed for the stairs.

I was amused, but glad the prince wasn't looking to see my expression, as I didn't want to humiliate him further. I could only wonder how awful it would be to belong to a group of dark-beings that didn't have the control of magic we did: those whose magic, like the vampires', was used only to keep them alive, albeit as predators. Their eyes must betray every thought.

The gleaming mahogany staircase we ascended branched into a gallery at its summit, and then into hallways that led into each wing. He led me down the one to the right. It was light and airy, the walls pale yellow and lit by a window at the far end. On each wall were four generously spaced doors. We stopped at the one on the right at the very end.

It was white and panelled; the joints of each section covered in what I thought might be gold leaf, but I didn't have the chance to take a closer look as he opened the door and stepped inside. I followed.

The modest exterior and hall had been a deception – and that was still an understatement. Only one thing prevented me from gasping, and that was the prince's presence. Instead I gulped hard.

We were in a sort of reception room. Two large pale gold sofas faced each other, separated by a coffee table made of the same dark, highly varnished wood as the staircase. They stood on a large sky blue rug, decorated like a paint-flecked canvas, with thousands of gold flowers and fleur de lis. Three windows, their sills reaching almost as low as my knees, lined the far wall, looking out, in reverse, on the same view I had been enchanted with as we arrived. Yet it was the ceiling that caught my attention: above the sofas, it resembled an upside down tray with a chandelier of tens of glass uplighter shades hanging from its centre. Within the indent a mural of pale blue sky and ivory white clouds had been painted; around the base of the chandelier, the clouds were tinged peach from the sun, which shone on a cupid on one side.

'You have one of the best suites. It's peaceful,' the prince said and I snapped my head back to eye level. He placed my bag on one of the sofas. 'We are all in the other wing, and Alfie likes to play his music ridiculously loud,' he continued, as though he felt the need to explain his initial wistful statement.

I paid little attention, eyeing an archway in one corner of the room, and a door in the other.

'Dressing room and bathroom,' he said, following my gaze.

I whirled around to face the other wall. To my left was the entrance; but there was a third door. I watched the prince through the corner of my eye, seeking permission.

He smiled and that was all the permission I needed to bound away and leap through the door.

A magnificent double bed faced me framed by a half-tester made of tethered champagne drapes and a massive headboard of the same material, which stretched halfway up the wall. There was a dressing table – definitely gold leaf – and the tray ceiling looked like it was layered with the same expensive coating. Embedded columns surrounded the windows all along the front wall, and those in the back wall; there was so much light that it bounced off the white walls and gold leaf and made the wooden floor look like it was covered in shards of glass.

My initial sentiment that nothing could have prepared me for the grandeur faded as I took in the details; the colour schemes; the grotesque extravagance, because the palace at Athenea was decorated with near-identical taste.

Excitement diminishing, I reminded myself of what I was going to have to endure in exchange for staying in such a room and reluctantly took myself back through the door.

The prince was waiting. 'I wanted to apologize for them.' He pointed down at the floor and I assumed he meant his family. 'They are very . . . . . .'

He opened and closed his mouth a few times.

'Very House of Athenea?' I finished, hoping that he didn't take that as an insult.

He exhaled, finishing with a slight chuckle. 'Yeah. That. And very not House of Al-Summers.'

It was my turn to smile, rather sheepishly.

'You have a lovely smile. You should use it more often.'

The very smile he complimented faded, and his eyes widened as he blushed yet again, as though he was surprised at his own words. I tugged on a strand of loose hair.

'We should probably go downstairs,' he said very quickly, looking at everything but me.

The décor on the ground floor was very similar to that above: gold leaf, murals, and high ceilings, with windows flooding the whole place in light. As he had done upstairs, the prince led me to the very end of the hallway, where a set of French doors opened out onto a covered deck. Seated around a wrought iron table at one end were his uncle, aunt and Lady Elizabeth; Prince Alfie lounged at her feet on a set of wooden steps leading down to the garden.

'Just in time,' Fallon's uncle said as we joined them at the two empty seats. A servant, dressed in a white shirt, complete with starched collar and a jacket emblazoned with the Athenean coat of arms, was serving tea and coffee. A stand of scones and jam had already been placed in the centre of the table. I asked for tea, and watched out of the corner of my eye as Prince Fallon loaded his coffee with sugar.

'It is all vegan, dear, don't worry. We are quite strict about that here. Do have one,' his aunt said as soymilk was poured into my tea, and I took a scone to be polite, though I wasn't hungry. As I spread jam onto the crumbling scone, I took in the princess and duchess through my eyelashes. She had immediately struck me as very well put together: her light hair was smooth and glossy, and everything from the jewels around her neck to her eye shadow complemented her mint green jacket and long skirt. She looked out of place compared to the others, who all wore informal trousers or jeans.

Lady Elizabeth Bletchem was what I could only describe as a plain Jane. Her hair, light brown, was parted in the middle and tied up in a ponytail, and her eyes seemed to be too small in proportion to her other features. She was very tall – almost as tall as her boyfriend – and had a similar boyish figure, though unlike him, she still looked about eighteen, despite being almost a decade older. Over and above all that, she seemed to quite easily capture princes, but then again, her father did have a very firm and wealthy hold on the Home Counties.

Fallon's aunt saw me looking and smiled just before she pressed her tea cup to her lips. My gaze shot down and I took a bite of the scone, wishing I didn't have to eat it. All was quiet, other than the tinkling of spoons on china and a bird twittering in a nearby bush. I knew it was my cue to say something.

'This is a beautiful spot, and so tucked away. I had no idea it was here from the road.'

Always keep conversation light, child. Avoid politics, and don't give opinions.

The princess smiled again, and placed her teacup down. 'Yes. It was one of the reasons we chose here. But it was in an utter state when we first purchased it. We had to stay in London right through the summer recess to supervise its repair.'

I glanced at Lady Elizabeth, wondering if that was when she had met her second prince. 'I was in London during the summer too.'

'We heard, and must apologize for not calling on you. We were trying to keep a low profile.'

'Of course.' I smiled, reassuring her that no offense had been taken. The truth was that if I had known their where-abouts, I would have fled the capital.

She seemed satisfied that I had participated enough for the meantime, and turned to her husband, whose face had shaped itself into an expression of polite interest, whilst his eyes were firmly trained on the pastries being loaded onto the cake stand by the servant. 'We really must go back to

London soon. I have not even started buying Christmas presents for the children, let alone the grandchildren.'

'Yes, dear,' was his only reply, as his son's head popped up over the rim of the table.

'Presents are easy. Get a year's supply of diapers for Nari and her bump, a romantic getaway for Clar'ea and Richard—'

'A punching bag for Chucky,' Fallon interrupted, grinning.

'Don't joke about your brother's anger problem, Fallon,' his aunt said, but Prince Alfie was already talking over her.

'*How to Talk to a Girl* for Henry, and *Politics for Dummies* for Uncle Ll'iriad—'

He was promptly cut off as his mother smacked him on the top of his fair head. 'Behave, young man, we have guests.'

He bobbed up to stick his tongue out at his mother and then settled back down, looking every bit like a child sitting on the naughty step. I didn't mind his joking. I thought it funny that he had just called the king 'Uncle Ll'iriad'.

Prince Lorent had just polished off a cream cake, and was sliding flakes of pastry around his plate, trying to catch them on his finger. 'I don't know what all the hype about Christmas is. They say it's peace and goodwill to all men, but it's most definitely hell and grey hairs to all Sage in Athenea.'

His wife slapped him playfully on the knee. 'Bah, humbug!'

He raised an eyebrow. 'You are not the one chasing the devils you call toddlers around.' He turned to me and Lady Elizabeth, shaking his head. 'I don't remember a year when dinner did not end in a food fight or somebody setting fire to the decorations.'

The winter season, beginning with the Autumnal Equinox and ending at New Year, was a grand spectacle, and everybody who was anybody attended the larger court events. But Christmas Day was always private; the palace was taken over by the entire Athenean family – all hundred or so of them. It was a recipe for chaos.

Lady Elizabeth laughed in a surprisingly girlish way – I had expected something deeper. 'Never ask me to be your plus one at Christmas, Al.'

He muttered something back to her and kissed her hand. I quickly looked at my plate, pretending I hadn't seen and taking a nibble of my hardly-touched scone.

I became aware of voices again and tuned back in to hear the princess speaking to her nephew.

'Fallon, why don't you take the Lady Autumn around the gardens before the light fades? Dinner will be ready by the time you return. Don't worry, dear, it's not a formal affair,' she added to me.

The prince stood up, and I hastily followed, leaving a crumbled half of scone behind.

A gravel path snaked around the side of the house, and I walked in his shadow until it was utterly eclipsed by the house and a wall of ivy, between which a garden was sand-wiched. The wall was actually a cliff, rising high above the house and sheltering us from the searching wind. The flower-beds were full of more wire and trellis than actual flowers, dispersed amongst young shrubs, but once it matured I thought it would be a very pretty garden.

We walked side-by-side along the path, which mirrored the course of a small gurgling stream, occasionally crossing it on miniature arched bridges.

'Sometimes I think I must be crazy, but I actually prefer England to Australia,' he said quietly.

'You do?' I replied, very surprised. *How could anyone prefer somewhere as barren as here, to somewhere as vibrant and Sagean as Sydney?*

'Maybe not the lack of tanning.' He pulled his hands from

his jacket pockets and extended his arms so his sleeves slipped up, revealing very obvious tan lines on his wrists. 'But I like the greenness, and I like the peace.'

'You don't miss Australia at all?'

'No.'

I stopped and chewed on the tip of my tongue. He took two steps before he realized I was not beside him.

'Autumn—'

'Do you not miss Amanda?' I blurted out, almost stumbling over the name of the prince's former girlfriend.

He swallowed hard; I saw his Adam's apple rise and fall an inch. 'No. Not how you think I should, anyway.' He span on his heel and kept walking.

It seemed hopeless, but I called after his retreating back. 'I don't understand?'

He had disappeared through a veranda and around a corner, and I jogged after him, rounding a large, concealing fuchsia bush to find him leaning against the railings of yet another small bridge. I approached him slowly. He was staring at the water, and it was as though it was a portal, because snatching a glance at his eyes I could tell he saw things in the liquid that I could not see, and thought thoughts in which I could not share.

'I never loved Amanda.'

I gripped the railing tightly. 'Pardon?'

With my harshly spoken word he was back with me, and the water reflected nothing but the shadow of the overhanging bridge. 'And she never loved me. We were . . . I don't know how to explain it, but friends with benefits, I suppose.'

'Oh,' I breathed softly. 'I . . . I hadn't realized you were like that.'

'No! No, it wasn't like that.' He dropped his head into his hands, muttering to himself. I couldn't discern what he was saying until he removed his hands away from his mouth and ran them through his fringe. 'It was a mutually beneficial partnership.'

Sighing, he straightened up, crossed the bridge and half-turned back, inviting me to join him. I hesitated.

'Let me explain,' he offered, and then added, 'Please, duchess.'

Something in my stomach stirred my legs into moving and I found myself falling into pace with him. His hands found his jeans pockets and he exhaled in one long breath, and took a shallow one in.

'Perhaps you won't know what I'm talking about because of what happened to your grandmother at the time, but do you remember feeling very impatient to be grown when you graduated from the juniors?'

I was confused by how his question was relevant, but understood his meaning. At fourteen, I thought I had done my growing. I had thought I was an adult. I doubted my younger self would accept that I could mature more in eighteen months than I had done in a lifetime; that by the eve of sixteen, I would be an utterly different person. 'Yes, I do.'

He closed his eyes briefly and laughed dryly. 'My fourteen year-old self had far too much of an inflated sense of maturity. I was tired of being under the thumb of my parents at the Athenean school; I thought I was above that, so I chose to be a guardian in Australia. I had high expectations of what was to come. But so did the media.'

He looked quite pitiful, staring at the cliff but not seeing it, his hands buried so deep in his pockets his arms were rigid. I wondered if this was how I must look when my mind was otherwise occupied. I did not want to be pitied.

'I was placed as guardian in a boarding school in Sydney, with a flock of security. It wasn't a large school, but there were still ten other Sage acting as guardians, and I fell in with them and a group of humans pretty quickly.'

I already knew that. As a pre-teen wired to have crushes on celebrities, I had dutifully been obsessed with his every move – I wasn't about to reveal that to him now though.

'Everything was great in the first year. I had friends; I was doing well in school; I was finally able to manage aspects of my life I had previously had no control over, like my money . . . but then everything got nasty at the end of the year. I was fifteen and . . .'

He trailed off and creases appeared between his brows as he cocked his head slightly, looking at me. 'Lords of Earth, I was your age . . . but you're more mature than I ever was.'

I didn't know how to respond – I think he had just complimented me – yet his voice remained too distant for me to be sure that was his intention. Instead I stayed quiet.

He shook his head slightly. 'I was getting older and that meant the paparazzi were paying me more and more attention. There was report after report about girls I had supposedly been on dates with, or even slept with – none of which was true,' he hastily added. 'But they did notice how close I was getting to Amanda. We were just good friends, dating had never crossed my mind, yet the media read more into it than there was. Suddenly, I was under enormous pressure to create the next big royal romance, and she was being chased around by reporters. Life was impossible.'

He fixed his gaze on me every other sentence and I was left with the sense that he was searching for a reaction. I kept my face as blank as I could.

'Mandaz . . . Amanda, even then, was ambitious. She wanted a court career, like any noblewoman, and she was fiercely interested in politics. But her family had made their money from the bottom up, and she knew that background wasn't going to be enough to gain any immediate influence at court, which is what she wanted. And I . . . I needed to give the media what they wanted.'

The sound of roaring water reached my ears as we continued through a canopy of roses and I was processing what he had said and what I thought he was suggesting.

'You struck a bargain.'

He winced. 'We never meant it to last. It was just supposed to be a few dates and some pictures of us kissing. And it worked: the paparazzi went crazy for the first few weeks, and then everything died down. I took her back to Athenea over the summer and she was able to network. My family liked her. They helped her. But I think they knew what was going on. They knew it wouldn't last.'

'But it did last.'

He laughed nervously and ran a hand down the back of his head, ruffling his slightly damp hair – there was a fine mist in the air. 'I guess neither of us wanted the hassle of a break-up. And we were . . . we were sleeping together at this point.'

'Ah. And you're sure you had no feelings for her?'

Again, he chuckled. 'Please stop looking so perceptive. It's making me feel like a naughty school boy.' I didn't know what expression my face held for him to say that, but I smiled bashfully at the path. He carried on. 'I admit that I had some. I cared for her, and would protect her, but there was never any passion or need involved. We spent almost two months apart during the summer of last year, but it wasn't painful. We didn't yearn for each other.'

We had finally emerged from the veranda and I gave a gasp – not that he or I could hear it over the rush of water plummeting thirty feet down the cliff, and then even further down through a hole in the ground. I could hear it hitting stone, great splashes bounding back up. It reminded me of the storm the prince had driven me home in.

'This place is an old quarry!' he shouted over the water as he came to a rest against the railing that ran in a crescent around the drop. He placed his elbows on the metal and swayed back and forth on his heel slightly – he was such a fidget. As I watched him, he spoke again, though I could only see his lips moving.

'What?' I yelled back. He only looked bemused and repeated whatever he had said. I laughed. I couldn't hear a word he was saying and tried to tell him so, but he just started laughing as well.

Bending down, he tucked my hair behind my ear and spoke, still quite loudly, from right beside me. 'Would you like to see the view?'

I froze as his hand made contact with me, aware of how if I leant just slightly to the right, my shoulder would be touching his chest. My eyes focused on the white shirt he was wearing, framed by his tan jacket. I could see him breathing. I nodded.

He pointed skywards and started backing around the waterfall, narrowly avoiding a splash of rebounding water that appeared to curve in an arc over the railings and towards him. The affinity it showed for him snapped me out of my trance and I laughed, batting the water back as it tried to reach me too.

Suddenly, with a running leap he had disappeared into the fine mist. I carried on a little further beyond the dampness and bent my knees, springing directly up. Even this far away from the waterfall there was vapour and I broke through the suspension, spotting the prince standing behind another set of railings along the edge of the cliff. I dropped down beside him.

I was glad I took his suggestion. The view was magnificent. The cliff was high enough to look right over the top of the house and down into the hollow with the meadow at its bottom. The pine tree perimeter looked like a funnel from our vantage point, tapering towards the road. In the distance, I could just make out the green line becoming grey and disappearing back towards Princetown.

The lively stream that plummeted down into the old quarry was to my left, and I traced its path upriver, turning behind me. It ran down a gentle incline across moss and scrubland; in the distance, I could see gorse and far away granite tors.

I lowered my brow and felt my right cheek tug at the outer corner of my lips as I circled to take in the full panorama. 'Are you not a little vulnerable here?'

He grinned in his usual cheeky way, and crouched down. His hand brushed the ground until he closed his fingertips around something. Standing up, I could see it was a small stone. He lobbed it from waist height in the direction of the nearest tor.

Abruptly it halted in mid-air and dropped to the ground. With its sudden stop came an eerie crackling sound; and with that, a humongous dome shield revealed itself. The point where the stone had struck looked like it was fracturing, splitting into shards, divided by lightning-like forks of bright blue; these faded and it glowed paler, like it was healing. I could see its quickly-disappearing boundaries stretching right across the quarry and stood in awe of the set up they had. It was like Athenea – it too had massive dome shields, through which nothing but the elements could pass without permission.

When the shield had become invisible again, I leant down on the railings and debated how to steer the conversation back towards Amanda. The whole thing intrigued me: they had pulled it off very well and his whole story was a revelation. But in hindsight, it made sense. They had never appeared to be *that* loved-up.

'So when you and Amanda broke up, it wasn't as big a deal as the papers made out?'

He looked surprised that I had returned to the topic. 'Essentially, yes. Technically, it was me who ended things, but it was all on good terms. She knew I wanted to come to England and I think she was ready to move on too. We're still friends. Just friends.' He blushed very deeply again, though it didn't reach his eyes.

A buzzard hovered at our height to the left of the house, and I admired its brown plumage, determined not to seem too intrigued by my next question. 'Your Highness, why are you telling me all this?'

I heard him exhale. 'Remember what I told you about treating you as my equal? I didn't want you to be under the same illusion as the rest of the world.'

I was flattered; properly and wholeheartedly this time, unlike in the car. He seemed to be ashamed of this particular chapter of his life, and definitely embarrassed about telling me, but he had still done so, despite that.

'Thank you,' I murmured, unable to actually tell him I was glad he had recounted his experience, but wanting him to know I didn't think any less of him; that I was grateful.

'For what?'

'Just thank you.'

A drop of water landed on the end of my nose, and then another on my hand and I looked up, immediately exposing my face to several more droplets. 'It's starting to rain,' I muttered. 'Perhaps we should go back inside?'

'Yes. Yes, I suppose we should,' he said with a sigh.

CHAPTER SIXTEEN

Fallon

I sat down in the arm chair nearest the fireplace and watched as my uncle placed a glass of brandy and lovage on the wooden table beside the arm of his own very upright chair. He had picked up the habit of drinking it as his preferred winter beverage whilst travelling in and around Devon as a younger man, and swore by it for 'settling his stomach'. I thought that if Devon could assign itself a particular taste, that drink would be it.

Autumn had excused herself not long before, saying she needed to complete some homework. I knew I should probably do the same, but struggled to find the motivation. Her dedication seemed odd compared to her tendency to miss school – something I, and clearly her parents too, had noticed.

My uncle opened up his newspaper and, as usual, the front cover was dominated by a picture of Violet Lee and an accompanying headline. The shock had not died down, and I doubted it would until the whole thing was resolved. My aunt, reading over his shoulder, clicked her tongue and muttered something very derogatory about the vampires.

I frowned and both Lisbeth's and Alfie's eyes flicked up, questioning.

My aunt walked around her husband's chair and sat down opposite me. 'The Varns have issued gag orders. All the papers can print is that the Vamperic council is still refusing to negotiate with any of the British governments.'

Alfie stood up and strode over to the liquor cabinet, pouring himself a glass of port. 'Gag orders are like super injunctions, aren't they? For all the blood in B.C., why would they need those?'

'Precisely,' my uncle said, folding the paper up along the creases. '*Why?*'

'Do you think something has happened?' Alfie asked with his back to us.

'Most likely.' My uncle threw the folded paper on the fire which groaned and began to eat away at the paper, turning it into a honeycomb lattice of smouldering holes and print. It only took a few seconds for Violet Lee's face to be turned to ash. 'I am just very glad that we are not at court. Even missing out on the council meetings seems a fair exchange for escaping the stress this whole mess brings.'

He reached his arm over the chair and took my aunt's hand, squeezing it, his face glazing over with peace as he did. Further back, out of the fire's warm circle, Alfie and Lisbeth sat quietly talking. I averted my eyes. Life as a singleton was not something I had yet fully adjusted to.

Eventually my aunt released her husband's hand and reached forward to sip at her tea. 'Autumn Rose seems mature, and very well-mannered.'

She was trying to banish the heavy mood in the air, I knew, but at the same time, I also knew my family were desperate to discuss the duchess – yet what we really should discuss, we couldn't. Not with Lisbeth around. Even telepathy was too risky to use with such a delicate matter.

My uncle took a sip of his drink too, peering over the top of the mottled glass at me, his eyes twinkling. 'And every bit as beautiful as we thought she would be.'

'And every bit as wealthy,' Alfie piped up from the table.

Lisbeth playfully slapped him on the arm. 'Nice to know what you look for in a woman!'

It was too shadowy to see his expression, but he pulled his girlfriend from her seat and onto his lap, wrapping his arms around her, cooing sweet nothings. Even if I did not know my cousin well, I would be able to tell he was utterly infatuated with her and, I hoped, she with him.

My uncle was still staring at me pointedly, a small smile playing on his lips. I pretended not to see it until I was saved by Lisbeth.

'I heard she looked a lot like her grandmother, even when she was a child.'

My uncle craned his neck to look in her direction, then turned back and put his glass back down. 'Oh yes. I had quite the shock when she came through the doors. A spitting image of the late duchess.'

'She barely ate at dinner though, poor thing.' My aunt sighed. 'And I shouldn't think her mother is vegan, so she must not eat very well at home. Does she eat much at school?' she asked, directing the question at me.

'I don't think so.' When I thought about it, I didn't think I had ever even seen her eat; she only seemed to drink coffee.

'Perhaps you should keep even more of an eye on her,' my aunt tentatively suggested, soft enough so that Alfie and more crucially, Lisbeth, wouldn't hear. 'After everything you have told us . . .' She trailed off, and she did not need to finish.

I nodded, but still thought that Autumn had coped better than I had ever dared hope. She was talking, laughing even; a vast improvement on the weeks before. But I did wish she would let me *in*, in some small way – ideally, into her mind. It was extremely rude to push against the barriers around another's conscious, but with that thought, I couldn't stop my own mind from wandering upstairs in search of her. I found her quickly, as always, her scent seeming to leave a trail of burdens wherever she went. I was met with concrete and mortar.

'Fallon . . . Fallon? Dear me, Ll'iriad's children do tend to space out.'

I snapped my gaze up from where it had been resting on the fire to find my uncle grinning.

'Now where on earth did you wander off to?'

I pretended to have no idea what he was on about and adjusted my expression accordingly. He hummed in amusement and disbelief and I was sure he would have made another comment if my aunt hadn't been glaring at him.

'I think I'll go and do some work,' I announced, standing up. It was getting too hot sitting beside the fire, but the shadows full of candy hearts and sickly-sweet flirting didn't seem too appealing either. My aunt's glare darkened, but she nevertheless wished me a good night along with the other three, though I'd had plenty of sleep the previous few nights and had no intention of getting any more.

Working my way back along the left wing I was dimly aware of how swift my pace was, and how eager the echo sounded in the entrance hall as I bounded up the stairs. I *did* have intentions to work; just not on my own.

I justified my steps towards the end of the house opposite to where my bedroom was located by thinking about how

English literature was my worst subject . . . I needed the help.

The servants had chosen not to light the lamps fixed to the walls, the moon bright enough to light the whole hallway from a single window. With every passing door, my footfalls became lighter, urged along by the feeling yet again that I was infringing upon Autumn's territory; if I stopped, I would be caught.

I hardly dared pause to knock when I reached her room and even as my knuckles hit the wood I rocked on my heels to maintain some movement. When no answer came, I knocked again, softly calling her name. There was still no answer several knocks later and I took that as an invitation to go in.

Inside, it was empty, neither the chandelier nor lamps were on, and again, the only light came from the moon. The curtains were still tethered, and her bag had been left on the sofa where I had placed it. It was open though, and some of her clothes were spilling over the edge. Automatically, I walked over and reached out to stop them from ending up on the floor. Just as mechanically, I snapped my hand back, realizing they were her panties.

I pushed deep down thoughts I would not permit myself to have about her, doubting they would stay in their chained box very long. Giving the sofa a wide berth, I wondered how she could seem to have no idea of her potential power over men. *Maybe it's her age. She's only fifteen,* I reminded myself.

But another, more uneasy explanation hovered in a part of my mind I didn't like to venture into. *Maybe it's the depression.* Acknowledging that meant acknowledging the fact that she might not accept, or even recognize, feelings beyond those created by the parasite that fed on her misery.

And acknowledging that meant I would have to be utterly selfless.

Judging by the closed bedroom door, I assumed she was asleep and tried to muffle my steps as much as possible as I made my way to the writing desk, where her A level poetry anthology lay amongst several other books – including the one on misogyny Sylaeia had given her – and another on American poetry. Her pencil stuck out from between its closed pages and I went to open it; the creased spine decided otherwise and the pages flipped closed, slow enough for me to see that almost every poem was annotated as far as where her pencil had been placed. The book, however, did not completely close, instead stopping on one of the first pages, where there was a handwritten dedication.

'To my dearest granddaughter, on her fourteenth birthday.'

The page was well worn and there were patches where the wafer thin paper had been stained darker. Embarrassed, I quickly turned back to where her pencil was. The poem was by James Whitcomb Riley. 'Dead Leaves'. There wasn't a single blank spot around the text; her writing was sprawled across every available inch of space, most of her ideas incredibly insightful, others just wild. As I read them, it seemed as though the meaning was printed between each line . . . it just came so *easily* to her. It was something I envied. I had practically been brought up a politician, rational and practical. Literature was something I struggled with. But if she could combine her imagination – her focused creativity – with politics, then, well . . .

You're getting ahead of yourself, I chided. *Way ahead.*

I turned my attention to the actual poem, rather than her

annotations. But by the third line of the section titled 'Dawn',
I was frowning, spine contorting in a painful shudder.

   'So, Autumn, in thy strangeness, thou art here
   To read dark fortunes for us from the book of fate . . .'

My eyes dragged themselves along the arrow she had drawn
to the very top of the page, where she had written connota-
tions no human would draw from those lines.

I slammed the book shut.

My breathing was heavy and it was only as the echo died
that I realized I had broken out in a sweat. I pushed my fringe
off my forehead, running a second hand down my face.

Suddenly, a whimper reached my ears and my head
snapped in the direction of the bedroom. Another followed
a few seconds later. Without any more thought I was at
the door, which was slightly ajar. I gently pushed it open
just far enough to squeeze through when I sucked my
stomach in.

I took a few slow paces inside. She had not drawn the
curtains in this room either and several of the windows were
open, the drapes billowing in her direction. It was freezing,
and I was still burning from the fire and the book.

I faltered to a stop when the moonlight suddenly emerged
from behind the darkening clouds. It cut a strip right
through the centre of her bed, lighting everything beneath
the tester up. Curled up like a foetus, the covers kicked
back around her ankles, she lay in even less clothing than
what she had been wearing the day I had dropped her
homework off. There was no robe this time, and I could
see the goose bumps running up her leg as far as the crease
where her thigh met her torso, and where they reappeared
from her tank top amongst the valley of her breasts. They

disappeared again where her hair was swept around onto one shoulder.

How can you not know what you do, little duchess?

I couldn't move. I didn't dare move. If she found me here . . . if I jolted out of this trance and realized what I was doing, neither she nor I would be able to forgive.

But I couldn't leave her so cold. I didn't touch the windows – she would know somebody had been in – but crept forward, cringing every time the boards depressed. When I got to the right side of her bed, I lifted the first two layers of sheets right up using a little magic so they wouldn't drag across her skin, and replaced them on top of her. She didn't stir.

I didn't hang around, heading back to the door as quickly and quietly as possible. When I got there, I briefly turned back. She wriggled and buried her head deeper in her pillow, her lips parting and upturning; it was so slight I thought I was just being hopeful. But her expression was one of utter peace, calmer than I had ever seen it, and that hope cemented itself.

I'll just have to be content to make you smile for now, Autumn Rose.

I left the door as I had found it and headed back through the reception room. Stepping out into the hallway I found it totally dark – the moon had gone in again.

'*Conthlorno!* Stalker!' a voice said and my feet left the ground as my cousin jumped up from the shadows right in front of me.

'What are you doing, you freaking shifter rip-off?! Are you trying to make me blast you from here to B.C.?'

Alfie folded his arms across his chest and squared his shoulders. 'I think I would actually be a very good shifter. And anyway, the question is what were *you* doing in the duchess's room at . . .' He trailed off and twisted his wrist to look at an imaginary watch, '. . . eleven o'clock at night?'

I squared my own shoulders and drew myself up to my full height, until we were glaring at each other from the exact same level. 'I wanted help with my homework. But she was asleep.'

He raised an eyebrow.

To make a point, I cursed at him in English instead of the Sagean we were using (I had certainly learnt a few inventive ones from speaking only English at school), and reluctantly allowed the barriers around my mind down. Pulling up the very recent memory, I let him sift through. He paused at the book, and slid as quickly as possible through what had happened in the bedroom. He hummed deep in his chest, drawing the book back up.

'See?' I said eventually.

He seemed satisfied and let his arms fall from his chest, wagging a finger at me instead in a convincing impression of his mother. Within the confines of my conscious, he forcibly made my mind linger on a frozen image of me slipping into her bedroom. 'Tsk, tsk, Fallon: that is not what princes of Athenea do.'

'Shut up,' I groaned, punching his arm and walking away from him. I could feel my eyes plummeting to pink, and was powerless to stop it, the embarrassment was so strong. But what he said was true. We weren't prudes – a lot of the men in my family *definitely* weren't – but there were unspoken rules to conform to, especially when it came to girls like her.

Alfie caught up to me and placed a hand on my shoulder as we walked. *'Hey, don't worry, we've all been through it,'* he reassured in my mind as a way to answer my thoughts. *'At least it's only me on your trail here, and not the paparazzi.'*

For her sake more than my own, I was very grateful for that. But something much more overarching bothered me.

'Alfie, do you think I'm doing the right thing? In light of every-thing?'

He removed his hand from my shoulder as we both sped down the steps to the gallery overlooking the entrance hall. *'I'd love to be a seer and be able to give you an answer to that. But I'm not and I can't. However, if I was to give my own opinion, then yes, I'd say you are.'*

I stopped beside the railings and he span so he faced me, resting one elbow on the wood and lowering himself.

'That means a lot,' I murmured. My voice echoed, bouncing off the high ceiling.

He exhaled sharply through pursed lips and grinned, clapping me over the head with his free arm. 'I know, kiddo.'

With those words I felt him withdraw abruptly from my mind. As he did, Lisbeth's conscious brushed against mine as she searched for her boyfriend. He frowned, and then the grin returned.

'What do you say to a round of *Mario Kart*? Al and Fal against the mighty Lisbeth?'

I shook my head. 'You two are addicted to that game.'

'I don't deny it. But come on. She will beat me otherwise.'

I shrugged, starting to move away towards the other hallway. 'I don't know . . .'

I barely made it a few feet before he had flitted in front of me, clicking his fingers so a few sparks fizzled into life at the spot right between my eyes. I flinched. *He really is asking for a free flight home to Vancouver.*

'Fallon Athenea, even the second in line to the throne on his first diplomatic mission is allowed to let his hair down every once in a while! Now come on. No excuses.'

CHAPTER SEVENTEEN

Autumn

By Sunday evening, Mr. Sylaeia's words to me several weeks before – 'It will not be as bad as you think' – seemed to strike a chord. It wasn't so bad. I slept well, had no dreams, and was kept well occupied, between helping Prince Fallon with his English literature homework, listening to the near-constant banter between the two cousins, and admiring Lady Elizabeth's court dresses, which had overflowed into her boyfriend's home. At times, the sense that even the air conspired against me to drag me down into fatigue and sluggishness would lift, as fast as the moor fogs, and I would feel able enough to hold a conversation, or think beyond surviving a single day; consider my future, even. It was the best I had felt since my summer in London.

Without doubt the highlight was the riding. The estate had an amazing set-up: fourteen horses, of which four were for the family, one for Lisbeth and the rest for any guests or the staff to use whenever they wished. They even had four Dartmoor ponies Prince Lorent had rescued from the slaughter after poor sales at an auction. On Saturday, we ventured out to the tors on the bridle paths, and on Sunday morning we stayed nearer to their home, where the streams and trees made for a more picturesque experience, and allowed the ponies to wonder along behind us. It made me realize how much I missed St. Sapphire's and all the things I had been able to do there.

'So what are you going to do after Kable then?' Prince Fallon asked as we ambled along the upstairs hallway, having just finished yet more homework. We had hoped to go out again, but torrential rain, starting in the early evening, had scuppered our plans. 'I presume you won't stay and do A levels there.'

'No, I won't. Though I'll need to carry on studying, because I want to go to the Athenean University. I wish St. Sapphire's had a senior section, but I suppose I'll choose one of the other London schools, or Geneva.'

'What about the Athenean seniors?'

'I doubt I will get the grades.'

'Of course you will!'

I glanced at him sideways through my eyelashes. 'You flatter me. But Kable won't predict me the grades. My attendance is too poor.'

He sighed in defeat. There was no counter-argument to that. 'Well then. London I can understand, but Geneva?'

'I have a friend there. Joan Llo'arrauna. Do you know her?'

He frowned, and cocked his head first to the left, and then to the right. 'If she doesn't have a title then I won't have met her. And only the one friend?'

I shrugged half-heartedly. 'My grandmother made me practice my magic a lot. I never really had much time for friends . . . never really appreciated them very much.'

'Ah, that must be why then.'

I paused at the bottom of the staircase. 'What do you mean?'

He swung in an arc around the banister and came to a rest the other side of it, so that it passed between us. He leant against it, lowering his gaze to my (much shorter) level. 'You're always saying you have no friends – I snuck a look at the essay you did for Sylaeia – but you have some very good friends at Kable, who really care about you.' He waved his hand to stop me from interrupting. 'I hope that one day you realize how important and powerful their friendship might be.'

Just as I went to retort that my depression didn't have to be based on rational feeling, Prince Alfie came skidding into the entrance hall from the direction of the conservatory, soaked through from the rain and dripping onto the floor.

'You two have to come and see this!'

He didn't give us a chance to reply, disappearing down the left-hand hallway before I could even glance at the other prince. Fallon's face reflected what I was thinking: whatever warranted moving that fast was worth seeing. We flitted after him, leaving the echo of wet shoes screeching on tiles behind.

We came to a halt on the veranda, where Prince Alfie and Lady Elizabeth rested against the railings beneath the torrent of water that was overflowing from the guttering and down onto the flower beds below, crushing the delicate autumn-flowering snowdrops planted there. Joining them, I wondered what the fuss was about – it had been raining heavily for hours.

Then it became apparent. The sky abruptly changed colour to an electric blue – like the colour of the eyes of the Athenea – and multiple forks of lighting were thrust down towards the ground, only to be caught by the dome shield, which revealed itself just as it had done when the prince had thrown a pebble at its perimeter. There was the same shattered-glass appearance, and the same eerie crackling, similar to the hum of power lines, but this time, it came with a low drone, like the wail of the siren that could be heard right across Brixham when the lifeboat was launched. It sent a chill right up my spine, which didn't pass until the lightning had scuttled its way across the entire area of the shield, searching for weak spots, only able to ground when it had entirely engulfed the air above us and headed downward instead – it was too raw a form of energy to simply penetrate the shield, like the rain and the wind, so it acted like a solid object, or magic.

'I've never seen lightning like that,' Lady Elizabeth muttered, struggling to make herself heard over the rain.

Prince Alfie's reply was entirely drowned out by the thunder which tagged along to another strike of lightning, which did the same thing but was brighter with more forks, and I shrieked in surprise, cutting Prince Fallon off as I accidentally took a step back into his chest. He steadied me with his hands on my shoulders and I briefly registered how warm they were on my soaked t-shirt.

But they couldn't remain there and we didn't hang around to see a third strike as a roar and a scream – a proper scream – raced down the hallway, hitting us full force in the backs and wrenching me out of his arms. It winded me and my heart stopped, but we were gone, sprinting back to the entrance.

I could hear Prince Alfie yelling for his father, and followed them into the drawing room, where the princess was half-collapsed in an arm chair, her husband pacing the length of the room. A man, dressed in the uniform of the Athenean king's staff watched him nervously from a corner.

Prince Alfie glanced at each of them in turn. 'What happened?'

His father wheeled around towards us, noticing our appearance. Even from a distance I could see his eyes. They were black. Black and then entirely white.

'Attacked!'

Prince Alfie stepped hesitantly towards his mother. 'Who? Father, what are you talking about?'

'Violet Lee,' he grunted, as though it was troublesome for him to even tell us her name. Lady Elizabeth gasped; I could feel the air move as Prince Fallon swayed from behind my right shoulder.

'Last weekend,' said the man I now presumed to be an envoy, 'At the Autumn Equinox ball, though the Vamperic council only informed King Ll'iriad this past hour. The culprit was the heir to the earldom of Wallachia, a certain Ilta Crimson. He drank from and attempted to rape her—'

'That's suicide!' Prince Alfie blurted. 'She's under the King and Crown's Protection!'

'She insists he meant to murder her. And . . . and inter-rogations of his father suggest he did have a motivation. So yes, it was a suicide mission.'

He shifted uncomfortably under our heavy gazes. We were all utterly silent, save for the sound of Prince Lorent's pacing.

'It seems he was a seer, and knew something about the future of the situation surrounding the girl. They are not letting his father leave the dimension or Kent, because he appears to possess information too, but he refuses to tell—'

'Make him tell!' Prince Alfie blurted from the floor, where he was crouched beside his mother, tightly gripping her hand – she hadn't moved since we had entered.

'Can't,' Prince Fallon muttered, and everybody's gaze shot to my shoulder. 'The Terra forbid it. All seers and their confidants have the right to silence, unless called before an inter-dimensional council.'

'*Charnt!* I forgot that,' Prince Alfie muttered, managing to make his mother stir with his cursing.

'Should have done a politics degree,' Prince Fallon murmured in an undertone, irritated. I wasn't sure I was meant to hear. He raised his voice. 'And they can't call a council because that would attract too much attention and Michael Lee would find out. And if that happens, then . . . that is right, isn't it?' he directed at the envoy, who nodded glumly.

'This is why the gag orders were issued. News can't get out, which means that you girls can't relate this to anyone. Not even your families,' his uncle said. I hadn't been planning to tell mine anyway. I doubted they would understand or care.

'What has happened to this Ilta Crimson then?' somebody said, but I wasn't entirely sure who as the front covers of an assortment of papers on the table caught my eye.

'He was killed.'

Violet Lee's face stared up at the ceiling. They always used the same picture of her – the school photo. It was such an unnatural pose. You could see as far down as the school logo on her breast, but no further.

'By whom?'

I mentally undressed her, tearing the blazer into strips as easily as if it was made of the paper she was printed on. Her hair contracted into curls, and legs grew from the stumps of the column text. They were quite long; she was taller than I was, and I could see how white they were because her dress had been hauled up.

'Prince Kaspar Varn.'

I blanched. I blanched and I ran.

I was in 'my' room within seconds, gasping, leaning over

the desk, gagging, gripping the edge for support because
there was no strength left in my legs.

This cannot be happening.

Tears plummeted onto the papers, and my knees buckled
as I sank into a crouch. My chest was wrenching and I
toppled forward onto my knees, almost banging my head
on the desk but was saved by the arms that slipped around
my waist.

'No. It's not that bad.'

He pulled me upright and I fell into his chest, completely
unable to support myself because the weight that had been
gradually eroding had fallen right back onto my shoulders.
'I-it is,' I forced between sobs. 'It is!'

Stiffen that upper lip, child!

'No, it isn't,' he cooed in Sagean into my hair, which was
down and curly. 'Your grandmother was a seer. One of the
best. You have her gift. You can be as good as her.'

'No! I don't want to be!' I wrenched out of his grip, unin-
tentionally copying his switch in language, glaring at him.
*How could he understand? How can he say such things when he
knows why she died?* 'And how can I be a seer? I'm not fully-
fledged yet!'

The people revere us, child.

I began pacing as he surveyed me, an increasingly pained
expression forming on his face. Outside, the lightning
continued, cutting my path into strips of light as I crossed
the room.

'You know some people develop earlier.'

*Parents watch their children grow old in the hope that they
will have strong and auspicious enough visions to be prophets,
like Contanal; or have the length of sight of Eaglen; the preci-
sion of Antae; even the power of chri'dom, the leader of the
Extermino.*

'Not this early!'

You are a great seer too, Grandmother.

'But you're not young enough to be panicking over this!' He made a lurch for me as I passed, but I jumped out of the way. I didn't want him to touch me.

No, no child! I am a cursed seer. We all are.

'Autumn Rose, please just stop!' He dived forward again and this time managed to grab the tops of my arms, securing me mid-step. He gripped me tightly: I could feel his nails even through my cardigan. 'I'm sorry! I just don't want you to do anything stupid over this!'

A lump in my throat formed and the sobs, which had abated with the anger, returned. 'I don't want to be a seer! They always get so caught up in politics, it will mean having to go to court and I'm not ready for that and—'

He looked like he might cry too and roughly, as though acting on an impulse, he pulled me into a tight hug, lifting me onto my tip-toes and squeezing my breath out. My mouth opened and I gasped into his T-shirt, getting a breath full of deodorant. I broke away, spluttering.

'Autumn? Are you okay? What happened?' I felt a hand on my back, and leaning over as my stomach convulsed I could see his loafers moving as he guided me down onto one of the sofas.

'Your d-deodorant,' I choked. 'T-too strong!'

His eyes bulged and his skin flared to match his russet scars from the collar up, right up to his hairline. 'It's Lynx,' he said apologetically, squeezing his muscled arms against his side and wrapping one across his front until his hand clutched at his shoulder. He took a small step back and his left calf hit the corner of the coffee table; he tripped, taking tiny steps to regain his balance. When he did his eyes went bright pink and I had to stifle a giggle.

He ran a hand down the back of his head. 'I . . . meant to do that.'

I couldn't hold back a burst of laughter this time and hushed myself by pressing my knuckles to my lips, still grinning from behind my fingers. He cocked his head first to the left and then to the right, watching me with a bemused expression, before carefully navigating all furniture corners to perch down on the edge of the glass top of the coffee table, facing me. He was so close our knees were touching.

He reached forward and un-tucked my hair from behind my ear. It contracted into curls because it was drying from the rain. 'Your hair suits you when it's curly.'

He smiled and retreated, clasping his hands together and resting his elbows on his thighs. I had the desperate urge to place it back behind my ear but resisted.

'How are you feeling?' he asked as he placed his weight on his elbows.

'All right. I just . . .'

'Go on.'

'I don't want to go back to court as a seer. People will expect so much of me, because of how good a seer my grandmother was. Her shadow is so large. She had so much control over her visions . . . and all I have ever seen is this Violet Lee girl. I'll never be as good as her.' My head drooped and I screwed my eyes shut as I felt them sting with the threat of tears.

'You can't say that. You're about to turn sixteen, and already you're seeing a massive event like this attack. I think you're casting your own shadow over a lot of seers right now.'

'But at least they can control what they see. I have no choice but to watch horrible things, like . . . like . . .' I didn't need to finish the sentence.

'Things?'

I finally looked up at him. He was still poised in exactly the same position, resting the weight of his torso on his elbows, his elbows on his thighs. This close, I could see that his tan was fading where the sleeves of his V-neck T-shirt – he always wore those – were slipping up. 'Yes, things,' I whispered.

'Can I see?' He had snagged my gaze and was refusing to let me go – it made it hard to contemplate refusing. 'Please?' he added.

I had fended off intrusion into my mind for so long – I was surprised he hadn't raised the matter sooner. Now he wanted to see the most private images and though I had every confidence in the barriers I had built up over nine years, I was still afraid to let him in.

And yet . . . I closed my eyes and methodically moved from cavern to cavern, checking the chains and locks around the boxes in which I almost permanently kept the majority of my thoughts. Sweeping around, I brushed all emotions into the corners, away from where he would pry. Like dust, they puffed into a cloud, only eventually, and very reluctantly, settling where I wanted them. Satisfied, I drew up the dreams, arranging them chrono-logically.

Consciouses, even when safe within their mental barriers, have a scent, or a melody; something that makes them as easily identifiable as if you were directly looking at the person. His was no different. It was like a colour wheel whirling before my eyes; it spun so fast the colours blurred and became an iridescent blue.

Yet there was a limit to what you could sense from behind a brick wall. Consciouses are easy enough to sense and identify, and depending on familiarity, can be used to locate people. But remaining outside the barriers was only skin-deep – like glancing at a person.

So when my barrier fell like drapes to the floor and I found myself sucked completely unwillingly into his mind as he entered mine, it knocked the wind from my lungs. It was like stepping into another world.

Another world of rolling hills, diving and rising towards great ridges and mountains in the distance, full of trees, and white horse water, and blue skies. Behind, the plain gently sloped up towards a ravine of white cliffs, ageing to grey. Sat atop them were yellowing blockhouses: they looked disused, but I knew not to be fooled. I knew not to be fooled by the whole scene.

It was his home, Athenea, or at least the very furthest reaches of it – with a few slight alterations. Piled around the bases of trees were trunks, some upturned, tattered, others neatly fitted together and treasured, many chained. Some lay with their lids thrown wide open – from one nearby I could hear the echoes of our conversation about Amanda and from another I caught a glimpse of images that illustrated what he had told me.

Yet the chaos was an illusion too. It was a place in lockdown. His thoughts and emotions were nowhere to be seen or felt, with only one exception: his exuberance at a scene he clearly loved very dearly. It was intoxicating and I drank it in as it warmed me from my head down, brightening the shadows in my own mind and dissolving the weight that was always trying to crush me.

It couldn't last. I felt him come to the end of my last dream, which reeled along in my mind in my distraction and knew I would have to withdraw – it would be rude not to.

Opening my eyes I found his body mirroring my own

position: very upright, arms stiff and gripping the coffee table (mine gripped the edge of the sofa), eyes blinking rapidly to adjust to the real light.

'You saw the London Bloodbath,' he muttered in disbelief. 'In hindsight?'

I shook my head slightly. 'No, minutes before it happened,' I replied, just as quietly.

He ran a hand down the back of his hair again. '*Miarba*,' he swore, then froze, his hand stiffening at the top of his neck and his eyes bulging. 'I am so sorry! I never usually curse.' He averted his eyes as his arm gradually slid down and flopped into his lap. His gaze followed it and he laughed nervously. 'Honest,' he added, his eyes suddenly bouncing back up to me.

Maybe I was still tipsy on his vitality, because I felt my cheeks warm. *That's cute. That is very cute.* 'I believe you.' I paused. 'But you can't tell anyone about my dreams. Please. I have the right to privacy.' The insistence in my voice against the backdrop of the heavy rain and thunder sounded pitiful and I wouldn't be surprised if he simply refused what should have been a demand.

'I'll try, duchess.' He reached up and un-tucked my hair from where I had lodged it behind my ear again. 'But you know if Violet Lee or any—'

All of a sudden he jumped up and I whipped around in my seat as the door banged shut, wildly blushing at the fact I had *actually run* from the room downstairs. Prince Alfie was standing in front of the frame and his cousin obviously recognized the look on the other's face – as did I. Their facial expressions were near identical.

'What's wrong?'

'More bad news I'm afraid,' the elder replied, rubbing the side of his head with his palm. Prince Fallon's lips parted and my stomach clenched as the weight dropped back onto me for the second time in minutes. 'Extermino again.'

My breathing halted, as all the sense of safety that had gradually begun to rebuild after their attack in the summer and the Atheneas' arrival evaporated.

CHAPTER EIGHTEEN

Autumn

'No. No way. Absolutely not.' The prince's voice rang down the hallway as I headed towards the morning room, where a very early breakfast was waiting. *6:45. I haven't been up this early in months.* I could hardly walk in a straight line I was so tired, and hadn't bothered to straighten my hair as I didn't have the energy to summon my magic. In short, I needed coffee, badly.

'You can't make me! I'm not a child any more, in case you haven't noticed.'

'Strictly speaking, you are a minor until January,' an unfamiliar voice – male, with a Canadian accent – said. I froze mid-step. I wasn't in any hurry to meet anybody outside of the family and Lady Elizabeth, and the incredulous tone of the other person told me he was no servant.

'Don't be pedantic.'

'Better punctilious than dead, don't you think?'

'Don't be melodramatic.'

'Fallon: your father, your uncle and aunt, my father and

I all think this is necessary for your safety. Does that not mean something to you?'

'No! I came here to avoid all of this!'

I closed my eyes with a resigned, noiseless sigh, before edging down the corridor towards the door, peering through the crack because it was ajar. Prince Fallon stood with his back to me, and I was alarmed to see he was still dressed in a loose T-shirt and sweat pants when we apparently had to leave in less than half an hour to get to school on time.

All of a sudden, I felt the rush of multiple consciouses slam against my own and begin to wrestle – violently and unrelentingly – with my barriers, until I felt the cooling embrace of Fallon's conscious. With that, the intruders pulled back slowly like retreating waves, dragging a disturbing amount of my energy with them.

I was left in no doubt as to the identity of the people attendant on the prince.

'Autumn,' he called, aloud. Gingerly, I stepped into the room. There was no point hiding the fact I had been just the other side of the door.

Hovering behind the prince I kept as close as I could to the table, laden with food and a large jug of coffee. Three men were dotted along the far wall, leaning against the ledge that ran the length of the window, dominating the room. A fourth stood perfectly upright amongst tall vases of flowers, dwarfed by his height. As I emerged on the other side of the prince, he unstuck and came forward, bowing with the other three.

'My lady,' he greeted me warmly, and to my utter surprise took my left hand in his own and kissed the finger where a ring would be placed. 'How beautiful you have grown to be.' As he straightened I blushed, less at his compliment and more at the fact he obviously knew me, whilst I did not know him.

But I did know what he was; what they all were. The Athan Cu'die. The royal bodyguard.

They are everything the Athenea need them to be. They are as happy in the foreground as they are in the background; they will deal with the pomp and circumstance and they will act as normally as any other member of the staff. All guards and military personnel, from a messenger to the lord high admiral are directly answerable to them and their leader, Adalwin. Most are born into the role; they train as children alongside their royal highnesses, because it fosters feudal loyalty. They would die for their charges, if called upon to do so.

I was spared the embarrassment of trying to reply by the Prince, who rounded on me. 'Autumn, you'll agree with me. This is all stupid, isn't it?'

I inwardly cringed, but I was not about to argue with the Athan Cu'die. 'I think,' I began, choosing my next words carefully, aware of how the prince's eyes were doing a very good imitation of a puppy's. 'That your highness' safety should be put above everything else.'

Big deal, Grandmother.

The prince narrowed his eyes, mouthing the word 'traitor' in my direction. But I had meant what I said. The reports of Extermino in the neighbouring county of Somerset had totally eclipsed the story about Violet Lee, which was old news in any case, thanks to the Vamperic king and his council's secrecy. And for that reason, I was determined to focus on the more pressing danger, rather than my own dismay at the discovery surrounding my dreams.

The man who had kissed my hand smirked. 'Don't be so modest, duchess. We are here for you too.'

'F-for me?'

'Yes. Which means, Fallon, if you refuse our protection, you also compromise the safety of our gracious lady of

England.' He turned and examined one of the flowers for a moment, glancing back with mischievous eyes and a lopsided, angular grin. 'I think that rather settles the matter, hmm?'

The prince made no argument as the four Athan left, instead glowering at them with the same communicative expression he had used to chastise his aunt when I had first arrived. The light was too glaring to be able to properly tell, but his eyes looked to have become very suddenly pale too.

Oh, it will be a big deal when you have dealings with the Athenea. Because when that happens, the Athan will become your shadow.

With a heavy sigh he joined me beside the table, frowning. I wrapped my arms around my waist protectively, knowing I had as good as forced the Athan on him.

'Help yourself,' he said as he reached for the sugar, gesturing to the table, which was smothered in every sort of breakfast food imaginable, and all vegan. I went straight for the coffee, drinking it black from a tiny tea cup.

'You didn't recognize him, did you?' he asked as he poured his own sugary cup of coffee. He didn't look up to see me shaking my head. 'That was Adalwin's son, Edmund.'

I placed the cup down on the table again because it clinked against the saucer as my hands shook slightly. I *did* indeed know who he was. 'Are you being serious?'

'Yup.' He popped the p and downed his drink. 'Apparently I'm the most high risk royal outside of Athenea's walls right now, so I get the best. Lucky me,' he added and though his tone was light, the slight shake of his head at the end told me he was far more bothered about this than he was letting on; as was I. 'They have been hanging around in the background for weeks . . . it was too dangerous for me to be alone, but it's just horrible when they are actually with you, like a shadow, all day, all night.'

'Sorry,' I mumbled, staring at his socks. My hair fell right around my face – it was practically uncontrollable when it was curly, unless I tucked it behind my ears, which is what I did.

'Don't be. Edmund was in Australia with me and knows how to twist my arm.' His feet moved and I looked up, seeing him reach for an orange. 'Excuse the teeth.' With that he bit down into the flesh of the fruit, tearing a strip of peel away and finishing the job with his hands. 'Aren't you going to eat?'

'I'm not really hungry.'

'You know,' he said between bites of an orange segment, his eyes fixed on where my hair was tucked, 'you are a very good liar, but I can hear your stomach growling.'

I cringed as it did exactly that. He swallowed another piece of orange, reaching out to pick up an apple and offer it to me. I shook my head. I wasn't hungry.

'Okay then . . . pain au chocolat? All girls love chocolate!'

I shrugged half-heartedly.

'Come on; fill up on vegan food whilst you can. Blueberry muffin? No? Toast then?'

I grimaced but gave him a small nod. He must have seen me glancing at the Marmite because he picked it up, examined the back where the ingredients were listed, scrunched up his nose and gave a bemused shake of his head, muttering something about Australian Vegemite as he slathered it on far too thickly for me. When he was done, he picked up the triangle of bread and offered to feed it to me; in a stupor I let him, clamping it between my teeth. A light wash of pink appeared on his cheeks, a backdrop to his russet scars.

'That . . . that really suits you, the blushing,' he said, tentatively reaching out to my cheeks. Instead, his hand froze and he grimaced, then wheeled around on his heel and ran out of the room before I could even thank him for the toast.

The garage doors were fully raised when I rounded the building, the only change in my appearance the addition of the school's V-neck jumper and my school bag. My weekend bag I had cast home. The prince, on the other hand, looked utterly different: he had changed out of his sweat pants into a pair of dark red jeans, the same colour as his scars, which bunched around the tops of his military-style black boots. With that he had paired his usual V-neck, off-white this time. He was ahead of me all the way from the front entrance, and it was only when he reached the tarmac of the drive that I realized I was staring. Thankfully, he was occupied by a group of men and women, dressed entirely in form-fitting clothes, complete with belts of multiple knives and *guns*, which made the dagger I had tucked into a holster beneath my skirt feel very inadequate. He didn't seem bothered by the weaponry, pulling one of the men and then a woman into guy hugs – the kind that involved the colliding of chests and pummelling of the back.

Edmund was clearly in charge and when he glanced at his watch, the three men from the morning room divided into a pair and a lone man, sliding into two sleek, nippy-looking four door sports cars, entirely blacked-out and identical apart from the number plates. Edmund also got into the second car, forming another pair.

Prince Alfie and Lady Elizabeth, heading somewhere 'secluded' near Dartmouth, had offered us a lift to school, and were already sitting in the front seats of Alfie's poor excuse for an off-roader: a convertible jeep imitation with lowered suspension. Even with all the doors and windows closed, I could hear Lady Elizabeth calling it a 'hairdresser's car' and her boyfriend resolutely defending 'Jemima'.

When we got in the back, Prince Alfie didn't start up the engine right away, instead studying the bodyguard's cars to the left and right of us and the group of what I could only assume were 'back-up' still standing on the drive.

He inhaled and the air hissed through his gritted teeth. 'Wow. Security's resources department must really love us right now,' he said in a kind of awed sigh.

Prince Fallon finished belting up and rested his forehead on the back of his cousin's headrest. 'This is such overkill. The biggest danger at Kable is a bunch of girls hitting on Edmund.'

I forced a smile with the others but I didn't agree with him. I would never, ever say it aloud, but I was glad the Athan would be with us. I could count the number of dark-beings living in the south west on two hands; the Extermino simply had no reason to be here, other than if they had got wind of the princes' presence.

The roar of the engines in the cramped garage was deafening, and I was glad when we sped out behind Edmund's car, and in front of the other. When I turned in my seat and looked over the roof of the other car to take a last look at Burrator – the name of their estate – I realized the back-up group had vanished. That didn't surprise me.

Studying the scene in the exact reverse of the way I had first viewed it, the white mansion retreating further and further away as we moved down the corridor of trees, I felt a sense of homesickness I could only associate with the times I had been forced to leave the majestic spires of St. Sapphire's to visit my parents. It was a happy place. A place full of magic and energy, which my lethargic mind drank up. Yet it was bittersweet, because I was uncomfortable with the possibility that I could be confusing bricks and mortar with a warm affection for the people who dwelled inside. And that was treasonous to the memory of my grandmother. Because they *did* know. And feeling affection for people purposefully keeping me in the dark was confusing.

The prince was watching me and when I caught his eyes, the one side of his lips upturned. 'There is always next weekend.'

I smiled weakly. There was no way I could miss more shifts down at the café, but was too embarrassed to say that in front of the other two and I wasn't ready to open my mind up to him again. Yet he lingered around my barriers and I think he understood, because his smile faltered and he went back to looking out of his window with a glum expression.

Either way, I imprinted the doll-house mansion on my mind, wishing to remember the place where I had discovered my grandmother's powerful legacy to me: the power to see the future. And whether I liked it or not, it was a part of her shadow no pretty meadow or prince could rid me of.

The journey to Kable seemed longer than it had on the way up, despite the fact Dartmouth was closer to school than Brixham. Perhaps that was because I was slightly dreading our arrival at school, since I had no idea what to expect. A convertible, four Sage and a flashy escort – not to mention the other Athan, who would occasionally appear and sprint along beside us – was hardly inconspicuous. At least it looked imposing.

I was surprised when we broke from the drizzle of the moor to find the roof folding back. The roads were empty so early in the morning, but I waited for Edmund or one of the others to tell Prince Alfie to close it. It remained open, and I could see why Lady Elizabeth had brought a scarf to wrap around her hair.

When we crossed the roundabout that marked the boundaries of the upper part of town I tried to flatten my hair a little but it sprang right back up into its usual full-bodied style. I was nervous about my appearance. I had never worn my hair natural and curly to school, apart from my first day when I had hastily thrown it into a ponytail. The same went for make-up. I felt naked without it.

Edmund clearly knew where he was going, because he indicated into Milton Lane. As Prince Alfie followed, I saw him briefly glance to the left, to where Townstal started. All three cars slowed down considerably as they crossed over the speed bumps and Prince Fallon looked ready to slide down off his seat into a puddle on the floor as students walking along the pavement gawked. The part of my stomach right below the waistband of my skirt clenched painfully as the school came into view. Two double-decker buses were idling whilst students disembarked at the stop, and a third was turning into the other end of the road. There were cars and mini-buses pulling in, and the pavements were covered in navy blue and white uniforms. We couldn't have arrived at a worse time.

The second escort car hovered and didn't follow us as we swung into the car park. I figured they had to remain with Prince Alfie and Lisbeth. Edmund, on the other hand, was reversing into one of the few remaining spaces and Prince Alfie took us right to the turning circle in front of the paved entrance.

Prince Fallon shifted to look at me and I could see that his expression had completely changed. No longer was he visibly embarrassed. That had been replaced with a smug smirk which wasn't matched by any twinkle in his eyes. I was beginning to feel guilty for not backing him up in the morning room. This was clearly paining him.

Crossing the car park was what looked like more than half the school moving en masse towards us and the prince very quickly hopped over the low side of the car without bothering to open the door, flitting in less than a second to my side. He didn't open my door either but reached in and grabbed my hand, pulling me up and supporting me as I placed my foot on the side and hopped down. I used my free hand to keep my skirt from flaring up. I grabbed my bag, but Lady Elizabeth stopped me before I could move any further.

'It's been really lovely meeting you. I'm going back home on Tuesday, but I'll be back in a couple of weeks so come up to Burrator, okay? I need some girl company and I also need to get you calling me Lisbeth.' She winked at me and I smiled a little, sheepishly glancing down to the tarmac. 'And you look beautiful, Autumn. Don't fret.'

I wondered if she had seen me fussing over my appearance, but didn't have time to ask as the prince tugged on my arm. The students were splitting like ants around the small roundabout and spilling very quickly towards the multiple entrances created by the school blocks. Edmund and his counterpart, the former having thrown his driving gloves into the car and buttoned up his Athenean coat of arms-emblazoned jacket, were strolling towards us, seemingly paying no attention to the sprawl threatening to engulf them. I knew better.

'Have fun at school, kiddos!' Prince Alfie shouted over the sound of the engine in the voice he reserved for banter with his cousin.

'Everybody is looking,' I muttered faintly as the car started to pull away.

'They will do that. Act like nothing is happening,' the prince said, placing a hand on the small of my back and quickly guiding me into the entrance. Even the teachers, who appeared as one group from the staff room, were staring. I could see Mr. Sylaeia smirking amidst them.

'I don't think they are going to buy that one. I just got out of a car with you,' I hissed, having to lean even closer to him to ensure he heard over the chorus of footsteps, gossiping, and even wolf-whistles.

'The men in black don't help, either,' he added, tossing his gaze over his shoulder for a brief moment.

We had emerged from the tunnelled entrance into the covered area surrounding the quad, and I dived to the right of a pillar whilst he was forced to the left, breaking his contact with me. He didn't replace his hand.

In the quad, the students who had arrived early were mainly lounging on the benches, but perked up when we climbed the steps into the tarmac square, gawking at the two Athan flanking our shadows.

'You know, I once watched a film where everybody stares—'

'Yeah, I read those sparkly vampire books,' he interrupted and I cursed my lack of attention towards my barriers around my mind. He knew exactly what film I was on about.

'You actually read—'

'Of course,' he interrupted again in an even lower voice. His hand had returned to my back and was guiding me into the English block as I heard the main crowd thundering through the entrances. 'I thought I could find some good material to insult Kaspar Varn with.'

'Any success?'

'Some. But really I just wish the Varns were as well behaved as vampires in those books. Then life,' he said, dropping his bag onto our usual desk in Mr. Sylaeia's room, 'would be lovely.'

Instead of sitting opposite me as he usually did in tutor time he came and sat down in the chair next to me, which would usually be Tammy's. I wasn't sure why, but it made me feel better about the impending arrival of the rest of the group.

Just as Edmund and his colleague had settled into place against the empty desk that clung to the wall, Mr. Sylaeia strode in, laptop bag over his shoulder, grinning from ear-to-ear.

'Morning,' he said brightly. 'Extermino?' he chirped breezily in the direction of the Athan, as though simply inquiring about the weather. He didn't seem at all surprised or ruffled by their presence at all, despite the fact I was pretty sure his mind would have been enduring severe harassment from the minute he stepped onto the block.

I saw Edmund frown but the prince beat him to it. 'How do you know about that?'

'My mother. Chief gossiper of London. She heard rumours so rung me up in the middle of the night to beg me to come to London for my safety.' He made a set of air quotes with his fingers as he finished his sentence off. 'That translates as parading a set of women in front of me so I can pick a wife before my half-Sagean blood makes me look the grand old age of thirty when I'm only thirty-six. The horror!' he finished, rolling his eyes and finding whatever he had been looking for in the bag throughout his rant. He came over with several sheets of paper covered in cursive handwriting. One set was written in blue ink, the other black – I recognized the latter as an essay of mine. He let them float down onto the desk. 'Better. Much better. Both of you. Perhaps I should arrange detention for you two again,' he chuckled. 'Your hair looks nice, Autumn,' he added and I felt myself flare red, weakly smiling and pretending to read over his comments on my essay.

Returning to his desk, he grabbed his tie from his bag and began winding it around his neck, tying a loose knot with it. He looked such a contrast with the other adult Sage in the room, whose shirts were starched and crisp, fastened with gleaming cuff links and buttons, and completely and utterly not loose. 'And by the way, don't try the tea in the staff room. The milk isn't soy,' he advised the Athan as the first students arrived through the door. After that, his grin disappeared and he acted as though they weren't there, for which I was thankful.

There were clearly two questions on the lips of every single person who entered the room, but it wasn't until Gwen thundered in, flopped down into a chair opposite the prince and pointed at the two newest additions to the tutor group, that anyone was brave enough to voice their curiosity.

'Who are they?' she demanded.

'My stalkers,' the prince replied in a disinterested voice, hiding behind his essay.

'I know who they are,' Christy proudly declared, pulling up a fourth chair at the table as Tammy and Tee added a fifth and sixth. Everybody else sat up, intent. 'They're the royal bodyguard. They're with your lot in *all* the pictures.' With that she pulled out the latest edition of *Quaintrelle*, opened it up to a middle page and pointed to the prince's older brother and heir to the throne, who appeared to be lounging in the stern of a yacht, surrounded by bikini-clad women but utterly absorbed by a book. Sure enough, dotted amongst the hordes of attractive women were the Athan.

The prince briefly leant across me to appraise the picture, before returning to his essay, rolling his eyes. With a triumphant flick of her ponytail Christy began reading the accompanying text.

Gwen, on the other hand, caught my eye and waggled

her index finger in the direction of Edmund, and more precisely, his loosely curled hair, which was pushed back off his forehead. Bringing her hand up to cover one side of her mouth so nobody could read the words off her lips, she whispered – not so quietly – to me. 'He's *really* fit!'

I leaned forward to rest my elbows on the desk, lacing my fingers together. 'He's also five hundred years old.'

The other Athan snorted with laughter and then promptly tried to cover it up by clearing his throat. Gwen's mouth opened and closed a few times like a goldfish, before settling on a disappointed pout. Poor Edmund kept staring dead ahead, his face utterly expressionless.

'You owe me fifty dollars, Richard,' the prince said, addressing the second man in the same bored voice but when I leant back in my seat I could see he was smirking behind the pages.

He actually bet on someone hitting on Edmund? I couldn't help but grin too at that thought.

Perhaps I was grinning too much because when I looked up, Christy, Gwen and Tammy were all looking at me with wide, curious eyes and Gwen's wagging finger was now directed at the space between the Prince and me.

'So,' Christy mouthed. 'You two?' Her eyebrows raised and she flicked her ponytail again.

I just frowned at them all and shook my head.

Tammy feigned being insulted and then tried again. 'Why are they here?' she mouthed, jolting her head towards Edmund and Richard. I shook my head again. I wasn't going to give them the answer to that. It would only cause panic.

Gwen, utterly thrilled by this turn of events and its entertainment potential started making very crude gestures with her hands, exactly like those she had used on Tammy on the first day back at school. Christy, sympathetic or sensible,

I didn't know which, rolled up her magazine and swatted at Gwen's hands. Gwen, disgruntled, snatched the magazine and threw it back at Christy. It landed open in front of her.

Before I could see what the picture was of the prince had snatched it up, smoothing it back down in front of us. I had to suppress a gasp when I read the headline. It was about Violet Lee and the Vamperic Autumnal Equinox ball.

He was scanning the left page, so I scanned the right. I knew exactly what he was looking for and couldn't breathe until I had finished all three columns. There was an abundance of information about her dress, whom she had danced with, insider 'impressions' of her character, but nothing about the Crimson family or what had been inflicted upon her. The gag orders were working just as well for the Varns as they were for the Athenea.

'Ugh! Why are you reading that?' Valerie Danvers asked from the next table with a wrinkled nose. She looked straight at the prince – she had settled on ignoring my existence since our little 'incident'. 'Sage like you don't care about humans like Violet Lee. You just let humans die, like what *she* does,' she sneered, jabbing her finger towards me – *I spoke too soon. I exist again.*

A lump formed in my throat as everybody turned in their seats towards her and the prince slowly slid the magazine back across the desk.

'Apologies, Valerie, I didn't realize you were the paragon of compassion and care,' Fallon said loudly so the whole class could hear. People laughed, cruelly. Mr. Sylaeia, who had half-opened the door in preparation to send her out, closed it again.

'Whatever,' she snapped, picking up an actual book and covering her face with it to read. I glanced back at the prince who hadn't moved his penetrating gaze away from her.

When Mr. Sylaeia turned his back, he leaned across the gap between the tables. 'Insult her again and I'll forget that I care about humans,' he threatened in a low voice. Valerie looked like she wanted to spit in his face but huffed and hid behind her book.

When everyone had recovered, Christy returned to *Quaintrelle* and also seemed to be in a mood to discuss dimensional politics – a lot of Kable's girls had found a sudden calling to the subject recently. After a while, the topic inevitably moved back to Violet Lee.

'I don't know why she needs all this pity,' Christy said, fingering the outline of a sketched version of Violet's dress. 'I get that if you didn't know about dark-beings, seeing thirty men get killed would be a shock, but the rest of us humans got over it. They were slayers, so who cares? Bit selfish doing a damsel in distress, if you ask me. Just turn already.'

I averted my gaze away from the table. Up until the previous day, I would have largely agreed with Christy's summary. It *was* being dragged out and people were tiring of it. The horrible thing was it was probably better for people to feel apathy towards the Varn's hostage, rather than any united human front of support. That was the last thing we needed.

But now . . . now that I knew I had been sharing in Violet Lee's shame through the medium of my dreams, I just couldn't bring myself to reply. She didn't need any more pitying; she *was* a pitiful enough creature already.

I felt a light pressure on my elbow beneath the edge of the desk. I didn't need to look to know who it was and let his hand rest there for the remainder of tutor. When the bell rang, I experienced the same sensation of disappointment I had felt leaving Burrator.

As the prince packed up his things I was surprised to see Richard, not Edmund, stir and prepare to leave with him.

The prince didn't question it and I didn't think it would be appropriate for me to either in front of the others.

As I was unpacking my things for GCSE English – in other words, Mr. Sylaeia's book on misogyny to finish up because I was far ahead of the rest of the class – the prince crossed behind me and placed a hand on my shoulder. He pulled a much wider, much more pronounced version of his mischievous smile, which made dimples appear on his cheeks. He said something in Sagean to me, winked, and then strolled out of the room.

Christy twisted in her seat to watch him go, blowing air through pursed lips to produce a low, appreciative whistle in his wake. I watched him go too, and would have kept staring at the open door if a face hadn't suddenly appeared level with mine. There was the slam of a bag on the table in the now free space but I didn't dare look.

'You slept with him, didn't you?' Gwen growled, half-getting up on the table by placing a knee on the desk.

I hastily slid back in my chair. 'What? No!'

She slammed her palm against the wood; if my hands had not been clenching the chair very tightly her long, glossy hair would probably have been cinders – sparks were tripping on my fingers.

'Damn! I wanted to know how big his dick is.' She got down and slumped into her chair, folding her arms. 'Tell me when you find out. I think you've got a way better chance of sucking on it than we do.'

'Quit it, Gwen. Autumn's not stupid enough to do that,' Tammy said, coming to my rescue. I extended one side of my mouth in a shy smile of gratitude.

'But c'mon, Autumn, put us out of our misery!' Christy demanded. 'What were you doing getting out of the same car as Prince Fallon then? With someone who looked like

Prince Alfred driving?' She added emphasis both times she
said the prince's names.

I looked to Edmund for permission. His face was no longer
composed and I could see his lips fighting the urge to smile
– I don't know how he was maintaining control listening to
this kind of conversation. Catching my eye, he gave a small
nod.

'He is living with the duke and duchess of Victoria because
they have property here. As I'm the premier nobleperson in
the country, it was my duty to welcome them. So they
invited me to stay for the weekend.'

Gwen jumped up in her chair and screamed, then swore,
turning the heads of the whole class so they were listening.
Mr. Sylaeia made no move to regain order. I think it was
his way of telling me he had been right. 'You stayed with
him? *All* weekend?'

'Yes.'

'You had him all to yourself. I am so, so jel!' She sighed,
dropping back into her chair. 'He is just so gorgeous, and
rich, and—'

'The most famous person on the planet—'

'And intelligent—'

'I can't believe we spend fifteen minutes of every day
with him!'

'And gentlemanly—'

'He surfed in Australia!'

'And rich, and famous—'

'And he had that hottie, Amanda, on his arm for years—'

'And I bet his dick is like nine inches—'

'If you have all finished listing His Highness' attributes, I
think the duchess would like to bask in her admirable
dignity,' Edmund interrupted, silencing the room with his
steely tones. A few people gasped. Others shrank back down

into their seats. Gwen and Christy bit their lips to suppress their giggles, whereas Tammy paled. Even Mr. Sylaeia raised his eyebrows at me when I glanced his way. Unperturbed, however, he picked up his pen and bounced on his heels as he always did when something especially boring was coming our way.

'Good call,' he praised, nodding in Edmund's direction. 'If you ever get sick of kicking anti-Athenean backside, consider a career as a teacher.'

The whole class laughed. Even Edmund cracked a very small smile.

Once the last chuckle had died down the lesson properly began and I opened my book, finding my page in the very last chapter. I was hoping to return it that day and so scanned the text quickly, making sparse notes on anything that might help my A level. I had read two pages when there was a tap on my arm.

It was Tammy. 'What did he say to you in Sagean before he left?' she whispered.

'Oh,' I breathed, looking back down at my page to hide my smile. 'He said maple syrup.'

Before she could question the meaning of that the fire bell rang. Above its continuous, shrill cry, a few students whooped and cheered. Mr. Sylaeia frowned, flipping his teacher planner open. His expression darkened before he began barking instructions.

I had no need to listen to them as I found Edmund at my side, stiff and hoisting me up. I went to grab my books and bag but he instructed me to leave everything. One look at his face told me to obey.

This was no drill.

CHAPTER NINETEEN

Autumn

'Edmund! Edmund, where are you going?' I dug my heels in and attempted to halt him but it was useless. He had a firm grip on me and I just tripped over my own feet. 'Edmund, I have to register!'

The bell was still ringing, it was all I could hear, and the quad had become eerily empty. The rest of the class had disappeared around the block and onto the tennis courts, which was the rendezvous point where everybody had to be accounted for.

'No, you do not. I have a bad feeling about this. We're leaving.'

I had other ideas. By hooking my foot around a nearby picnic bench, I was able to wrench free of his grip, very nearly ending up on the ground in the process. He only just caught me, but I quickly broke contact again.

'If I don't register they will send out a search party and somebody might get hurt!'

He glared. 'When I said 'gracious lady' I wasn't suggesting

that you were canonized! Less saint, more moving, if you will.'

I started moving, but in the opposite direction to him, heading for the earthy red banks to cut through to the tennis courts.

'My lady, you can't walk away!'

I stuck a hand out and waved him off, continuing. 'Yes, I can. My surname isn't House of Athenea.' As I climbed the worn, makeshift steps, carved out by multiple feet over many years, I heard footsteps behind me.

'They told me you had grown to be milder in your absence and I was beginning to believe it. But you are just as stubborn as I remember you. A true Al-Summers.'

His voice chased my back and I folded my arms across my chest, marching along the path until I decided how to reply. 'I don't remember you.' I didn't entirely consciously choose to say that, and didn't mean it to come out so bluntly.

He never replied, and we were soon slipping through a side gate into the enclosed paddock, fenced in on all four sides. There was complete chaos. People were struggling to find their tutor groups, and judging by the way Tammy, Tee, Gwen and Christy were all standing together, weren't making much effort to do so either.

The prince was easy to spot beside Richard's bulk. 'Dragged Edmund to register too, eh?'

I nodded. 'What's going on?'

'Everybody is saying someone hit one of the glass alarms. I don't sense any fire and fire is my best element, so I guess they're right.' He shrugged; wandering to the front of the line as Mr. Sylaeia demanded we get in alphabetical order. I stepped in front of him. Edmund and Richard, despite the statement about the lack of fire, still looked very uneasy.

Mr. Sylaeia scooted down the line and ticked everybody's name off, handing the register to the secretary who was moving from tutor to tutor. At the far end, beside the dismantled basketball post, the headmaster was struggling with a megaphone, until it eventually screeched into life.

I stopped listening as soon as I realized he was going to lecture us on how setting the alarms off was unacceptable and dangerous. It had happened more times than I cared to count the previous year, so his choice words clearly had no impact. The rest of the school seemed to have the same thought, as a dull murmur rose to a crescendo right over the top of him as people speculated as to who the culprit could be.

A breeze was beginning to pick up, stirring my hair from behind my ears. But it wasn't coming from the direction of the river or the sea. It was moving across the gently sloping fields, and somehow penetrating the trees that stood on the banks surrounding us.

I unfolded my arms slowly. 'If there is no fire, then what is that?' I muttered.

The prince looked up. 'Lords of Earth,' he breathed.

Other people were noticing it too, and the noise level began to drop.

Floating towards us was what looked like light sea mist, aside from the fact it carried debris from the trees. It clung to the still-dewy ground, barely rising fifteen feet. And with the wind that dragged it along came magic. Cold, moist magic.

I looked at the prince. The prince looked at me. Edmund glared at both of us. Before anybody could say anything an arm had wrapped itself around my shoulders and was guiding me towards the exit of the paddock. I tried to shake it off, but Edmund anticipated it this time and had a stronger grip.

The prince, on the other hand, compliantly trotted along beside Richard.

I threw myself up against his barriers and he didn't hesitate to let me in. This time there were no scenic hills, just a vast, black space filled with boxes. I focused on shutting down our line of communication so that neither Athan would hear, and then exploded.

'You're kidding me, right? You're just going to run away and leave everybody unprotected?'

'What can we do? That is magic and it's not any of us. They are in the area, Autumn! It's not safe!'

'Your Highness, I am a guardian of this school. Are you?'

I tilted my head and examined him across the front of Edmund. I was treated with his wide-eyed communicative expression, before he tilted his head and relented.

'Okay, okay, I get it. Just please don't do anything stupid.'

I wasn't going to make a promise. *'On three.'*

When I got to two I slumped as though my knees had buckled from beneath me, ducking under Edmund's arm. He dropped down to try and snatch me, but I was gone and his hand only closed around air. People were screaming now, and I dived between them, knowing it would lessen the chances of either Athan casting a spell. The prince did the same; when we reached the fence he leapt up and grabbed its top, hoisting himself up and dropping over the other side out of the paddock. I jumped up and landed on the edge, joining him on the ground. All the gates in and out of the courts had already slammed shut on us – Edmund was trying to trap us inside.

Up until that point, the cloud had moved only as fast as the wind could carry it. I had counted on that to be able to skirt its perimeter, because there was no way I was throwing myself, or the prince, into it – I had no idea what it was, or what kind of magic had created it. Even so, it was what it concealed that I was more worried about. Yet as we stepped onto the grass, it suddenly hurtled towards us, and before I could even scream or scramble back it had swallowed me up whole.

I felt skin brush my hand and heard somebody yell my name but that was it. All I could feel was dampness and all I could see was white. I did a half-turn and looked back; I should not have been more than a few metres from the courts and took a few steps in that direction. After twenty, it was evident I was going the wrong way.

I went left. I went right. I tried straight on, sure I must be headed in the direction of the school, or the banks, or something solid and recognizable, but hit nothing. The inevitable pounding of panic in my chest began. I started running but only succeeded in stirring the mist around my feet, which left me unsure of whether I was even treading on grass any longer. When I went to crouch to see, I felt dizzy and couldn't understand why my hand wasn't hitting the ground.

There were no consciouses, not even those of the humans, within my reach, and a dull, far away thought in the mist somewhere considered the possibility that the prince had left the dimension, or was dead, because conciouses did not just go that quickly. They did not just snuff out. They faded.

'Your Highness?' I whispered. The sound was completely lost. 'Edmund?' I whirled around, grabbing fistfuls of moist air, which mingled with the tears that were now falling down my face. 'Fallon?' There was still no answer.

'Fallon!' I screamed out of desperation, closing my eyes because the dark was better than the blankness. 'Fallon!'

Then came a reply. But it wasn't in Sagean. It wasn't even in a Canadian accent. It was stunted, and artificial. And it made my blood run cold.

'She is here. Find her.'

Fire sprung to life in the palms of my hands and I briefly put up a shield around myself, but then let it fade again as the mist around me steamed and evaporated away because of the heat. Abruptly, my dull thoughts sharpened and my heart rate slowed, as grass behind and in front of me came into view. I quenched the fire and didn't attempt to shield again, shocked at how foolishly close I had come to being found – igniting that sort of energy was like turning myself into a beacon.

'And how do you suggest we do that? Your damn hex is affecting us too!' That accent was regional from the southwest of England. I tried to place the direction the sounds were coming from, but they came from everywhere.

There was no reply and I wondered if they had moved away from me; either way I stood stock still, hardly daring to move in case I made a sound. In contrast, my mind was attempting to scour away the haze to find something, anything, from my lessons on hexes, because I knew what this cloud was, I just couldn't name it and I couldn't defend against it, because my mind was still too sluggish.

'Giles!'

'Abria?'

'Giles, where are you?'

'I don't know! I'm injured, the Athan are here!'

The accents were mingling into one now, though I thought I heard something eastern European. It didn't matter. I couldn't think. The mist was seeping into the air I was inhaling again and though I filled my lungs with as shallow breaths, I could feel my heartbeat pulsing erratically and my eyes falling shut.

'Fallon! Where are you?' The cry was out of my mouth though I had never chosen to say anything because my mouth was working independently of my head. The mist had spoken for me, because it drew them closer to where I was frozen.

'Autumn! Are you hurt?'

'Fallon! It's the Extermino! They're near me!'

'Autumn? Are you there? Say something!'

He couldn't hear me, yet I could continue to hear his yelps for me, or Edmund, or Richard. None were returned.

'Galdur! I hear the girl. She must be near. Galdur?'

'Edmund!' The accent was Canadian, and I finally opened my eyes to the mist with the hope the sound brought.

'Alya, we can't fight it! Alya, do you understand? Don't fight it!' It was Edmund, speaking in Sagean, and it gave me the strength to light a fire, no more than the size of a flame on the end of a matchstick, to hold in front of my nose and mouth. I let it burn for a few seconds, took a long gulp of clean air, and then extinguished it.

'Edmund, I can't hear you!' said the same woman, and it was shortly followed by Richard, as calm and controlled as his counterpart, repeating the other man's instructions. The Athan's message must have spread, because before I was even close to needing another mouthful of air there were several screams.

'Galdur's dead!' the man with the local accent yelled. 'Sif, Tomas, help me out here! Abria, stay with Giles!'

I very quickly lit a second flame and took another gulp of fresh air, unable to judge distance from the voices, but unnerved by the movement of the mist in front of me. I relied on no sense, element, magic or consciouses but I could tell someone was close; very close.

Again, I did not dare shield and absurdly chose to rely on the mist to act as my first line of defence – it was clear the Extermino were no better off trapped within their own hex than we were. My hand, instead, clasped around the dagger below my skirt.

He appeared out of nowhere closer than seemed logically possible; I even saw his stunned expression as he trod on one of my feet. There was no time to comprehend another plan, and so I chose the curse I knew would keep me safest.

'*Mortalitis Sev!*' Die willingly.

The magic released itself as soon as I uttered the first syllable and had racked his body by the time I uttered the last. He slumped forward into me and I took the opportunity to plunge my knife into his stomach and twist as I heaved him back, cradling him as much as my strength would allow so the knife could do its work. I had never cast a death curse – it wasn't ever taught – and knew only the theory. I couldn't be sure it had worked. I wanted him dead: I wanted him dead so I could take revenge for the innocent human life the Extermino had taken weeks before on the harbour.

When he was on the ground I rolled his eyelids down, asked fate to carry him on whichever path it wished after death and then just looked at him. In death, my grandmother's auburn scars had glowed brighter, and for a very long time, I had thought she was maybe asleep. Sleeping on the floor of the parlour, and then sleeping in her glass casket as she lay in state, and then sleeping as she was interred in the Athenean cathedral. Whoever had killed her had been taught the death curse. They had done a perfect job. I had botched it on him. His grey, Extermino scars were shrivelling up, because blood was flowing freely from his stomach where I had extracted my dagger.

Somebody else was coming and I got ready again. *I will do it better this time. I will make you proud, Grandmother.* But I didn't do it again, because when that person appeared I knew I could not kill him.

His scars were grey. He was a Sagean Extermino. There was no doubt about that. But his shaggy hair; the heavy, deep, Devonshire accent I had repeatedly heard; the expression of his I recognized from when he had asked what was wrong with working in a café . . . they were human. They were very, very human.

'Nathan?' I breathed.

The man didn't look up or show any sign of recognition. But he didn't attack me either. Instead, he busied himself with his work, slipping his arms under the man's legs and neck, hoisting the corpse up. The whole time he eyed my dagger, though he didn't seem too concerned about it.

When he stood up, he met my eyes. It was brief; it was silent, but I knew he was answering. It was a mournful moment, yet it had nothing to do with the dead body in his arms. He didn't show any sign of affection towards his dead comrade.

Nathan is an Extermino.

I felt the pull of raw energy hurtling towards us and had to step forward as it tugged on the magic in my blood. The borders between dimensions were open, and Nathan was about to cross them. Succumbing, the pair disappeared. I followed him in my mind. He would arrive, almost instantaneously in another dimension, and then he would cross back to this one, ending up in Iceland, or wherever the Extermino had chosen to base him. Dimension hopping. Not outlawed, but frowned upon. The thin veils of energy that hung between the parallel worlds were under enough tension just from people just crossing from one dimension to another in the same location; they didn't need to be modes of transportarion between different places too.

That was all so clear in my mind. What I had just seen wasn't. The thought of what it meant, irrelevant. Perhaps it was the mist.

I can't think. I don't want to think.

Like the instinct that had told me the two men were approaching, an instinct told me I was now safe – until I felt an intense burning, growing ever hotter. I knew what to do, and what was coming. Casting a flame between my palms I burnt away the surrounding mist to create a cushion of air, protecting myself as fire ripped away at the hex, leaving everything else untouched.

The roar subsided and the fire was dragged away to my left at Edmund's will as he directed it with his fingers from the other side of the field. I blinked a few times. The scene he had cleared for us was not what I had been expecting. Edmund, whose voice had seemed so sharp and so clear, was standing just outside of the tennis courts, as though he had barely moved. The prince, who had seemed distant, was only about fifteen feet to my left. The other Athan had disappeared. I was pinned in a corner at the apex of two banks, and was in fact standing halfway up one of them. Taking in my feet, which sloped with the bank, a wave of dizziness hit me. I dropped down and crossed my legs, waiting to be collected as I didn't feel capable of anything else.

As soon as he had completed his task, Edmund rushed over and was with us in a second. He charmed into his hands a glass with a rubber-lined lid and clamps and scooped up the last few wisps of the mist that he had left floating near us. Screwing and clamping the glass shut he burnt away the remainder.

'What *was* that?' the prince asked, shakily walking over and dropping down at the foot of the bank below me. He looked as exhausted and disoriented as I was.

'You learnt about block hexes at your Sagean schools, didn't you?' Edmund asked. We both nodded. 'Well, that was one, mixed with some sort of air and water hex. But we are trained against those. It shouldn't faze us. That, therefore, was something new. And we need to find out what.'

The prince's head dropped into his hands, and his hands onto his bent knees. 'We're in so much trouble, aren't we?'

Edmund, eyeing me rather than his young royal charge, narrowed his eyes. 'As soon as I know it's safe, I am going to make you wish you had never been born.'

I shrugged my shoulders, beginning to slide down the bank without getting up. 'Guarding young human life is one of the main clauses of the Terra Treaties, so I don't— *miarba*!'

I dived for my leg, clutching the outer part of my thigh just above my knee as something ripped through the skin. It was like being cut open by a very, very large thorn. When I looked down to the ground, I realized that was almost exactly what had happened, because lying in the long tufts of grass was a stake. It was a dumpy thing, no more than a foot long, and tapered from the thickness of my fist to a shard that looked like it could be snapped off. It couldn't. My heavily bleeding leg was proof of that.

Edmund was at my side the moment I gasped in pain. The prince ran up too. They both swore when they saw the cause of my injury.

'A slayer's stake? That . . . that is all we need. Great,' the prince neatly summarized in a dry tone. 'The slayers in league with the Extermino. Today has sucked!' He threw his arms up in frustration.

Edmund, ever practical, stooped down to examine the weapon. He cast a spell along its length. 'Fallon, if you have finished being a drama queen, the duchess is bleeding.' He looked at me. 'The tip isn't poisoned or enchanted. You're very lucky; in their hurry to leave, it was probably just dropped rather than planted.'

The prince looked sheepish and offered me his shoulder

to hoist myself up on. Once I was up, the pain subsided substantially and I told them to let me walk on my own. Edmund was anxious to get off the field to the comparative safety of the main school buildings and moving under my own power was quicker than hopping.

Racing down the steps in Edmund's wake I could have groaned aloud as I realized practically the whole school had re-congregated in the quad. The headmaster had his mega-phone out and was attempting to calm the hordes, most of whom were very pale.

As everybody turned to watch us enter I shuffled to the right to hide behind Edmund's back. The prince shuffled to the left. Entering the ring of people, Edmund just kept going as I halted beside Tammy and the others, who stared very openly at me. I realized I was probably covered in blood, and not all of it my own. It wasn't exactly the perfect image to present considering what had happened.

Edmund marched on towards the English building, only to be halted mid-step by a fire-fighter in the doorway (which still hadn't been repaired from the night of the storm). The Athan clearly were not in the habit of stopping for other people, because Edmund went to side-step him. The fire-fighter mirrored him.

'Sir, you can't go in there quite yet.'

'Really?'

'Yes.'

'Okay,' Edmund chirped in an unnaturally agreeable voice. 'Out here will do.' Turning around he clapped his hands together and marched towards a bench. Just before he reached it he dismissively flicked his hand out to the side. From inside the building came a loud shriek of pain. I glared at him for clearly casting some kind of spell on the fire-fighter as he rounded on me.

'Pantyhose off.'

I closed my eyes briefly in exasperation. *The prince is right. Today sucks. It cannot possibly get any more embarrassing.* Nevertheless, though I had only 'met' (apparently) him the same day, I could tell Edmund's mood was murderous as promised and dragged my feet over to the bench.

'P-pardon?' the headmaster stuttered, catching the corner of his megaphone which gave an almighty screech. Mr. Sylaeia was nearby and answered him by simply pointing at my leg. Though my tights were reasonably opaque, they were stained even darker by the blood down my left, un-scarred leg.

I slid them down by tugging from below the tear. It was about the most painful way to do it as the blood had caked to the torn mesh and my skin, but also the only modest way.

Mr. Sylaeia hissed as soon as he saw my flesh. 'What did that?'

'This,' the prince said, coming forward with the stake in hand. The teacher's mouth dropped, but he motioned for the weapon. It was placed on the bench next to us. Edmund patted the closer bench and I climbed up, sitting on the table and resting my feet on the seat.

'I can heal it myself,' I said defiantly.

Everybody's attention was on Mr. Sylaeia and the prince and the stake they were examining now as Edmund washed my wound. 'I think you have cast enough complex magic for today, young lady,' he muttered, low enough so only I could hear. His gaze flicked up and he met my eyes. I inhaled. He bowed his head.

How did he know about that? He had been on the other side of the field!

He said no more on the subject and I had to be content to sit and grit my teeth as he worked on the wound, which wasn't as much of a clean cut as I had originally thought. It was painful as his magic stitched it together; I could feel every prick of a spark penetrating my skin and even worse was the knowledge his hands were so far up my leg in front of everybody. I wished he would let me do it myself. Or let the prince do it.

'It belonged to a member of the Pierre clan,' Mr. Sylaeia informed us, very wisely choosing not to use English. 'I minored in Sagean and Vamperic history,' he then added apologetically, as though he was immediately doubting his own statement. 'It's a long time since I studied it, so I can't be sure without looking up the crest on the handle.'

Edmund nodded. 'The style is Romanian, so I will take your word for it.'

I dragged my gaze away from the three men to stare at my knees. *The Pierre clan.* The very same clan who had murdered the late-Vamperic queen; the very same clan Kaspar Varn and his clique had wreaked revenge upon the night of the London Bloodbath. It shouldn't have surprised me that they had contact with the Extermino, and I supposed it didn't – the latter would be useful to the slayers in that they could get them across the borders between the dimensions. But I hadn't forgotten the Prince's words to me in my kitchen. Violet Lee's father was in league with the Pierre clan. Humans, slayer or not, were no real threat to the Vamperic kingdom. But other dark-beings? That was bad. That was really, really bad.

Out of the blue a woman leapt from the top of the hall building and landed within feet of Edmund. 'It's clear for half a mile in every direction. It seems they all crossed the borders.'

'Good. Get a full dome shield up. Nothing gets in, nothing gets out; not even the air,' Edmund replied, never taking his eyes off his work on my leg.

'What about the humans?' I asked.

'Not our problem. My job is to protect you. I don't care about them.'

The message must have been relayed because at that moment I felt a wall of intense magic pass right through me and on to my classmates whose eyes shot up to the sky – except the sky had disappeared. Instead the space above us was painted a watery mixture of grey and electric blue: a lid had been placed over the school, and with it came the same eerie drone of a siren that the lightning had triggered at Burrator. But this siren never went away.

True panic set in, greater than what I had briefly seen before the mist had engulfed me. People screamed and wailed; the light was artificial and tinted blue, and the air was thick with energy and hard to push from the lungs. Eventually, the oxygen would run out.

Richard dropped down, followed by another young woman who looked considerably younger than the other three. As she approached, Edmund's expression, permanently set into a frown since the incident with the fireman, softened.

'Are you all right?' he asked her in a low voice. Nobody outside our circle would hear it anyway; the groan of the shield was so loud.

'Shaken,' she answered.

He gave a small smile, running a finger down my virtually-healed leg to eliminate the red line and bruising. 'I told you the princes are always an eventful assignment.'

She didn't look shaken and inquired whether he had saved a sample of the mist – by the way they talked she sounded like an alchemist. All four seemed a lot more relaxed now the shield was up, and she moved away to examine the stake.

'My sister,' Edmund explained, watching her leave. 'You're

done. Try placing weight on it.' I slid down and experimentally leaned on my left leg. There was no pain, though my thigh felt numb. I told him so. He didn't seem concerned.

He didn't seem too concerned about the humans either, or the fact they didn't particularly like being trapped in a giant fish bowl. Only the prince had reacted in any way, going over to try and calm down the headmaster who was concerned first about the Athan jumping all over his buildings, and second about the dome. Mr. Sylaeia tackled the other teachers. The students were left to, well, *gawk*.

'Edmund, you can't leave the shield up all day. We'll suffocate,' I muttered, not entirely sure that in his zealous pursuit of safety that fact had actually registered.

'It won't be up all day. We're going.'

'Going where?'

'Back to Burrator.'

'Me too?'

'Of course.'

'I can't.'

He was preoccupied with the stake, casting it away, and was not looking at my expression. 'Of course you can. Your leg will be fine now.'

'I won't go.'

His gaze darted up and he began to advance towards me. I lost my nerve slightly, backing into the bench. 'My lady, we cannot guarantee that the school is safe without the shield, which as you rightly pointed out cannot be maintained,' he explained, so slowly it verged on patronizing. 'Send the humans home if you are concerned about them.'

'I want to go home,' I said shakily. It didn't sound like that was actually what I wanted. 'I won't leave my parents alone with the Extermino around.'

'You told me over the weekend that your parents were

in London until Thursday,' the prince called from behind the tree where the teachers were. He spoke in English, for which I heartily wanted to hex him. Suddenly, he was in front of me, the cherry blossoms settling in a circle around where my hands rested on the tabletop for support, as I arched away from them both. 'Why are you lying?'

He looked hurt, but I felt boxed in and could not look at anything except the bare tops of my feet after that. 'I just want to go home.'

'But you seemed so happy over the last few days.' Now his voice sounded hurt.

'I want to go home,' I repeated. *Is that so hard to understand?*

'My lady, perhaps you do not understand, but things are different now. You cannot just do what you want. It is not your choice anymore,' Edmund continued. He really was *very* tall. *Very* imposing.

'Yes it is!' I side-stepped along the bench, needing to escape the enclosure, but the prince was quicker and thrust his arm out, trapping me.

'The third fas. Loyalty to Athenea. I'm ordering you to come back with us.'

My lips parted. 'Are you being serious?'

'Deadly,' he murmured. The movement of his lips unwittingly drew my gaze towards them, and perhaps because my lips had parted, he was doing the same. He was so close his breath blew a few strands of my hair across my face. I wanted to brush them back, but there was no room between us to slide a hand. Instead, he did it for me, using the hand that had shut me in, but he did not tuck the wisps behind my ears as I always did. 'I don't want you in danger.'

'Really?'

'Really,' he confirmed, still not raising his voice above a whisper.

I kept watching his lips for another second then threw myself to the left, marching straight past the cherry blossom tree and its plaque to Kurt Holden, parting the crowd with ease.

'Okay, show is over folks, into the hall. We need to get you sent home.' I glanced back to see Mr. Sylaeia's instruction go ignored by the students, who stood stock still to let the prince pass in his pursuit of me.

'Autumn! Don't be like this.'

I tripped down the stairs and raced through the covered entrance we had treaded barely an hour before. 'Be like what, Your Highness?'

'I don't know . . . just don't throw a tantrum like you're a spoilt brat.'

I choked on my own words, glancing back again. He was keeping pace with me a few metres behind. Edmund followed at a distance. 'That . . . that is complete hypocrisy coming from the guy who would have happily ignored the fifth fas.' I held up five fingers and then thrust my arms out in frustration as I started to cross the car park. 'Strict adherence to the Terra Treaties, of which a major part is guardianship of human youth!'

I heard his hands slap against his sides. 'It's not that simple for me and you know it! And it shouldn't be for you either. You didn't even think twice about throwing yourself into the arms of the Extermino for a group of humans!'

I whirled around and lodged my hands just above my hips. 'Oh, and our lives are worth more than theirs, are they?'

He teetered to a stop just in front of me and ran a hand down the back of his head. 'That's not what I meant,' he sighed. I hummed, waiting for him to explain what he *did* mean. 'You are such an enigma,' he eventually said, cocking his head to one side. 'One week you impulsively try and blast Valerie Danvers from here to Vancouver and now you are more than happy to lay your life down for her.'

'I didn't just do it for her,' I mumbled.

'Don't be pedantic.'

'Don't be incorrigible.'

He let out a sudden short laugh. 'You are really quite cute when you're irritable.'

My mouth fell open yet again and I shrieked in displeasure, storming away towards the bus stop.

'Duchess,' he sang out. 'Where are you going? We are in a giant snow dome and you've left your bag behind.'

I glanced behind to see him biting on his lower lip as it quivered, his hands stuffed down into the pockets of his coloured jeans as he practically bounced along.

That is it! Taking a few running steps I leapt into the air. A shield there might be, but it stretched far beyond the perimeters of even the primary school, and I could still put distance between me and him.

'No, no, no! Don't do that!' he shouted after me and I felt his own magic lift him into the air, followed by a reprimand from Edmund.

It seemed logical to head in the direction of the river, but the shield only extended to the road on that side, and I would not get far. Instead, I again retraced our movement on the way in, using the other road out of Dartmouth as a guide. I wouldn't be able to get far, and he was a lot fitter than me and catching up; for an absurd moment, I considered dropping down and hiding out in the girls' changing room of the town's sports centre, the last large building within the shield. Either way, I was going to have to descend.

But as I passed the roundabout and was picking a spot where I could hit the ground running, a powerful curse hit me in the back. I would have screamed as it shunted me off course, but it had knocked the wind from my lungs. It wasn't enough to pluck me out of the air, yet as I discovered not a second later, it was enough for the prince to catch up and collide with me. His arms wound around my back and his momentum carried us right over the road and hedgerow and into the sports centre football field. Then the stem through which his magic flowed was clamped and we were freefalling; despite the pain clutching at my bottom rib I managed to scream, letting the sound taper off as we slowed on a cushion of air. Though he was clearly in control, I still glared at him as we came to a stop so close to the ground that my dangling hair raked the grass. He ignored me and lifted one of his hands from between my shoulder blades to cradle the back of my head, protecting it as he let us down the last foot. I came to a gentle rest, utterly flush to the ground whilst he straddled my hips.

When it became apparent he was quite comfortable there, I tried to roll over and throw him off. He was having none of that and grabbed my wrists, pinning them in one of his hands above my head.

'Your Highness, I demand you let me go!'

'You . . . demand?' he questioned slowly, raising an eyebrow and tilting his head slightly. He was using his mischievous smile; it was so potent, his dimples appeared again.

'Yes, I do!' I insisted. 'This breaches the Terra!'

'Correct. But I'll let you go as soon as I know you are going to come with us, and you are safe,' he retorted, springing up onto all fours and leaning over me. I was provided with an involuntary view of his chest: I could see his scars creasing his shirt, and where his ribs ended, and the way the material really made his muscles show up – pecs, Gwen always called them.

Abruptly, I squeezed my eyes shut and took a deep breath. His deodorant smelled different. Like chocolate.

As soon as I had recognized the scent, he was sitting up straight again, resting on my stomach, and with yet another shriek of frustration I realized what he had done. My arms were bound together not by his hand now, but by restraints, which also appeared around my ankles as I tried to summon my magic to destroy them. Nothing happened. My blood did not run hot, and the spells would not trip to the front of my mind.

'How dare you? That's degree level magic!'

He threw back his head and laughed, and then placed his hands on either side of my shoulders so his face was level with mine. He continued to chuckle.

'What?! I don't find this funny!'

'It's not! Honest,' he protested, clearing his face to appease me. 'But this is the Autumn Rose I remember from my childhood. It's good to see her—'

'Earlier you said I was having a tantrum! Are you insinuating that I was a spoilt child?'

He looked stumped and his lips moved wordlessly. 'I . . . oh . . . well . . . you were very . . . independent.' He nodded as though to reassure himself that was the most tactful response.

I was about to retort when somebody cleared their throat from beside us.

The prince grinned sheepishly. 'Hi Edmund!' With that he clambered off me, standing up.

The older man pointed at me. 'You . . . are . . .' He couldn't even finish that particular sentence. 'Cars will be here in two minutes. And you're staying at Burrator until it's safe. No arguments.'

I brought my tethered hands over my head and tried to

place them on the ground so I could get up. It didn't work. 'Well, in that case, you will have to go via my house as I need to collect some more clothes. No arguments.'

The prince bit back a snort of laughter.

Edmund didn't look so amused. 'Cast what you need.'

'I can't. I don't know where my spare uniform has been put, and plainly I need it.'

He grunted his reply and I took that as a yes, noticing, even with my limited field of view, that we were drawing a crowd at the field entrance – mainly employees from the sports centre, who were all looking up at the shield.

'At least help me up,' I told the Prince. He complied, taking my hands and pulling me into a sitting position. Apparently, I was not to be trusted to stand up, and he flopped down behind me and rested his back on mine so that I could sit comfortably. I drew my knees up and rested my bound hands on them.

'Hey, Duchess,' he said after a while.

'What?' I snapped.

'Are you going to start calling me Fallon now?'

I closed my eyes and sighed quietly. He had noted my lapse in the mist. 'Perhaps.'

He laughed again. *How can he be in such high spirits after everything that has happened, both over the weekend and in the last hour? In fact, how can I be so calm?*

True to Edmund's word, the cars were only minutes away and at the roar of the engines, I was afforded the privilege of being allowed to walk again. As soon as the door slammed behind me, the restraints around my arms disappeared, and outside, the dome faded. With its withering came rain. Hard, unforgiving rain.

CHAPTER TWENTY

Autumn

Somebody had clearly fought their way into the English block, as my bag was sitting on the floor of the car. I dove for my phone and had to suppress a groan of frustration when I realized the battery had died. So when we pulled up outside my house, I ran straight out before Edmund could even finish his sentence about being quick. He followed me in, leaving the driver to turn the car around.

'I know it's small,' I said the minute I got through the door. Edmund's eyes, which had been wandering, briefly met mine as I kicked my shoes off, and then went back to eyeing up every corner. I excused him in my mind on the grounds that eyeing things was his job.

Upstairs I plugged my phone in, threw my damp jumper in the wash and emptied my weekend bag out onto the bed, starting to throw fresh clothes and underwear into it. By the time I had returned from my hunt to find my other uniform, my phone was buzzing with message after message. There were four texts from Tammy alone, three from Tee and one each from Gwen and Christy; Jo had sent two short, stern emails demanding to know why I hadn't answered her novel of a message from Saturday. I quickly sent conciliatory replies to both Tee and Tammy, telling them I was going back to the prince's – *Fallon's* – place, and then sent a near identical one to my father. I didn't mention the Extermino. No doubt my mother would be annoyed at 'my' decision, but I needed to tell them so they didn't try ringing the landline.

When I was done, I took a deep breath, sinking onto the bed. I squeezed my eyes shut, and then opened the Facebook app. As soon as my news feed appeared I went straight to my friends list, and typed in 'Nathan Rile'. The three bars that indicated loading blinked on and off, on and off, on and off, and with every pause my hand tightened around the phone.

'No match has been found.'

'What?' I breathed at my phone. *Maybe he changed his profile name.* I tried Nate, and Nathaniel. I tried guessing his middle name. I checked the whole list, searching out all the surnames beginning with 'R'. I tried a regular search, in case he had deleted me. There was nothing. But it was only when I went to my profile and scrolled down to July, (where I knew he had posted a message wishing me a good summer in London) that I actually registered what had happened. The message was gone. And so was he.

'My lady, would it be possible to leave sometime in the next day?' Edmund snapped up the stairs.

'I'm coming!' I shouted back, looking one last time at the line between posts where Nathan's message should have been, then threw my phone and the charger into my school bag, and a few books and my toiletries into the larger bag. I would have to change when I got there.

Bolting down, I cast away the larger bag, locked the door behind us, and then cast my school bag with the keys in it into my room at Burrator. When I got back into the car the prince – *Fallon* – was fiddling with his own phone, though I doubted it was with Facebook. Royalty didn't have personal profiles, as my friends from Kable had found out when they had tried to Facebook him.

He saw me looking and handed the phone over. The screen was dominated by an article from *Arn Etas*, titled 'Suspected Lee–Pierre pact remains unconfirmed by Inter-Dimensional Council; human contingent refuses support to British government in second dimension'.

I scanned the article whilst we waited for Edmund, who was outside talking to Richard and his sister. It was much of the same with the humans. In each different country, in each different dimension, members would be elected to the Inter-Dimensional Council to form a single representative body for that country, regardless of dimension, and together, all the representatives formed the human contingent. They had the same voting weight as any other dark-being kingdom, despite being larger, but if they chose to throw their lot in with Michael Lee, one of the few humans of his dimension who knew about our existence (and only because of his position, because the ignorant humans didn't vote in his dimension), then we would be in trouble. Thankfully, none, not even the British contingent, had, because of his involve-ment with suspect groups like the slayers, and according to the article, rogue vampires.

'When did rumours about Pierre and Lee get out?' I asked Fallon.

'No idea. Old news now anyway,' he replied in my mind. *'We could have a Pierre–Extermino pact on our hands.'*

'Perhaps today was just a one-off,' I suggested, trying to be

uncharacteristically optimistic. He looked at me like my scars had gone bright blue. I grimaced and handed him his phone back. As he closed the app, I could see that the screen was topped with the words 'Fallon – Personal (Secure)'. I was reminded, quite suddenly, of his explanation of why he had come here: the quiet life.

I watched him tuck the phone into his pocket and Edmund get back into the car. He couldn't truly escape who he was.

I sighed, belting up, before leaning my head against the window. Fallon had withdrawn and I let Nathan emerge from his box in my mind. *Never mind a pact. How about the Extermino turning humans?* Stories of humans becoming Sage were so rare . . . it was dangerous. It was absurd.

I knew that at some point, I was going to have to tell them about that, but for now I was content to create a compelling argument to convince them – I wouldn't believe me if I hadn't seen it with my own eyes.

Closing those very eyes I found Nathan's face staring back. As I watched, vines crept across his face and settled as clawed fingers across his cheeks. They were not a work of art, like a true Sage's scars. They were poison ivy. He had been tainted. Tainted grey.

It was not an image I could shift, and even when I fell asleep, he would not leave me be.

I awoke when arms slid their way under the backs of my knees and my shoulders, and I felt a few drops of rain nestle themselves in my hair. I let my eyes flutter open only to close them again when I caught a glimpse of an off-white shirt and russet scars. I spent most of the journey inside trying to fake sleep and work out why I was fighting the urge to let my eyes go pink.

'What is going on? Alfie and Lisbeth came back early, they said something about Extermino . . . Lords of Earth, what happened to Autumn?!'

'Relax, Aunt, she's just asleep,' Fallon said. My head was resting on his shoulder in the hollow beneath his jaw, and I could feel the tension in his throat adjust as he spoke. It made something burn in my chest.

'You will have to wake her up. You need to tell us what happened,' I heard Prince Lorent say.

'Give me a minute then. And have some chamomile tea ordered. Trust me, we need it.' The footsteps retreated and I heard a door open and close, before I was placed on a chair. He sank down into the cushions beside me.

'Autumn, I'm sorry, but it's time to wake up.'

Then move me off your shoulder, I thought. Nevertheless, I wriggled a little, opened my eyes and slowly sat up, taking in our surroundings. We were on the sofa in the drawing room, which was empty. No fire had been lit and the room was still and cold, and the gentle tapping of rain on the windows, the ledges of which very nearly brushed the floor, didn't help to warm the place up.

'Hey there,' Fallon said, placing a hand on my shoulder. I looked at him, bleary eyed. 'Sweet dreams?'

'No. Not particularly.'

He removed his hand. 'Did you have a vision?'

I shook my head and flattened the bloody pleats of my skirt. Thankfully, none of the blood had passed any higher than the hem of my blouse, so nobody had questioned how it had got there. It just looked like it was from my leg.

'You can get changed once we have explained what happened. My father . . .' he waved his hand. 'I mean, the king, will need to know about this.'

I nodded. He leant back into the sofa and closed his eyes,

ignoring the bustling as maids and manservants entered and the fire was lit and the tea poured. When Chatwin came over with the tea I thanked him and avoided eye contact, because I knew he kept glancing at my skirt. When he had gone, I eyed the liquid in the cup sceptically. It was golden and looked like something I would never drink.

'It's calming,' Fallon reassured. He seemed quite happy to take gulps of his, and no sugar had been added, so I took a few sips. I was nervous anyway. Anything that might help me explain about Nathan had to be a good thing. It tasted fruity, and reminded me of the herbal drinks my grandmother had brewed when I was a child to ward off my headaches.

Edmund entered and took a seat in one of the upright arm chairs nearer the fire, waving Chatwin over with what I was quickly realizing was characteristic arrogance. He too took a cup of the tea, downed it, and then sighed into the empty cup. He drank another when Chatwin brought it.

When the prince and princess entered, followed by Alfie and Lisbeth, that ego was eclipsed as he jumped up and bowed. I tried to do the same, but Fallon grabbed the side of my blouse and I got no further than placing my hands on the cushions to lift myself up. Edmund sat back down but nobody else seemed inclined to do the same.

'Well?' Prince Lorent said to Edmund. He was not happy. He was using the same tone of voice as when the news about Violet Lee had arrived.

'They used a hybrid of block and elemental hexes to conceal themselves. We never felt it coming until a mist appeared. When we consumed that mist,' he turned to look at me and everybody's eyes followed, 'we stood little chance. Thankfully, so did they. Whatever it was, it was new and extremely powerful.'

He emphasised the last sentence, clearly on the defensive

because what had happened had crushed his professional pride.

'Did you get a sample?'

Edmund looked a little more pleased with himself this time. 'Alya has already gone to test it.'

'How many were there?'

'Five,' Fallon answered.

'Six,' I modified.

'Eight,' Edmund corrected. I jolted my head back down to stare at my lap. *If I had known there were that many, I never would have gone near that mist.* 'Two fatalities, one injury, on their part.' I looked straight back up again, practically begging Edmund with my eyes not to elaborate. I *couldn't* have them knowing I had done that. 'But two were human.' I breathed a sigh of relief. 'And it appears that they were not only human, but slayers. A Giles and Abria of the Pierre clan. Richard is trying to profile them now.'

Alfie's lower lip curled slightly as his jaw dropped. 'Slayers. As in, the Pierre clan . . . with Michael Lee . . . slayers?'

His mother was more direct. 'What on earth gives you that idea?'

'This,' Edmund said, and cast the stake into his hands. Everybody gasped. 'Autumn, found it, shall we say, when it cut into her leg after they had crossed the borders. Hence the blood.' He pointed at me and I nodded.

He took it over to the table and each person examined it in turn. My heels began to bounce with nerves. The tea hadn't worked.

Prince Lorent ran a hand down his face and turned to his wife. 'I don't think we can delay speaking with Ll'iriad.'

'To Athenea it is.' She sighed, picking up the stake. 'Don't go far Edmund; he may want to see you too.'

The man bowed and Fallon went to stand up too. I

squeezed my eyes shut and took a deep breath, letting it go with a rush of words. 'There is something else!'

'Oh?' Prince Lorent tilted his head. Edmund caught my eye and shook his head slightly. I ignored him. I was not going to say what he thought I was.

I closed my eyes. 'It sounds crazy, but I think I knew one of the Extermino.'

'Knew one?' When I opened my eyes again, Fallon's uncle was advancing on me and I dug my feet in to push myself back into the chair.

'Yes. I . . . when he was human.'

'Human?' he echoed, stopping. 'Duchess, what are you implying?' His tone was so accusatory that I couldn't look directly at him.

'I knew him from work, he was a waiter, and . . .' I trailed off, screwing my eyes tightly shut as I realized that—

'I may have . . . er . . . forgotten to mention your job,' Fallon filled in. He pursed his lips and chewed on them, running a hand down the back of his head.

'That's not of any consequence. Just carry on with what you have to say,' his aunt said impatiently.

Of course it's of consequence. It wounds your honour more than mine. Nevertheless, I continued. 'He stopped turning up about a week after you arrived at Kable.' I looked at Fallon. 'And then quit, without giving notice. I didn't think anything of it, but then he appeared right in front of me in the mist covered in their grey scars. He was so close I could have touched him. And he didn't attack me.'

'You were utterly defenceless against the block hex. You could have simply been confused,' Edmund offered, playing devil's advocate. But I could see it in his features that he believed me, and that he was genuinely worried.

'No! I'm sure!' I insisted. 'I checked his Facebook profile

just now. He's deactivated it. And he has a really unique voice. You heard a strong Devonshire accent in the mist, didn't you?' I pleaded to Fallon and Edmund.

'I did,' Fallon said, and Edmund nodded.

'If the Extermino have started turning humans, then a full investigation will be launched at the highest level. Are you completely and utterly sure of this?' Fallon's uncle demanded.

I was just short of positive. 'Yes, I am.'

'What is his full name, and when was the last time you definitely saw him human?'

I turned to Edmund. 'Nathaniel Rile. The first Saturday of September.'

The Athan's next leader shifted his weight onto one foot, cupping his right elbow with his left hand, and resting the index finger of his right at the corner of his lips. He frowned at me. 'Presumably you had him as a friend on Facebook. Were you close?'

I blinked a few times and recoiled. 'No. We just worked together. I hardly even saw him over the summer.'

He shook his head and closed his eyes. 'Duchess, I'm sorry to have to ask you this, but when you were together, did he ever show interest in you? Flirt, perhaps?'

I blushed very deeply and felt my lips part of their own accord into a small 'o'. 'I wouldn't know.'

'Did he say or do anything that ever made you uncomfortable or wary?'

I fiddled with my hands in my lap. This was all turning out far worse than I had imagined it would if they had decided to believe me. 'He found out that another Sagean family had moved to the area. One of high status.' I didn't plan on mentioning I had as good as told him that. 'And I guess you could say he hunted down my title online.' I looked up. 'I never told anyone I was a duchess before Fallon arrived. But you forgot to mention that too, didn't you?' I grimaced at the prince sitting next to me. He grimaced back.

My bodyguard-turned-interrogator hummed in response, then began drumming his fingers against the top of the chair he had sat in when he first entered.

'Edmund?'

He turned to the princess. 'The Extermino have deliberately chosen someone close to the duchess. If she is indeed correct and this Nathaniel has been turned, then it would logically follow that he had a motive in wanting to become a Sage. It is inconceivable that any human could survive a Sagean turning unless he truly has the will to do so. He was not forced, I can tell you that.'

Fallon and Alfie were both staring at me. 'You think the duchess *was* his motive?' the former asked.

'It's a possibility.'

'And the Extermino's motive in turning him?'

Edmund gave the two young princes a pointed look, and the elder occupants of the room frowned with worry.

I examined Prince Alfie, then the youngest prince, having lost track of the conversation at their vague exchange. 'But surely, by picking someone near to me, they knew they could get to you? I am so sorry. I know you were trying to get away from all this.' Yet again I found myself slumping towards my lap.

'You had no part in this. And life is nothing but for a little excitement,' Fallon's uncle consoled, though the tone of his voice was weary. 'Edmund, I would still like some sort of security set up around the duchess' home. Until that is in place, she will stay with us.'

My head popped up, but I knew better than to argue with Prince Lorent. Edmund had resumed using the glare I seemed to incite in him, but Fallon was fighting a smirk. I chose to ignore it, trying to block out the feeling of him on top of me because it was putting the tint of my eye in jeopardy.

The finer details of what had happened were discussed, and ideas of what kind of security we would now need bounced around, before things drifted off into a natural silence.

'We cannot delay any longer,' the princess hinted to her husband. He took a cup of tea, finished it, and then nodded.

'We will send an envoy when the king is ready to receive you, Edmund. And Fallon, you are to come with us.' The youngest prince tilted his head and I could hear a faint sigh of exasperation. His uncle finished by addressing the remaining occupants of the room, instructing us to have lunch.

I managed to stand up and curtsey this time because Fallon had gone to join his aunt and uncle in the corner. Lisbeth and Alfie quickly disappeared upstairs. I wasn't sure what to do. I didn't feel like I could do anything after what had happened. Instead, I hovered outside the ajar door to the room, deciding.

'So, young prince, what *else* have you not told us about her?'

I jumped. The sound of my virtually-ruined shoes slapping against the tiles echoed in the empty entrance, and I clapped my hand to my mouth to suppress a sound of dismay. They were *talking* about *me*. I knew their downplaying of my having a job was false. But that was insignificant compared to what Fallon did know. He would tell them about the visions, if he hadn't already. He had only said he would *try* to keep silent. I didn't mind them knowing. My visions could help. What I was more afraid of was becoming a weapon. That was what happened to seers. Especially seers who could envision (or, like me, couldn't stop themselves envisioning) large events. That would mean returning to court and taking up my place on the council as soon as I turned sixteen. Being a duchess in name would not be enough if the Athenea chose to use my gift.

No, no, child! I am a cursed seer. We all are. That's what she always said.

The sound of Prince Lorent's accusation had thrown me into a stupor; the sound of the door slamming by someone with a thickly scarred hand of midnight blue – Edmund – wrenched me out of it.

Oh, so they are quite happy to force their company and their security on me. They are quite happy to delve for information on me. But I'm not allowed to be that close. I wasn't, after all, precious royalty.

That thought hurt. Weeks before, I never thought it would. I still didn't understand where it was coming from. I wanted to be at home. I *did* want to be at home. But a weekend here had made me feel included. Part of something. I hadn't felt part of something since St. Sapphire's.

Yet at that moment all I wanted was to get away and my feet obliged, carrying me towards the terrace at a pace that threatened to turn into a sprint. I could hear how hard the rain was becoming, but that didn't deter me. The table and chairs beckoned and I took the seat furthest from the view of the glass French doors. My fingers locked themselves into the gaps between the wrought iron intricacies and my arms folded, providing my head with a pillow from which I could watch the rain. I wasn't aware that I was crying until my vision fragmented because of the teardrops dangling from my lashes. I smothered them with the crook of my elbow.

Why won't the infernal rain stop? Did it not rain enough over the summer? I wouldn't mind so much if it didn't bounce off the lip of the raised terrace, straight onto my shoes. The inner lining was disintegrating beneath the balls of my feet, and it felt as though they rested on slime. My mother had warned me this would happen if I chose non-leather shoes. But I would not wear leather, and she could not understand that.

And a little sun would do me so much good. It got rid of the stupid little bumps beneath my skin which threatened to erupt into spots at the slightest sign of stress, and it lightened the auburn streaks in my hair to make them look more blonde. It was so much easier to be positive when it was bright.

'Why did you do it, Nathan?!' I demanded from the rain. I tried to smack the table in frustration but my fingers were trapped between a laurel leaf and a spiral and I just ended up crying out in pain instead. Once I had eased them out, I settled back down.

What did they tell you, to make you do this? How convincing were their lies to make you leave your home, and your family, and your job? What compelled you to place your life on a line made of piano wire? Don't you know anything about the Extermino? Anything at all?!

The rain didn't answer. The rain just rained.

The Terra had made a lot of murky things illegal. At the top of that list was turning humans into Sage or any dark-being who could actually wield magic, for that matter. It was dangerous. Massively, massively dangerous. Magic was active in our blood; it could overwhelm humans and kill them if they were exposed. It took somebody of extraordinary power to control a turning, and a human of equal strength to survive it. It was an uncomfortable thought, but I could only think of one person among the Extermino as being able to do it.

Violet Lee had got lucky, therefore. A Vamperic turning

was safe by comparison, as vampires' magic was dormant, providing their physical abilities and thirst. It was the least painful, the most practised, and widely accepted. She would become a charge of the royal family, and would not be in want of anything. She had been given a choice because her captors were vampires.

But Nathan had survived.

The sound of wood scraping across wood in the frame of the door roused me from my thoughts and I rushed to dab at my eyes, briefly hoping it was the prince but just as quickly reminding myself that he had probably gone to Athenea to deliver the news about the Extermino to his father. When I turned, I found Edmund leaning against one of the posts that held the veranda up. The rain from the gutter was soaking his hair, but he didn't seem to mind, even if he was shortly going to meet the king. The carefully slicked back fringe he usually maintained sunk down onto his forehead, and the sun-bleached coils all but covered his very dark, very thick scars, which were about as intricate as a ninety-degree angle. That had clearly not mattered to Gwen, however.

I laid my head back down to watch the rain. I was not interested in his impending lecture. I knew the Terra backwards, and I knew that in the eyes of the law, I was practically a hero for what I had done. My bookishness and interest in all things thought to be tedious by others paid off. It always had.

'Killing an Extermino with a death curse at age fifteen. Impressive. Stupid,' he reasoned, and I could imagine, almost hear, him folding his arms. 'But impressive.'

I did not look up. I closed my eyes because the rain was no longer streaking straight to the ground but across the garden in sheets.

'In fact . . .' The chair scraped across the grooved flooring.

'If you were not a noblewoman with what I am sure will be a glittering political career ahead of you, I would recruit you on the spot.'

'How do you know I killed one?' I asked my arm.

He laughed. 'It's my job to know about it.'

I finally raised my head and squinted because my vision was blurry. His outline gradually filled in and I was able to focus. 'You didn't tell them.'

'I don't think your ability to wield that curse should be broadcast, least of all to the Athenea. Power scares people. If you were not in danger, I would advise you to bury the theory deep. But you are in danger,' he finished in a low murmur, drumming his fingers against the treated iron. His nails occasionally caught a fleck of the emerald green paint and he would flick it away, staring at a spot just above my right shoulder. 'They will want revenge on you for what you did,' he stated matter-of-factly, snapping from his trance. 'And yet you are not afraid. You are apathetic towards the notion that you have killed a fellow Sage. None of your rash actions today resulted from the bloody staining of your hands. Why is that?'

He leant forward so his elbows slotted into a gap in the table and intertwined his fingers. It was a rhetorical question and I kept my gaze as steady as I could under his pensive expression, sensing he was enjoying the challenge. He drummed his fingernails together twice more, and then clapped his hands in much the same way as when the fireman had turned him away.

'Ah, I see. You think the Extermino killed her, don't you?'

I narrowed my eyes. 'Get out of my mind.'

'You know full well I am not in your mind, my lady. It was simply a perceptive guess. And your reaction told me I was correct.'

I huffed and swivelled in my chair so my entire body

faced the rain, presenting my back to him. 'I'm right though, aren't I? It was the Extermino. You know why too. They all do.' I gestured awkwardly back towards the doors, earning a painful click of my shoulder as I did.

He didn't answer and I could hear the groans of the chair as he shifted.

'You won't tell me either,' I snapped, wrapping my arms around the back of the chair and gripping it tightly. I hugged it, using it as an aid to fight the tears from returning.

'Is that why you ran today? Why you push Fallon away? You feel cheated.' His voice had softened and all the taunting had disappeared. He sounded the way I had always wanted my father to sound. *Concerned.* 'That is understandable.'

I jolted my head around. 'It is?' I breathed.

'Yes. I would feel the same way if I were you.'

I returned to addressing the soaked garden, eyes fixed on the lawn beyond the flower beds, which was collecting water in puddles because the ground was becoming saturated. 'Then why won't you, or anyone else, tell me the truth?'

'Would you believe me if I were to say it is for your own good?'

I shook my head vigorously, frustrated that such a statement had been used to twist my arm twice in one day. I wrapped my arms even tighter around the chair, forcing them to stretch so my hands could reach and grip the sides. The bars dug into the crease between my armpits and breasts, yet the dull ache was the only antidote I had available to prevent myself from crying. And I would *not* cry in front of a man I had only truly known for a day.

He hummed in displeasure and the chair groaned yet again. 'My lady, what I and the Athenea know about the circumstances of your grandmother's death will not bring you closure, if that is what you seek.' The stern, reprimanding tone of voice had returned and I felt as though I had been reduced to the status of a child – gone was the fatherly concern.

Do not be so stupid, child! So reckless as to think you are grown enough to bear all my secrets, when they will only crush you.

Grandmother, it is you who stifles me. I wish you would leave, be gone! Then I could grow!

'Am I not mature enough to decide whether it will help?' I demanded.

A hand smacked down on the table and I started. 'Autumn Rose Al-Summers, you are in no fit state to make even the smallest decision yourself, because you are obsessed with a corpse. Nobody but you can provide closure, and if you do not let go of death then you will rot with your grandmother, until you are little more than flesh on bone. And as you feel nothing, not even a pang of remorse, at killing a man who no doubt had family and committed no crime other than belonging to the wrong faction, then perhaps it is already too late for you!'

I sat in stunned silence, each and every word, delivered with increased volume and tempo, battering my back so it arched painfully. It took me a minute to find my voice, and even then I could only produce a breathy sigh of disbelief. 'How dare you? How dare you speak to me like that?'

He stamped to his feet. 'I dare because someone needed to whip the black veil from in front of your face.'

'And who are you to lecture me on morals? You're just staff.'

Then to my complete and utter surprise he laughed. A true laugh that I could tell came from deep within his chest, and didn't seem an adequate response to my venomous words. 'I think you have spent far too much time with Fallon. And I am more than just staff to you, duchess.'

I huffed again, disappointed with his reply. It had not quenched the anger I felt. 'Actually, as far as I was aware, we're not related.'

His laughter gradually faded and he sat back down. 'I have something to show you. Which will mean you must turn around and face me, my lady.' The taunt of his first words to me was back.

Slowly, I extracted my arms from the chair and slid around to face him, my eyes firmly narrowed. He waited with his arms folded, leaning back into the chair. Once my knees were tucked back below the table, he unbuttoned his jacket and reached into an inner pocket. I briefly saw a flash of metal which I thought might be a gun, but then the lapels of his jacket had flopped back down and there was a wallet in his hand. Out of a clear sleeve safely tucked in the third fold he pulled a square of creased paper, and then returned the wallet to his pocket.

'Tell me who these people are.' Onto the table he placed a photo, a few centimetres in diameter, which was heavily creased and black and white, slightly faded from over-exposure around the edges.

He had placed it on the dry part of the table, far from the reach of the rain and I had to lean across to see it. I didn't need to do anything more than tuck my sopping wet hair behind my ears and out of my eyes to be able to recognize the woman in the middle. I had albums and albums of photos of which she was the subject, and had seen many of the portraits of her that hung in the mansions that belonged to the duchy of England. Not that I was in any need of those either, because it was like looking at a photo of myself: the same fair, tightly-curled hair; the same spiralling scars; the same dramatically curvy figure, exaggerated by her short stature.

'That is my grandmother.' She didn't look as though she had entered her late twenties. Even when I had known her she had been youthful. Her magic had treated her vanity well. I slid my finger to the right of the shot, to where, in contrast, an ageing man was standing. 'That is Eaglen. And that . . .' I frowned at the third figure, bringing the photo even closer so I could double-check what I was seeing. 'Is that your father?'

Edmund nodded, once, very gradually. 'An unlikely trio. But they were best friends.'

My eyes shot up and my breath rushed out in a rasp. Eaglen I had known about, but Adalwin Mortheno? *The Athan's leader?* I looked back down at the picture. It was easy to see that what Edmund said was true. All three were laughing and none looking directly at the camera, as Eaglen watched my grandmother and pointed towards something outside of the frame, the other two squinting in that direction, my grandmother's hand gripping the sleeve of Adalwin's jumper as though trying to tug him towards her. They were standing in front of a circular pond, and judging by their style of dress, the photo had been taken before my father was born.

Edmund started drumming his fingers again. 'How much do you know about your grandmother's life prior to the time you spent with her?' I shook my head. 'Not much?' He hummed; more in thoughtfulness this time. 'You must know that your grandfather died when your own father was twelve, yes? And are you aware that my mother and father divorced some years before that?' I hadn't known the latter, but nodded anyway. 'What about the fertility problems in your family?'

My eyes lowered down to my lap. *Yes, I know about that all right.* It was the reason I was the only Sage left in my family. Most members had been unable to have children, or had only had one or two, and generation by generation, the House of Al-Summers had withered and now teetered upon death.

'Don't look so downcast. By the time you come to have children – if you wish to – things will be better,' he reassured and I managed a small smile. I would *have* to have children or name an heir to prevent the duchy from dying out.

He took up the picture and began absentmindedly smoothing out the creases, smiling at its image. 'What you do not know is that after her mourning period, your grandmother very seriously considered marrying my father.'

I choked on the air that I inhaled. 'What?!' I shook my head. 'I mean, pardon?'

His smile widened and I noticed he was looking not at me, but the space above my right shoulder again. 'All platonic, before you get any ideas. They both sought companionship, and your grandmother also wished to bring security to your family name. It was apparent she could have no more children, and her only heir being born human had been quite a blow, I assure you.'

I didn't know where to look, but I found my eyes could not settle on him when deep in the pit of my stomach I felt a slight resentment as I pieced together what he was saying. 'Your family are not titled. So you would have taken the Al-Summers name and your family would be heir to *my* duchy!' I glared accusingly at my lap, which clearly didn't have any impact on him as he chuckled.

'Your grandmother was not as silly as you. In the draft of the marriage contract she ensured that her title, lands and fortune would all pass to your father on the event of her death, and then upon his death to his child, if his heir were human, or directly from her to her grandchild if said child was born Sagean. If that child inherited during his or her minority, Vincent Al-Summers would control the finances in lieu of his child until such child turned eighteen, and the Athenea would become their ward and take the child's place on the council until the child turned sixteen.'

'But that is exactly the agreement we already have with the Athenea, so what was the benefit of a marriage—'

He waved a hand to silence me. 'One subtle difference. One single clause.' Surveying me through eyes pinched at the corners, he waited until I had taken several breaths, edging forward on my seat with every rise of my chest. I had to hand it to him: he was a good storyteller.

'If they had married, my father and my entire family would have retained the name Mortheno, except in the case of one eventuality. If you had been born human, and you produced no heir or a human one, the duchy of England would have passed to my father in its entirety, and I would be next in line.'

No wonder he is so short with me. He must hate me! I ruined the chances of his family to climb! 'Y-you gold-digger!' That wasn't what I had planned to say, but it more or less summed up my thoughts.

He closed his eyes, shaking his head. I took the opportunity to switch to a seat nearer him and snatch the photo out of his hands, thinking, for one heart-stopping moment, I had torn it. I hadn't.

His eyes snapped open and he jolted away from me in surprise, before his expression softened again. 'No. None of us really wanted your title. It would have meant leaving Athenea and Canada – our home – and giving up kicking anti-Athenean backside, as your teacher so aptly put it. We are all quite old. We do not like change. But keeping one of the most powerful independent dukedoms in all the dimensions, and one of few not infiltrated by royalty, out of the hands of the Athenea was important to your grand-mother, and we were willing to help her achieve that.' A smirk started to form on his lips and I saw him run his tongue across his bottom teeth. 'Even if that was only until it could be returned and a young heiress could amalgamate with the Athenea on her own terms through, say . . .' He shrugged his shoulders casually and let his eyes wander around the veranda teasingly. 'Marrying a young, attractive Athenean prince.'

I slapped the photo back down and crossed my arms. 'Shut up, Edmund! I'm only fifteen.' All worry that I had felt the minute before faded with my flushing. They didn't seem the type to want to become nobility and in any case, the marriage had never occurred. Why the marriage had never happened became my next question.

He tugged his lips into a grim smile. 'Yes. It was around the same time that your father started to become trouble-some. Wanting to attend human university, go into banking and what not. Your grandmother felt marrying another Sage would only inflame the situation, and took the time to work on coaxing him back. When he married a human, we as good as started planning for my father and your grandmother to renew the agreement. But she insisted she wouldn't give up, and remained with your parents through years of fertility treatment, and eventually ICSI and IVF. You have no idea of the sigh of relief my family and the entire kingdom breathed when you were born. No idea.' He ran a hand down his face in an even more dramatic fashion than Fallon always did when he was stressed or in shock.

I surrendered myself into the curved back of the chair, allowing everything he had informed me of up to his last few sentences – which I had already known about – to sink in. He waited for me, quite patiently, only moving when he

stabbed the photo to the table with his index finger as the
wind tried to carry it away.

'So, earlier, when you said you remembered me . . .' I
probed.

He gave a single, slow nod. 'You were four when you first
came to court, and you and your grandmother stayed not
in your apartments in the palace, or in one of your villas in
Athenea, but with us. You spent much of the first week
screaming for home and keeping us all awake. It played
havoc with our shifts.'

I opened and closed my mouth, though my lips remained
parted in a rueful, pout of a smile. That sounded like my
younger self – not that I could remember such events. I
struggled to remember anything of living with my parents
before starting at St Sapphire's, around my sixth birthday.
I had apparently attended pre-school with Christy and
Tammy until I had been driven out by angry parents, but
when I strained to place their faces, I only found blank
spots. This revelation was just another metallic tile in a
grey mosaic.

'I seem to recall that when you attended at age eight and
ten, you would often run off and hide with the Athenean
children so your grandmother couldn't take you back home.
On one occasion, the queen found you, Fallon and Chucky
in a closet. You had apparently cornered them in a game of
goodbye kiss chase.'

The unappealing shade of red my cheeks turned was
embarrassing in itself. I clapped my hands to my face, burying
my cheek bones into hollows created by my palms. He
laughed.

'But why don't I remember you featuring in any of this?'
I groaned through my fingers to cut him off. It worked.

'Largely because as you got older it became important to

immerse you in society. And we work in the background. It meant we saw less of the pair of you.'

'And the Athenea? Do they know about our connection?'

I opened up gaps in my fingers to watch him. His brow had lowered a fraction.

'The older generation certainly do. I suspect Fallon does not. But when we were making plans to come here last week, the concern that Alya or I might be . . .' he trailed off and his frown deepened, ' . . . emotionally compromised . . .' his gaze settled on the table after a pause, ' . . . by your presence was not raised. So I can only assume those that do know have either forgotten or see it as irrelevant.'

'Emotionally compromised?'

'Yes. To modify your earlier statement: I am not just staff. I was almost your step-uncle.'

When he put it like that the whole story took on an entirely different meaning. He wasn't just an almost-heir. He was almost family. In the back of my mind I made a note to search Burrator's library to see if it kept marriage records, to verify what he was saying. Because if it really was all true, then in them I had an *ally*.

His eyes flickered shut and he craned his neck back in the direction of the door.

'You have to go.' I reluctantly pushed the photo back towards him.

'Keep it.' He heaved himself up to his tremendous height and took a step away but then changed his mind and returned to my side. 'You are not an exile, you know. There are a lot at court who would gladly see you back, especially when you are old enough to sit on the council.' Then to my bewilderment, he leant down and planted a kiss on the top of my head, cupping one cheek, plastered with wet, crimped hair, in his right hand. 'So let go and learn to make decisions, little almost-niece.' Then he wagged his finger at me. 'But first, go and get changed before you catch a chill.'

And then he was gone. As I stared at the open doors, a smile crossed my mouth and then I began laughing under my breath, silently almost. When I had first been whisked down to Devon after my grandmother had died, I had wished to the silence of the garden outside my bedroom window that some unknown, forgotten, distant, *Sagean* relation would come and restore my life and banish my grief . . . just to stop the unending loneliness. Now I was older I knew that had been a ridiculous notion, yet this . . . this was the next best thing.

And then . . . *then* I felt happy. I was at peace with the day's events. Because without them, there would have been no explanation required of me, and no need to run, and Edmund would never have followed me.

But I refused to feel pity for the man I had killed. That I reserved solely for Nathan and the fate he had tied himself to. His doleful expression, his silent answer to my own disbelieving features; that would not leave me. That clung. It was how I knew Edmund was wrong; it was not too late for me and I still had enough blood and fat and tissue to keep on going.

I felt pity for Nathaniel Rile, because his innocent humanity had been butchered.

CHAPTER TWENTY-ONE

Autumn

Things changed after that day.

I remained at Burrator for the rest of the week until my parents returned on Thursday. By that time the security around my house had been set up, and it was Edmund who braved the sit down with my parents to explain why there was a shield around our plot of land that would detect any 'unauthorized' person, and why several members of the Athan Cu'die – who usually only concerned themselves with the Athenea and their nearest and dearest – were a matter of minutes away if we needed them. My mother had put up quite a fuss, and I admired Edmund for daring to say that had he had his way, the security would have been more intrusive. If my father had recognized this hulking giant of a man, or his family name, he never mentioned it.

I quickly fell into a comfortable pattern. During the week I would stay with Fallon. Thursday I would return home for 'family' time. By the time the weekend came around, I was back at Burrator again. It meant I missed work, but it was becoming unbearable, and in any case, my father had started slipping me money when my mother was out. I didn't need it for the bus because I was getting regular lifts with Fallon and Edmund, and so one Thursday flew straight into town and bought a new pair of school shoes. They weren't what I would usually buy: they were lace-up and had a kitten heel, and in them I felt less short. I paraded up and down the length of my room, practising walking in them, adjusting the laces, trying them on with different outfits because they were almost too nice for school. I was torn up by nerves the first time I wore them at Kable, though I had worn plenty of heels with court dresses when I was younger. Fallon liked them.

Kable even got used to the presence of Edmund and Richard. The initial interest Gwen and others had shown in them had been transformed into hallowed awe, and Valerie was on her best behaviour, and never so much as whispered a single word against me or Fallon. Not in front of us, anyway.

Violet Lee, for the first time since the beginning of August, disappeared off the six o'clock news. She didn't make the front cover of the papers. Even the early October edition of *Quaintrelle* was thin on Vamperic gossip. With her absence came a lull in my visions, which I was grateful for.

It took me two weeks to realize what was happening. Quite suddenly, I noticed I was able to stomach two meals a day rather than one. Eight hours of sleep a night was more than enough, and I found I didn't need seven nights' worth each week; one night I even managed to stay up with Fallon and Alfie in a movie marathon. I was as energetic the next day as I was on any other. It was like I was catching up with the world, which previously had been stuck on fast forward. Now I realized it was simply that I had been buried in sluggishness.

So when the inevitable vision of Violet Lee came, it was devastating.

I found that despite being a great deal larger than I had been as a child, I could still nestle myself into the crook of the tree in our front garden, the place I had fled to after my vision for its comfort . . . and the point where the trunk split into four limbs to form a seat from which I could not fall, should I collapse again.

That was what had scared me. I had collapsed. Straight down like a plank of wood onto the tiled kitchen floor, and even worse there had been a knife in my hand because I had started preparing dinner. How I had avoided hitting my head or impaling myself was a complete mystery.

The only warning I had been given of the impending blackout was a short but excruciating stab of pain through my head. I still had a bad headache around my temples.

And what I had seen could not wait.

I felt the brush of magic move ahead of them and hopped down out of the tree in one leap onto the garden path just as the three men landed themselves. I frowned as Fallon came straight towards me. 'Did you fly the entire way?'

He shrugged as though it was no feat, but he was sweating and had to push his hair back from his face. 'What happened? Are you okay?'

I shook my head and led him and Edmund inside, Richard having already disappeared. I bent down to slip my shoes off; as I stood up, the prince reached forward and cupped my cheek, bringing me closer. 'You look like death warmed up.'

With wide eyes I recoiled from his touch and grimaced. 'I hate to say it, but you stink.'

He groaned and turned away, covering his face with a

hand. 'Smooth, Fallon, smooth,' I swear I heard him breathe and Edmund was barely restraining a smirk. The Prince turned back. 'Can I use your washroom?'

I pointed upstairs and headed back to the kitchen. If I wanted to eat that night – and my appetite had returned with a vengeance – then I would have to carry on making pizza with them there.

Edmund came in as I returned to the half-sliced bell pepper. I glanced up. He must have literally transformed his clothing in the hallway because the jacket he lived in was gone, and his white button-down had been replaced with a grey polo-shirt.

He closed the door behind him. 'It was a vision, wasn't it?'

I nodded and went back to my work. It didn't surprise me in the slightest that he knew about them. He was well in, to say the least.

'You do know he's relaying everything you tell him to his aunt and uncle, and they to the king, don't you?'

I stopped chopping and closed my eyes. 'I know. So long as Fallon acts as mediator for the time-being, that's fine.'

'If more of your visions prove correct, they could start basing policy around what you see,' he insisted.

'I know,' I retorted too quickly, missing my fingers by a hairsbreadth as I violently trimmed the last quarter of the pepper. I took a breath and slowed myself down. '*I know*, Edmund. But what choice do I have? They're about Violet Lee, for Ll'iriad's sake!'

He lounged against the portion of the wall between the hall and the doors that separated the living room from the kitchen. 'I wouldn't curse like that around Fallon, young lady.'

I shot him a filthy look to match my words and muttered

more under my breath. Ever since he had taken it upon himself to be my surrogate uncle he had corrected every slight misdemeanour of mine, from my language to my posture to my eating habits. My new two inch heels for school had been a battle, because he thought I was too young to be wearing heels in an everyday situation. I had eventually won when I pointed out that Fallon liked them.

'How are you getting back?' I asked after a while, beginning to chop an onion and wondering if I would need two. 'You're not flying, are you?'

Edmund shook his head and came to sit down at the breakfast bar. 'Cars are being sent down for half eight.' I chewed on my lip and examined the clock. It was almost six, more than plenty of time to explain what had happened. But half eight was rather too close to the time I expected my parents back, and a second meeting wasn't at the top of my list of things to do. Edmund seemed oblivious to my turmoil and reached forward to pluck a raw piece of pepper from the pile I had created. 'Of course, if you allowed us to place more security around your home, *as I feel is necessary,* then Fallon could simply . . .' He trailed off and popped the pepper into his mouth, chewing and swallowing it with a shrug. 'Stay over.'

'Edmund!' My eyes were stinging and I rubbed them against my inner elbow, so I couldn't see his expression, though I knew he had switched to his older brother-esque teasing mode.

'I'm not suggesting *anything,* my lady, other than your taking up of the offer of a more powerful shield.'

I shook my head against my jumper sleeve. 'My parents don't want anything intrusive, and you know that!'

'Yes, I did rather get that impression from your mother.'

I let my arm fall away, restarting on the onion and deciding one would be enough, even if I had to feed more than just myself. Edmund wandered off into the living room and shut the door behind him and I growled in frustration at the onion, partly because it was agony to cut, and partly because Edmund had a way of getting under my skin.

The onion had to endure my hacking until arms swept themselves around my waist and a hand much larger than my own took custody of the knife and placed it aside. Empty, those hands secured themselves on my stomach and eased me away from the counter. Suddenly, all the energy I had managed to retain drained out and I felt exhausted, so slumped against Fallon's chest and let him support my weight.

The back of my head found the comfortable hollow tucked between his collar, throat and shoulder and rested there for several minutes, until I felt recovered enough to stand up using my own strength.

I was thankful when he suggested sitting down, and took one of the seats at the opposite end of the bar from where Edmund had sat. He swivelled me around so our knees were touching.

'I was awake for this one. At least, until I collapsed.'

'You collapsed?' He reached forward and snatched my stiffened wrists, like he was afraid it might happen again. His eyes darted around my upper body, checking for injury.

I saved him the hassle. 'I'm fine. Other than a headache, and a really horrible pain a few seconds before I blacked out. But that doesn't matter. What I saw matters.' He steadfastly refused to remove his hands as I created a cradle for my temples with my palms, elbows resting on my thighs. He waited for me to gather my words, which were even harder to say than I had imagined. 'It's embarrassing.'

'Embarrassing how?'

'Embarrassing because I saw Violet Lee and Prince Kaspar Varn . . . sleep together.'

Like a trap springing open his hands released my wrists and I buried my head even deeper into my own palms.

'Violet Lee?' he muttered. 'How? She was almost raped a few weeks ago. Are you sure it was her?'

'Yes. It was so close-up, I couldn't mistake them.'

My eyes started stinging again and I scrunched them shut even tighter, yanking a box out of the shadows of my mind and trying to force the images of the pair down into it. It was useless. It had been voyeuristic, sick, perverted; pornographic in the detail and I was furious at fate for choosing this vision of Violet Lee to be the clear and not abstract one. I had experienced *everything*. I saw parts of a man's body I had never seen. Parts of hers too. I heard every word. Every grunt. Tasted the blood and sweat and something else on her skin. I had been there, with them, until she screamed and blacked out, and he fell and almost crushed her not-so-petite frame with a growl I really hoped he conjured because he was a vampire, and not because he was a man.

Then I had woken up. Washed my hands frantically; swilled and spat out a glass of salt water. It couldn't take it away. Not really. I had been touched, and where I had been touched I crumbled like ash. Hot circles burned on my palms.

I keeled forward on the chair and I heard the metal legs make contact with the ceramic tiles. I was caught and cradled in a half-crouch. Edmund's voice sounded over the ringing in my ears. Fallon's was closer. I found the hollow in his neck and settled there.

'You're crying,' he whispered, taking me down to sit on the floor. His shoulder nursed my sore head, and his thumbs dried my wet cheeks.

'It's the onions,' I mumbled, happy to keep my eyes closed whilst my temples throbbed.

He chuckled and his upper arms and shoulder tensed for a few seconds, and I could feel how taut his chest muscles were.

I heard the sound of running water and would have jolted if I had the energy. Instead I forced my eyes open to find Edmund on his knees in front of me with a glass of water in hand.

'Drink,' he said, but my arms wouldn't move. He took that as a sign to bring the glass to my lips, and have Fallon tip my head back slightly as I sipped. The water helped. It was cool, and counteracted the burning of shame, and the hot parts of my body. My head started to clear. I placed a hand on the floor and first supported my back until I could straighten it, and then attempted to get back up. Both men placed a hand on either shoulder.

'I'm not a damsel in distress,' I muttered distractedly, as I focused on shrugging them off and using the counter as a convenient handhold.

'Fate forbid,' Edmund said.

I felt like a toddler clambering to her feet for the first time as both of them fussed and cooed encouragement, the elder of the two righting the stool for me. They worked quite independently of each other and for a very brief moment I thought Fallon's eyes were even green as he directed his focus to his bodyguard – or more accurately, my bodyguard – yet somehow together they accomplished the task of sitting me down, fetching more water, and agreeing that Fallon would help me finish the pizza, as it was important for me to eat. Edmund was sceptical of this, and I didn't focus on their terse words enough to understand why. Eventually, he stole away to the living room with the newspaper.

I stayed in my seat for a few more minutes. Fallon hovered,

waiting for me. When I got up and started on the tomatoes,
he continued to hover. I sighed, got the bowl of dough from
the far counter and placed it opposite me on the island.

'Roll that out. You had better make two if Richard wants
to eat. The rolling pin is in the drawer behind you.'

He found that easily enough, and then like he was unwrap-
ping something that might explode, removed the tea towel
from the bowl. He looked at it, puzzled for a while, and then
went to wash his hands. By the time he had placed the
dough (which drooped into an oblong in his hands as he
lifted it) onto the counter I had finished with the tomatoes
and had fetched the vegan cheese to grate. When my back
was turned he started rolling. I nearly dropped the cheese
on the floor when I saw what he was doing.

'Wait! You have to use flour!' I rushed around the island,
blinked back the dizziness and snatched the pin from him.
Sure enough, the dough stuck, forming thick, sticky strings
between the worktop and the rolling pin.

'Oh, don't mind him,' Edmund called from the next room.
'He's useless. He couldn't tie his shoelaces until he was fifteen.'

Fallon's eyes turned a distinctive shade of pink and glared
at the thin air behind me as I slipped between him and the
counter so he couldn't do any more damage.

'Edmund, you're fired,' he growled.

The rustling of the newspaper threatened to drown him
out. 'Nice to know you value our friendship as highly as I
do, Your Highness,' came the bright reply.

The prince turned back with a groan and a rueful expres-
sion that told me Edmund got under his skin just as much
as he did mine. Clearly, the man had aristocratic Sagean
teenagers all figured out.

I was keen to avoid making eye contact with Fallon
because the irises of his eyes still resembled the flowering

fuchsia creeping its way across the kitchen window – I didn't want to add to his embarrassment. So I preoccupied myself with sorting his mess out, salvaging what dough I could by scraping the counter with my nails. He helped by doing the same with the rolling pin. When we had recreated two balls of dough, I went to open the nearby bag of flour, the paper packet of which promptly ripped, sending a puff of chalk-white powder straight up and into the prince's face. It took a few moments for the cloud to settle and the results to become visible. It was only really when he started coughing and spluttering that the air cleared enough for me to be able to see that he resembled a poorly-done Halloween ghost – his skin was powdered, his hair greyed, and his eyes appeared to protrude on stalks as the flour ringed their edges.

'I am . . . so sorry,' I breathed, torn between laughter and a feeling of detachment. Powder-puffing princes in kitchens was not how things were done.

Grabbing a tea towel I dabbed at his eyelids then franti-cally rubbed his cheeks. He let me finish without a word, frowning at the floor which was imprinted with footprints where we had cleared the flour. I rocked nervously on my heels. He waved his hand – I thought in dismissal of my repeated apology – but when I felt the tiles briefly heat I realized he had cleared the kitchen entirely.

'I—how . . . but you don't cook?' I gazed around in wonderment at the gleaning countertops, which were now uncluttered save for our ingredients.

'There was a kitchenette in the dorms back in Sydney. And screw this,' he added, waving his hand over the dough. In just a few seconds, two fully-formed pizzas sat in front of us, piled too high with ingredients and dripping sauce and cheese onto the counter.

'Food never tastes as good when you make it by magic,'

I retorted as a way of thanking him, eyeing the dough until it hovered enough for me to slip baking sheets under each.

'I'm hungry.'

There was a finality in his statement – he might as well have said 'full stop' – that told me not to bother arguing, so I placed both pizzas in the hot oven and waited for him to finish washing his hands. When he had done that, he flopped down onto the bar stool I had accidentally upturned, muttered a few words and then let his magic cover the counter in creamy white envelopes.

'I thought we could go through the party invites,' he explained. 'You know, the party I'm organizing for the Kable students. If you're feeling okay?'

I groaned and sat down next to him. 'You sent out invites? Real, paper, addressed invites?' I neglected to add that they were silver-embossed, sealed with an Athenean wax stamp and there seemed to be hundreds of them.

'Of course.' He charmed a letter opener into his hand and started on the nearest envelope. 'There is no way I would text details around, even on my non-personal cell, if Gwendolen Daniels is going to get hold of them.'

He shuddered and I had to hold back a snort of laughter, which quickly slithered back down into my throat when I caught sight of the actual rectangle of card the details had been printed on.

'You used my coat of arms!' I accused, snatching it from him and taking a closer look. On the left was the formidable Athenean insignia, a stylized A with three thin wings on each side, and on top of that, pointing skywards, a sword with an elaborate guard, which as a child I had been convinced was meant to resemble an eagle. Now I knew it symbolized both the Death's Touch rose and the Canadian maple leaf. However, on the right of the card was the shield of the duchy of England, surrounded by banners bearing mottos and topped with three roses. If the insignia had been in colour, I knew that from left to right they would bloom golden, black and then a blend of red and white – a withered rose, a Death's Touch and a Tudor rose.

I looked back at him, and I couldn't help the tint of black reaching my irises.

'It is your party—'

'It's not my party!' I protested, creasing the card with my firm grip. 'I only agreed to this because you promised not to throw this for my birthday.'

My narrowed eyes must have worked because he slumped into the backrest and took up another envelope. 'Your name isn't on the invitation, and I haven't marketed it to anyone at school like that. Happy?' he asked, with a sideways look a cross between a smile and a glare. One or the other brought the dimples out in his cheeks.

'No. You've invited Valerie Danvers,' I sulked, waving the invitation in his face.

He repeated his sideways look, but this time it was one of reproach. 'And if I left her out do you think she would be any better towards you?'

I didn't appreciate the admonishment and went back to opening the invitations, pulling out many names I didn't recognize. Every single one of them had agreed to come. 'How many did you invite?' I finally asked after my tenth envelope.

He shuffled the pile around a bit, examining the addresses. 'Your whole year group, most of my year group and a few of the year twelves. Tammy's cousin too. So about eighty in total.' He separated the pile out, pushing all the invites for my friends towards my end of the counter. 'But I doubt everybody will be able to make it, though I made sure with the housekeeper we could accommodate twenty if all the ones we invited to stay the night do. And there are enough cars to take the rest back home.'

He seemed to have it well under control and I almost didn't want to burst his organising bubble by saying that every single person he had invited *would* turn up, even if they had to drag themselves through peat bogs wearing nothing more than their underwear. I already knew that Gwen had arranged to stay with Christy the entire half-term week, forfeiting her chance to go on a family holiday to Spain, just so she could attend. Christy herself had given up her waitressing job when they refused to allow her time off, and Tammy had constructed an elaborate lie about an overnight ballet workshop so that her and Tee could escape their overprotective parents. This, of course, was strictly confidential and a no-no for gossip, as the entire Kable population was determined to keep their cool in the face of the biggest and most exclusive house party Devon had ever seen. The reality, however, was that the girls were breaking down in the toilets over outfits and the boys . . . well, the rumour went that the school nurse had run out of free condoms.

I sighed, swivelling in my stool so our knees were touching, just as they had been when I explained about my latest vision. He paused in the middle of tearing an envelope.

'Fallon, you do know who you are, don't you? You're an inter-dimensional royal celebrity hosting a party at your mansion. Everybody is going to come.'

He rested an elbow on the counter and placed his cheek in his hand. 'Well, when you put it like that . . .' His smile – cheeky enough – turned million dollar, proving my exact point. 'My siblings have hosted parties. I know what they are like, and can get like. But I've got everything covered,' he continued, straightening up and placing his hands down on all the envelopes. 'Your early birthday party will run without a hitch.'

CHAPTER TWENTY-TWO

Fallon

There was a spring in my step when I got back to Burrator. I could finally banish the ugly green-eyed monster for good due to Edmund's explanation of his closeness to Autumn. The party preparations were going well. And Autumn was happy. Not even her vision could take away from her growing strength.

I knocked on Alfie's door, expecting him to tell me to go the hell back to Athenea, so was pleasantly surprised when both he and Lisbeth called for me to come in. I found them both in his reception room, Lisbeth wrapped in a blanket on the sofa with her feet poking out onto Alfie's lap. He was painting her toenails.

He briefly looked up to appraise the grin I had plastered on my face. 'Autumn? Just let me do this little toe and then you can start babbling.'

Lisbeth shook her head with a smile, paused the movie playing on the massive plasma TV and offered me a slab of chocolate, which they were surrounded by. I hovered, watching the domestic scene with interest and envy. Seeing Alfie participate in pampering was nothing new because he had a steady hand – his minor had been in art – but seeing him do it so willingly and lovingly just reaffirmed in my mind how much he cared for her. It was strange as well to see Lisbeth looking so feminine, with her hair loose and framing an easy smile. It was a simple kind of pretty. An approachable, rosy-cheeked kind of pretty. Nothing like Autumn's regal, other-worldly, out-of-your-league beauty that scared most people away.

Alfie finished and left for the bathroom with the polish remover for his hands, and Lisbeth cleared space for me to sit down.

'Love-sick,' she stated with a knowing smile as I flopped down and buried my head in my hands.

That was all she needed to do to open the sluice gates on a rant. 'I'm *so* into her, and I don't even think she notices,' I began, talking much faster than the optimum for coherence. 'It's so strong, she's all I think about, and not all of those thoughts are polite,' I admitted through clenched teeth and I could see Lisbeth was forcing herself to calmly nod, when all she probably wanted to do was laugh like Alfie from the other room.

'And they called it, puppy love . . .' he sung in a booming baritone between heaving guffaws, coming out to tidy the coffee table.

I glared at him and if I hadn't been such a nice cousin, would have pointed out that he had been exactly the same the first time he met Lisbeth. Instead, I continued to pour my heart out. 'And yet I have no idea how to act on it. What to say to her, what to do, how to even try not to be clumsy around her . . .'

'Not possible,' Alfie replied, dropping down in the seat to

the left and stretching his arms out to rest on the top of the feather-filled, perfect-for-slouching sofa cushions. 'You are inherently clumsy. It's incurable.'

Lisbeth crushed several pieces of chocolate wrapper into a ball and threw them at Alfie. 'You should be yourself, Fal. And if that includes being clumsy, then be clumsy. She can only love you for you.'

'Yes, but being me means being a prince! And you must have noticed how averse she is to everything House of Athenea.' My head dropped into my hands again. 'She must be the only girl in this dimension who feels like that, and I fall for her.'

Lisbeth brought a hand up to rest on my shoulder and rubbed my back in slow circles. It was comforting, and even though I wished it was somebody else's hand, it helped me rewind to how I had felt entering the room.

'At least you know she isn't friends with you just because you're royal.' She sighed. 'I think you should tell her how you feel.'

I raised my head in horror and Alfie immediately caught my eye, shaking his head discreetly as Lisbeth ploughed on.

'It will put an end to this limbo. There is a risk she won't feel the same way,' she admitted, yet the knowing smile was back, 'But I don't think that's likely. Even if she doesn't now, once she knows she might develop feelings. It happened to me after Alfie declared his undying love over the summer.'

She leaned over the arm of the sofa so she faced Alfie, and then half-turned back, frowning. 'Uh-oh. I know that look. Private prince time.' She tapped her toenails and satisfied, got up to kiss my cousin. 'I'll see you in the morning.'

'The bed is going to be cold tonight,' Alfie sung in half-hearted baritone, watching her close the door with the blanket and chocolate tucked under her arm.

I thought I should apologize and opened my mouth to do so but he got up and retrieved two bottles of beer from his mini-fridge. Casting a quick spell which sent the metal lids flying, he resumed his place on the other sofa.

'You're turning into an alcoholic,' I laughed, but neither of us missed the uneasiness in the way I abruptly cut off. I took the other beer and gripped the neck tightly. *Everybody copes differently.*

'What Lisbeth said about being yourself was great, but you shouldn't reveal how you feel unless you're absolutely sure Autumn will return the sentiment. There is too much at stake for you to screw up—'

'I know.'

'We *need* her. We're fucked if she isn't on our side.'

He slammed the bottle down on the glass table and the sound chased my intake of breath. His eyes were a milky white.

'I'm scared, Al,' I blurted before I could censor my words. Feeling a fool, I added, 'Not just of telling Autumn. Of everything.'

He sighed, picking the bottle back up and coming to sit down next to me. He rested his arms on his knees and stared blankly at our reflections in the glass. We could be brothers. Even our thoroughly white worried eyes matched.

'We knew what we were getting ourselves into when we came here.' He sighed.

'I had no choice. Father made me.'

'Fal, if nothing progresses with Autumn by Christmas, I'm going to move into the townhouse in London. With Lisbeth.'

I took a few sips of the beer. It was horrible.

'This hellhole is sucking the life right out of me, and it's unfair to make her travel down from Hertfordshire every week.'

I took a few more sips.

'I'm not as strong as you. I won't be fate's pawn. I'm sick of this chess game. Of the waiting. And I won't drag Lisbeth into it either.'

I finished the bottle off in two gulps. 'I'm only this strong because I have to be by her side. I don't have a choice.'

'That's the spirit,' he chuckled, getting me another beer.

'Al, she had a vision of Kaspar Varn and Violet Lee having sex.'

He had his back to me, and made no reply other than a very quiet grunt, which might have just been a response to a cap hitting him in the forehead.

He lay down on his original sofa of choice, head propped up on the arm and his legs flailing over the edge. He raised his fresh bottle. 'To English girls!'

I snatched the other bottle from where he had placed it on the table. 'To English girls!'

CHAPTER TWENTY-THREE

Autumn

The party did not go without a hitch, because the small matter of politics got in the way. For the first time since Queen Carmen of the Vamperic Kingdom had died, Varnley called an inter-dimensional meeting.

And for the first time since my own grandmother had died, I found that I longed to be sixteen, so I could take up my place on the Inter.

But, I reassured myself whilst making yet another kitchen visit to approve of the preparations, *parties don't organize themselves.*

Fallon, Alfie, the duke and the duchess were all gone and Lisbeth wasn't returning from London until the afternoon, so I was left in charge.

And that meant bolting around like a startled horse, constantly bumping into Chatwin and finding myself firing off a series of yes/no answers, before moving on to have him ask the same questions ten minutes later, wearing the same rattled expression, carrying the same stack of silver trays balanced with champagne flutes.

If I had known throwing a party Athenean-style was this stressful, I would have offered Fallon a helping hand earlier.

The grandfather clock in the duke of Victoria's study – which more or less kept time – struck on my way back from the basement kitchens, telling me it was, more or less, one o'clock, and with an exasperated sigh I realized I had been awake for over thirty-six hours. Initially, I had thought my new-found ability to sleep only half the nights in the week like the rest of my kind was the most wonderful thing to happen to me since Fallon had invented black coffee laced with maple syrup, but now I wasn't so sure. The London Bloodbath had made rocking a Vamperic look very un-vogue.

'Oh my, the place is spotless!' I heard the princess say from the entrance

With a horrified look at my mid-riff, I tore at the apron strings fastened around my waist and threw the maid's clothing into the hands of the nearest servant. Then I made a dash for the entrance hall, patting my hair and distantly hearing myself snapping something managerial like 'Walk with me!' to Chatwin when he appeared again.

I skidded into a curtsey to find that, with the exception of the duchess of Victoria's polite exclamation, my efforts had gone either unnoticed or unappreciated. And coming up the steps with what seemed like no intention of pausing to remove his light tan jacket, at odds with the regalia underneath, was Fallon, who headed straight for me and dragged me towards the back of the house. Edmund followed, silently.

'Last night, Kaspar Varn and Violet Lee slept together,' Fallon growled, telling me he hadn't had much sleep either.

That explained the pointed expressions of the older Athenea, but I still struggled with the concept. Never mind

the fact I had seen such an event no less than three times
– the latest hours before, apparently in real time, fully awake
with a headache that had Chatwin ordering all sorts of spell-
infused brews.

'Last night? I thought the Inter met at Varnley? Surely
they didn't . . . right under the noses of . . . well . . .
everyone?'

'The meeting moved to Athenea in the evening. The
human contingent refused to meet at Varnley and apparently
King Vladimir didn't want Violet Lee out *too* late,' Edmund
filled in from behind us in such a dry tone that his disap-
proval was unmistakable.

'They took her out of Varnley?'

'The Inter ruled she be kept in the dark, remember?'
Fallon retorted. 'And they haven't changed their minds on
that. Moreover, my father hasn't changed his mind. It was
about the only thing anybody could agree on.'

He slumped against the arm of a basket chair in the
conservatory and I stepped onto the terracotta floor to join
him, well aware of his condemnation of this particular choice
of the Inter's. I was inclined to agree. *Being given the know-*
ledge of our existence is the least Violet Lee deserves. And it could
aid her choice on turning, too.

I found a comfortable nook in the plump back of a sofa
and eyed both men. They were clearly exhausted – Fallon's
weight was making the chair slowly slide away from beneath
him, and Edmund looked hungry enough to reach right
down into the carefully regulated indoor koi pond and sample
homemade sushi, despite his devout veganism.

'Look, just . . .' Fallon trailed off and opened his mind up,
flooding it with images. He didn't even bother to conjure a
picturesque landscape. I slowly made my way among them.
It took me fifteen minutes, but there was a lot to absorb. Like

how Fallon had met the infamous Violet Lee, and admired her strength; touched her neck. How, with an emotion-clearing shake of my head, the entire Inter had been witness to Kaspar Varn's outburst. How his father had roared upon learning of his latest bedfellow, forbidden them to touch. How he had sent his son to Romania, and decided to punish Violet Lee by making her the sacrifice in their annual Ad Infinitum Ball.

Upon this image, I withdrew. This was not a good development. I had witnessed what the entire world would now learn of, but what I had seen had been something that could give us all hope: Violet Lee showing affection for a vampire. This wasn't just him seducing her, she had willingly gone to bed with him, I was sure of it, and that meant she might consider turning.

I told Fallon and Edmund this.

Fallon seemed uninspired. 'I don't think we've got time to wait for her to fall in love with him.'

I stood a little straighter. 'Why not?'

Edmund left the pond and stared straight at the prince. The latter shook his head. 'She's seen it already.' I folded my arms. 'The meeting was called because the Vamperic council suspects that Michael Lee has gained an excuse to essentially launch a war against the vampires in his daughter's name.'

Hence the middle-of-the-night, three-hour (and frankly, rude) warning everybody had been given of the meeting. Varnley were probably terrified. I raised an eyebrow. 'And the excuse is . . .?'

'Prophecy. One of ours, to be precise.'

'Which one?'

Fallon threw his arms up in an exaggerated shrug with the same sudden burst of energy he had used to drag me in. 'That's what they hoped we could tell them.'

'There have been rumours about the Prophecy of the Heroines,' I prompted, otherwise drawing a blank.

Fallon shrugged.

'And it gets even worse,' Edmund sighed.

Fallon looked utterly surprised, like the idea of things getting worse was as ludicrous as that of a human girl being held political prisoner by creatures she had grown up thinking were mythical.

'I talked with the head guard at Varnley this morning. Kaspar Varn and Violet Lee were pursued by two slayers on their return, and there is reasonable evidence to suggest those two slayers were Giles Randa and Abria Pierre.'

I stopped leaning against the sofa. The slayers who had been with the Extermino! One look at Edmund's face told me I was right.

But Fallon picked up on something more. '*Pierre?*' He said it with such venom that I felt the need to find support for my back again.

'Yes. Abria Pierre is the fifteen year-old daughter of John Pierre, and since the killing of Claude Pierre in the Bloodbath, the next leader of the clan. She no doubt seeks revenge on the Varns for her brother's death.' Edmund took a long breath to replenish the one he had expended in his, as always, thorough explanation. 'More importantly, this signals that what we experienced at Kable was definitely no fluke. The slayers were not rebels who have joined the Extermino. They are the flesh of Pierre, and are involved in Lee's efforts to return his daughter. They answer, it seems, to more than one master now.'

'So it's like a . . .' I searched around for some way of summarising what I thought he was suggesting. 'Inter-dimensional factional conspiracy?'

Edmund raised an eyebrow. 'Catchy. That is exactly what

it is. Pierre, chri'dom, Lee, the rogue vampires and probably this shady Crimson family have united. United whilst we are weak, divided and in crisis over Violet Lee.'

I wanted to tell him he was doing an extremely bad job of being a protective surrogate uncle at that moment. Putting all these worrying theories in my head was not going to help me organise a party effectively. Except they weren't theories anymore. Someone in one of these breakaway groups had clearly discovered the maxim the enemy of my enemy is my friend, and was exploiting it.

Edmund, perhaps realizing that he had just horrified his two teenaged charges, hastily added: 'But I can think of no more competent man to deal with this than your father, Fallon. He and your mother got us through two world wars, remember, and that's just to mention the last century.'

Comparing *this* to world wars wasn't exactly reassuring either, and Fallon chose that moment to excuse himself for a few hours' sleep.

Edmund did not move. Instead he placed his weight on one polished black loafer, folded his arms and stared at me.

'You're too young for what is happening. You won't be able to deal with what is going to happen to you – to us.'

Before I could process those words he was gone, fleeing down the long white corridor, lined with servants' doors, back to the entrance hall.

'Edmund, come back! I demand you explain that statement!' I yelled in his wake. The entire staff in the kitchens could probably hear me through the doors, but I didn't temper my anger. 'If you are referring to my visions, I'll—'

There was no point in continuing. He had disappeared. Instead I turned back to the conservatory and had barely crossed the threshold when a waxy leaf belonging to a white lily, so vast and heavy its stem drooped to the floor, caught fire. Making surprisingly efficient tinder, the entire leaf was engulfed. The single white lily did not survive either. I left the pile of ash I had created.

'Damnit, why won't anybody explain anything to me?!' I hissed.

CHAPTER TWENTY-FOUR

Autumn

I hugged Lisbeth as soon as she unzipped the polythene bag. She could not have picked out anything more perfect. Yet by the time I had the dress on, I was having doubts.

'It's quite short,' I complained, tugging at the tiered hem that flared slightly from the hips, whilst the slip underneath somehow managed to stay firmly attached to my thigh, a little too high up.

'No shorter than anything the other girls will be wearing,' Lisbeth reminded me from her dressing table, where her magic finished off her make-up. I didn't disagree with that. My phone had been vibrating constantly all afternoon, with multiple girls seeking reassurance about their wardrobe choices. 'And you asked me to find something for tonight. I think it's very you.'

She was right. It was boned and worked as well as any corset, pulling my waist in so there could be no doubt in anybody's mind that I had anything but an hourglass figure, even at my age. It was entirely black and covered in a fine lace decorated with roses that overlapped the strapless top slightly, meaning I didn't have to worry about that part too.

'And it will impress everyone. You look gorgeous!'

I slipped my feet into my black heels – the height of which would make Edmund very grumpy – and stared her down. I knew her game. She meant it would impress Fallon. She had been at it for two weeks.

Except I wasn't quite sure I would impress. I had left my hair down and curly, but had smoothed and pinned back one side with a tiny rose-adorned slide, revealing an ear, which he never liked. If I left it down it would annoy me all evening.

'Stop playing with your hair.' Lisbeth came over and wrapped a large hand around my wrist, pulling it down and placing it over hers. Together we left her room to descend.

Waiting at the bottom were the two younger princes, (the duke and duchess had gone out on a 'date') looking refreshed after their afternoon of rest, as if the previous day and night had never occurred. That was what we all wanted. To forget what was happening, for one night.

Alfie, casual as ever, had opted for an open jacket and shirt with no tie, though he did have a deep blue handkerchief tucked into his breast pocket, which matched Lisbeth's dress as though made from the same silk. He came forward and took both her hands in his, before placing them on the dress panels resting on her hips, which had miraculously produced curves.

'You look wonderful,' he told her, making eye contact and refusing to break it until I crossed through his peripheral, heading for Fallon who hung back. 'You too, Autumn,' he hastily added.

I allowed him a small smile, and then returned my attention to Fallon. In looks he might be the image of his cousin, but in style he could not be more different. His black loafers gleamed – freshly polished – and his black trousers and jacket were so clean and crisp they had the appearance of crushed velvet in the soft candlelight, streaming from the lanterns floating mid-air above us. I had the urge to reach out and touch it to check, but found I had moved close enough to see it was cotton. Between the lapels peeped a double layer black and grey waistcoat, and around his collar, a bow tie.

I drunk up these details in seconds and hastily searched for something to say, because once I had reached his hair, which he had done nothing whatsoever with, I became acutely aware he was drinking me in too. 'Every inch the host,' I settled on, smiling and parting my hands slightly, because what I really wanted to say was *you look incredible.*

'You look . . .' He shook his head slightly and did not close his mouth, and then cocked one ear towards his shoulder. 'I don't have words.'

I smiled and stared at his shoes.

'I like this,' he murmured, reaching out and touching the clip in my hair. He pulled his hand back, smoothing a strand as he did. 'I like your hair like this, duchess.'

That was it. A cocoon in my stomach burst and from it fluttered butterflies, who found their way around my system in a heartbeat, and I was sure if I used my magic at that moment I would accidentally burn the place down.

Instead, I was left with the urge to tie Alfie to a stake and burn him as he cleared his throat with a snort, utterly ruining the moment. Lisbeth thrust her elbow into his ribs. He didn't even flinch.

It didn't matter anyway. I could feel warmth approaching, the kind only humans could produce. Before I began to shut my mind down to the impending babble, Edmund wormed his way in.

'*Autumn, your friends are at the south gate.*' I nodded though he couldn't see me. That meant they were in the lodge at the visitors gate, enduring security checks. '*Brace yourself. I think that Gwen girl has been pre-drinking.*'

Fallon grimaced and Alfie laughed. 'I'm looking forward to this.'

The next hour was pandemonium. Tammy and co. were first to arrive, but I barely had time to do more than nod encouragingly at their stunned expressions and shunt them into the ballroom. The guests did not stop arriving, and having been roped in as hostess I found myself hitting repeat when explaining that the gorgeous, mirrored ballroom was based on the one in the Palace of Versailles, and had been the Atheneas' recent addition to the place. Most were left drooling at the lavishness.

It was nearing nine o'clock when I caught up with my friends. They were clumped together; too afraid to approach any of the boys and even more afraid when Lisbeth and Alfie came to introduce themselves. But when alone they were perfectly chatty and extremely excitable; Edmund's guess that Gwen had been pre-drinking was quite correct. They were drinking now too – Buck's Fizz – and were giggling at a waiter offering canapés (another thing that fascinated them). Fallon had, of course, hired outside caterers *from Athenea* . . . because unless they had clocked up ridiculous air miles, they simply weren't good enough.

He had excused himself some minutes before to welcome the last guests, and I was just being bored by Gwen's animated description of what she would like to do to the poor waiter (who was still in earshot) when she fell silent.

Somebody behind me cleared their throat. '*Sarlane, rafiki.*' Hello, friend.

I was so shocked to hear my tongue spoken in such an accent that it took me several seconds to turn around.

'Jo?'

We dived into each other's arms without any more words and jumped up and down squealing, until a second throat clearing forced my feet to remain on the floor.

There, sure enough, he was.

'*So'yea ar en manta t'ea rarn!*' I said to the prince, trying to tell him off but sounding more amused than angry.

The prince checked his smile and looked suitably admonished as I threw my hands to my hips, raising his hands in submission.

'I'll go and fetch you some drinks; let you catch up.' He laughed and made his hasty retreat.

As soon as he was out of earshot Jo's mouth widened into a silent shriek. 'Wow,' she cooed. 'Wow, wow, wow, *the Athenea,* you're with the Athenea! I'm with the Athenea!'

'I did notice.'

'No, but this is incredible. Prince Fallon got special permission for me to dimension hop, you know. He must really like you! God, that's the best way to travel; it beats a plane every time.'

There was going to be no reasoning with her, so I let her babble on, wondering how I had gone without her radiance for so long.

'I have so much to tell you! You remember James Funnel from school? He lost his virginity to a . . .' She lowered her voice and glanced left and right. 'A *human,* and that girl Raine is just horrible these days, she fell in with this group that think it's cool to smoke and, get this, *drink blood* for the high it gives them! Apparently it's some new craze people started when Violet Lee got kidnapped . . .'

Jo fell away from me as though she had stumbled over the edge of a cliff. I saw her drop with wide eyes until she steadied herself on one knee, a low curtsey that could be done without a ball gown. Hesitantly, my human friends (who I had completely forgotten about) bobbed into shallow curtseys.

'Prince Alfred,' Jo forced. Her voice trembled.

Alfie cocked his head to the side and winked at me as we stood, the only remaining towers in a pile of rubble. 'I see Fal has delivered his surprise to you, Autumn. But I think it best if she stands up to try the champagne. It packs a punch.'

Jo nervously laughed, and keeping a firm grip on the floating hem of her burgundy dress, tottered back up, blushing the whole time. I made a note to ask her if she had ever actually come across one of the Athenea during her summer at court. It didn't seem like it.

'I am so grateful that you have allowed me into your home, Your Highness. Especially considering the . . . ah . . . circumstances.' Jo glanced briefly at me and that one look told all: she knew what a web we were in.

'Circumstances could well be our family name,' Fallon said, appearing behind me, omnipresent as ever. 'Don't trouble yourself with it.'

Then why tell them in the first place? Unless it was a threat. A subtle unveiling of how deep, and how dangerous, their royal world was. The injunctions themselves were enough to make Jo quake in her shoes.

As soon as I could, I whisked Jo away to a powder room tucked away behind the ballroom. I hoisted myself up onto the counter by the sink to give my aching feet a rest.

'Oh Jo,' I breathed, reaching down and clasping her hands together in mine. 'I wish we were children again!'

She stared at the floor. 'I thought we might drag up memories of the professor. Your grandmother, I mean.'

I slid off the counter and span to face the mirror, sliding a finger under each eye to catch my smudged make-up. 'My grandmother is dead, Jo. I know that.' But she wasn't dead. She was staring right back at me in the mirror. She was there in my hair, and my scars, and my breasts . . . she was in my shadow. She *was* my shadow. My ever-looming shadow. 'I'm not angry with anyone for being associated with her. Not even with the Athenea anymore. I'm okay now.'

'But you're scared. So are the Athenea. I could tell when we were invited. The security! And why did you stop telling me what's going on in your emails? Have you found out whether the Athenea knew who killed her?'

Once again I was astounded by how firmly her finger was on the pulse. *Is it that obvious? Is it so clear to the outside world that we are not coping? That Violet Lee could rip us apart, limb from limb, and leave us for dead?*

I did not ponder those questions aloud. I felt I had a duty to reassure her, just like when we had been children. Because in our games I had always been the mother, and she my daughter; I was the doctor and she my patient; I was queen, and she my disciple.

'They know but it's not important at the moment. There is so much other worry going around court now. You know that. We're not immune, either. But it's not worth ruining our time together.'

Jo uncrossed her legs and rose to stand a little behind me. She tried to catch my gaze in the mirror but I would not allow it. 'You're right, Autumn. But now you've forgiven the Athenea for not telling you about the professor—'

'I haven't forgiven them, just accepted—'

'Now you're so close to them, will you and Prince Fallon get together?'

I pursed my lips together. 'That's rather bold of you to say, Jo.'

'What's bold?'

The excited squeal of Gwen clipped my next sentence and I closed my mouth. Christy, Tammy and Tee followed her into the bathroom; all intrigued. I watched their reflections.

'Well?'

'His Highness and Autumn going out,' Jo said, turning to my human friends with an excited plea on her face.

There was a uniform gasp of astonishment. 'Since when?' Gwen demanded, planting her hands on the counter to my left like she intended to drag it towards her.

'No! I meant they *should* go out,' Jo corrected, alarmed at Gwen's forceful nature. 'It would be perfect, don't you think? A fairy tale! Think of all the magazines she would be in!'

The joy, I thought, summoning my foundation from upstairs into my hand and letting my magic do the work. *Has she actually been absorbing what I say in our emails? We don't want the attention!*

When the giggles had ceased, Gwen took up role as spokesperson. 'But seriously, you have way better chances than anyone else. So go out with him, get in his boxers and tell us if that bulge is real or just a banana, 'kay?'

'Gwen, you idiot, Autumn wouldn't know what to do with a cock if it slapped her in the face.' The door slammed closed and in front of it stood Valerie Danvers and her two cronies. I span on my heel to face them, defending the sink in the massive room as though it were my child.

'Go away, Valerie,' came Tee's brave reply. I felt a flutter of pride in my heart; it was Valerie I had saved Tee from, and I knew that this small, shy girl of twelve was twice as afraid of the bully as I was.

'And don't be so gross,' Tammy elaborated.

'Just because you're a slag doesn't mean the rest of us

are,' Gwen spat, taking three steps forward so she and Valerie were nose to nose.

In a mirror to my right I saw Valerie's lip curl with a raised eyebrow. 'Look who's talking. We all know you'd shag some Sagean shit the first opportunity you got.'

Gwen scoffed but backed away in guilty retreat, just as Jo, whose eyes darted from one girl to another, silently got up off the stool and came to hold my hand. Christy came and held the other.

Valerie seemed to be sensing her impending victory and advanced on us until suddenly, she was halted by the tiny figure of Tee – too young for this sparring and for the party, but glued to her cousin's side all the same – who raised herself up to her full five feet and glowered. 'Don't swear, Valerie, and stop being so mean. Nobody cares what you think, so leave us alone!'

Her words succeeded in shutting the older girl up for a full ten seconds. Then Valerie crouched, scowling and her dress slipped up so we could all see the shadow of her crotch.

'And I don't care what you say, you little nig—'

'Don't even think about it,' I hissed, and in my raised palm a ball of red energy bounced between my thumb and fingers. My blood was hot but there was no red mist. I was in control, and so long as I was, I would not let anybody hurt Tee. 'Girls' bathroom. No prince to shield you now.'

She took the hint to flee but I had no intention of leaving it at that. Hot on her heels, she was fearless, spewing insults about my snobbery, my grandmother and my title, but I took no notice. I chased her all the way back into the ball-room where she halted, yanked her skirt down and settled on her last words.

'I hate you!' she declared with a totter on her heels.

I rounded the group until I could see her face, her seething, bloated, red face. I realized I was smirking; pleased that I could invoke such emotion in a person. *How stupid she looks at this moment . . .*

'Likewise.' A quick bob of a curtsey, a spin on my right heel and I was gone.

I passed through awed stares, weaved through crowds, skirted the mirrors and the other room beyond them; my feet had a purpose but I could not decipher it. When the end of the room was in sight they halted. One foot crossed behind the other's heel. My knees bent. I lowered myself.

'Your Highness.'

'Would you like me to kick Valerie out?' he asked.

I shook my head and smiled up at him. 'I've got it.'

He looked stunned. But he was smiling. He was smiling and he took my hand in his. We came together, and I could see the throbbing vein in his neck.

'Dance with me,' he said.

The music was changing. The heart-pounding bass faded into the tinkering of a piano, and the repetitive vocals blurred with the faraway coo of a woman's voice.

'I don't remember how.'

'You do.' His lips were on my ear. I smiled a little and shook my head and said no, but he silenced me, not with his words, not with his hands; with his gaze. 'Let me lead you. You have no worries. You have no fears. Not now. Not in this moment. Dance with me, Autumn.'

And then we were moving through the crowd I had parted and I was vaguely aware of Alfie and Lisbeth, but they looked like blurred figures through a misty lens. I only truly saw Fallon; I felt the warmth and sweat between our interlocked fingers, and I felt the tremor of his footsteps through the soles of my feet. He spoke to the faceless crowd. I did not hear him.

We broke apart and I curtsied and stepped willingly and eagerly into his hold, and he led me in a slow waltz that I knew so well I could focus totally on the light press of his unscarred cheek on mine, and close my eyes to the faceless fishbowl crowd.

'I want to say something, but I can't, as though if I were to say it, you would break.' His voice cracked on the very last word and the hand on my hip slipped around to rest on the small of my back, pulling me tightly to his torso.

'Then don't say it,' I sighed, resting my cheek on his shoulder. 'Please, spare me the pain.'

'Always, little duchess. Always.'

I felt him bear up, straightening and pushing his chest up and lifting his head so the skin tightened where I rested my head.

I knew I should be content. But it wasn't like that. It was as though we were being pursued – by what, I didn't know – and I had been chased right into a lake, and I was drowning. The music rose and fell, reaching my ears in slow, distorted waves. My feet did not feel the floor and I rocked with the current in his arms. I opened my eyes. The people were now watercolour figures, extending far into the depths of the mirrors.

And I knew it would always be like this, if I never left his arms. I knew I would always live in a fishbowl, and that the only way to escape the pain was to drown in deception, and to lie to myself, and to die pretending.

I did not care.

And then we broke apart and I knew that it would always be like this. He spoke to the crowd; thanked them for coming as the music fell silent and the lights started to brighten. People began dispersing, and servants began directing and I disappeared into the mass, suddenly exhausted and wanting nothing more than my bed. But a hand caught mine. It was Fallon.

He squeezed my palm between his thumb and fingers. 'Goodnight, duchess.'

He let go and, feeling suddenly lost, I clasped both hands together across my middle.

'Goodnight, Your Highness.'

His gaze flitted to the ground and back up, like he couldn't bear to look away; when our eyes were level again his lips upturned and he reached forward for my left hand. When he had it, he bowed forward and kissed the finger where a ring would be placed. Straightening, he nodded, once, slowly, and walked away, hands clasped behind his back like he was lost too.

In a stupor, I watched him leave, heart exploding as my mind screamed at what had just happened; something I had seen done in Athenea so many times, when the teenagers had seemed like adults, and the adults like giants.

He paid court to me!

A pair of arms clamped down around my shoulders and jolted me up and down. 'Did that just happen? Did that just happen? You are going after him, aren't you?' Jo screamed, pushing me towards the door.

'Do you think I should?'

'Yes!'

Cautiously, I started towards the door, glancing back over my shoulder at Jo who nodded encouragingly. But outside, he was nowhere to be seen, and when I knocked timidly on his bedroom door, glancing nervously over my shoulder in case I was spotted trying to enter his bedroom, there was no answer. Coming back down to the gallery I ran into Tee and a servant, leading her up to one of the rooms because she was staying the night.

'Have you seen Prince Fallon?' I asked.

'He went down that corridor there.' Tee pointed below the stairs and beamed a knowing smile that had me blushing.

'He wished to be left alone, my lady,' the servant bristled and left, forgetting to curtsey.

I stared at Tee's back. 'I bet he does.' I whirled on my tall heel and made my way down the stairs; I was back in the fishbowl and the leaving guests were staring. I did not care. In fact, I *enjoyed* it, just like I enjoyed tormenting Valerie. My shoulders squared; my head raised.

Nobody could hurt me in that moment.

It was a moonless night beyond the glass room, and the only light and warmth came from the out-of-place stone hearth, where a fire roared, feasting on a freshly laid, tall pile of logs. On the oak coffee table stood a decanter and two glasses.

He was in the shadows, half-concealed by tall potted plants with vast, waxy leaves. I waited for him in the doorway. He turned to look back over his shoulder and after a pause his body followed, and he trod the floor like he owned it, very deliberately, but very slowly, closing the distance between us as though I were a wild animal that might startle.

He stopped about two metres short. 'You understand what I meant by that.'

It wasn't a question, more a command to answer.

Shaking, I lowered myself as gracefully as I could to the floor, coming to a rest in a bow with one knee raised, my weight resting on the other. I felt my dress ride up my thighs.

'I never thanked you, Your Highness, for inviting Jo to Burrator. She was humbled to meet you.'

There was a warm tint in his eyes that I hadn't seen before, and without ever tearing his gaze away from my lowered body, he took a long drink from the glass in his hand, which contained what looked like brandy.

Abruptly, he span and headed for a sideboard to my right. I heard him set the glass down and risked watching him. His hands gripped the furniture edge and his head was bowed in submission to the rushing waterfall beyond the glass.

'I didn't invite your friends for the sake of their social standing.' His tone was irritated. I stayed dumb. The knee flush to the floor was beginning to numb. He glanced back at me after several seconds of silence. I could hear him raking a breath in.

'Lower your knee.'

I didn't move.

'Lower your knee, Autumn!'

I did as I was told. Kneeling tall, fighting for balance as my legs quaked, I felt like a fool. I didn't feel like I was bowing before my prince.

'Fallon?' I whispered to the chorus of the crackling fire. 'You're scaring me.'

One by one, his fingers loosened their grip on the wood and he swallowed, hard, rising and turning back to me. In a breath he was in front of me, his hand cupping the back of my head, his fingers intertwining in my hair, and my forehead resting against his thigh, almost level with his crotch. My eyes flicked right. My throat tightened.

'You can't answer me, can you?' he asked. His voice was chillingly calm.

'I—'

Nothing came.

His hand clenched in my hair. He took a few deep breaths and then spoke. 'Come sit with me.'

He helped me up with a hand in mine, whilst my other tugged my hem as far down as it would go. *Oh, Lisbeth, why this dress?*

He sat down and nestled into the corner of the sofa in

front of the fire, and I sank into its folds, knees clamped together. We settled at right angles to one another. He watched me, one leg crossed over the other, hands on the back of the sofa, free foot hanging; casual, like the earlier tension in his arms had flowed through his hand into me as I had knelt before him.

I was rigid. The fire was the only place I could look.

'I tried,' he said. 'I tried to be selfless. I know that you need to heal before you can offer me what I want, and I'll help you. But I'm still a man, and seeing you tonight . . . seeing you so beautiful, so confident . . . I just had to know. I had to know if there's any hope.'

I didn't look at him. *How can I? He's right.* But the tone of quiet acceptance . . . it broke me. I found his gaze. His jaw tightened and he leaned forward, taking the decanter in his hands.

'Christ, you're not even legal,' he breathed, dry, humourless, hand and voice shaking as he poured out two glasses of red wine.

I stopped fiddling with my hands. 'I will be in a week,' I said slowly, eyes darting right.

'Don't suggest something I know you can't give me. Heart first.'

He handed me a glass, touching his own against mine and taking a sip. As he did, he leant back and the light from the fire chased the shadows from his face. For the first time, I realized just what was scaring me, and why his eyes were so warm: each iris was as red as the crimson liquid in his glass.

Why does that scare me? We had just been talking about it, about those kinds of feelings, I could see the sweat running down his neck and I wasn't an innocent: I knew why he had crossed one leg over the other.

'Do you know the effect you have on men? Do you have any idea how people see you, revere you?'

I shook my head.

A hand returned to the back of the sofa and he took my gaze for his own. 'You are beautiful, you know this. But you are too innocent to know the power you wield. I doubt I'm the first, and I will definitely not be the last who wants your heart and more. And I wish I was strong enough to be content with just your companionship, but I need more than an untouchable glass ornament on my arm. My family; your family; the court . . . they need more than that.'

I shifted and set my glass down, staring at its delicacy. 'I'm not an ornament, am I?'

He also set his glass down, empty now. His eyes had faded to their usual blue. 'You are. You are a deity. You should be kept safe in a cabinet, pure and protected from the pain.'

It was in a sudden surge of courage that my hand settled on his top leg, and pulled it from across the other until both his feet rested flat against the tiled floor. And it was with a rush of something new, something injected into my chest and back, abdomen and neck, something that felt like magic but wasn't, that I rose onto my knees on the sofa and straddled him, hands coming to a rest on his shoulders.

'Autumn . . . what . . . what are you doing?' He had to take a breath between every other word, and his eyes had dropped right back down to red.

'Why? Why do I have to be kept pure?'

His hands settled gingerly on my hips, where they had rested so many times when he had hugged me, or just now, when we had danced. It was different this time.

'You don't. But you're too important to hurt; to lose your mind. It's why I'm afraid of breaking you. We need you.'

I slid forward a few inches. 'Because I'm a seer?' I insisted.

He nodded and swallowed so hard I could hear the gulp. 'Autumn,' he choked. 'Autumn, you need to move back.'

He might as well have jammed a needle right into my heart. I shuffled back, and my arms fell away from him; instead I wrapped them around my stomach and stared at the arm of the sofa.

'Hey,' he whispered, un-tucking a few strands of hair from behind my ears. 'It's a compliment. I just like you far too much to ignore the fact you're sitting in my lap.'

'Sorry,' I murmured, embarrassed and ashamed at what I had done because I hadn't achieved . . . well, what? *What had I been trying to achieve? I don't want to be with him like* that, *so why did I do it?* Flirting with feelings so strong that I was rejecting them with all my might . . . that was dangerous. That was stupid. That was exactly the gossip the press wanted. Goose bumps rose on my arms at the thought.

'You're cold,' he muttered, and with a wave of his middle finger a patchwork throw tossed on an arm chair floated over and settled around my shoulders. He pulled it right around me, reached down with his hands and, one by one, took my heels off.

When he was satisfied that I was comfortable, almost sitting cross-legged in his lap by now, he allowed himself to lean forward a little, until our foreheads were nearly touching. 'I can't pretend I see you just as a friend, or as a noblewoman, not anymore. I just want to hear that you need me, need me as much as I need you, even if you don't want a relationship.'

My hands wrapped around the back of his neck and chest, quivering, closed the distance between us so our foreheads touched. 'I need you. When you first came, it got worse, you damaged all my walls, but—'

'I'm so sorry—'

'But now you make it better, I'm so much happier now and yet I still hurt, I hurt too much and I can't let go, I just can't. Please understand, please.'

I couldn't hold tears back any longer and he pulled my head down onto his shoulder.

'I'll wait,' he said. 'And we'll get you better. I'll wait.'

I didn't really hear him as a sudden sharp stab of pain darted from my right temple to the left, like an arrow had been shot right through my head.

I let out a sharp breath and rose from his shoulder a little. He went to hush me but another even more painful stab penetrated my forehead and with a muffled shriek, I recognized the pain.

'My head hurts. My head hurts so much. I think it's a vision.' My nails dug into his arms through his jacket and he pulled me tight. 'It is, it's a vision!' The sobs heightened and I tensed up, gripping him as the pain intensified and moved from my temples down to my eyes, blackness infringing on the outer rim of my vision. 'Please stay, please stay, don't go!'

A hand stroked my hair. 'I'm right here,' he cooed. 'I'm not moving.'

'The servants . . . the servants . . . they'll gossip . . .'

'It doesn't matter. None of it matters.'

'It hurts! It hurts so much!'

'I know, duchess.'

'Don't let go. Don't let go of me.'

'I won't. I've got you.'

'I need you. I need you, Fallon Athenea.'

Darkness.

So it's true. Athenea has been right all along.

Violet Lee thrashed in her bed clothes that night. The

sweat stained circles on her shirt, and her feet, twisted up in sheets with just her toes poking out, dripped.

'Have you heard the Prophecy of the Heroines?'

My view of her slipped left and right across my vision as hazy outlines of cloaked men in a clearing jostled for attention.

'It's a load of destiny crap made up by Athenea. Not worth your time or mine.'

I could feel her curiosity burning as a constant pull back to her room, but I was definitely in another's mind, and yet even as I tried to work out just whose mind, the scene span and I could see a figure amongst the tree-tops, looking down on a group of gathered slayers and rogues.

It was an uneasy scene, where every creature wanted to rip out the other's throat. They spat venom back and forth and the trees suffered as the rogue punished the bark with his nails, and the branches of the trees silently bore the weight of the mysterious onlooker.

Was she dreaming this? I thought as what was presumably her bedroom flickered back into the centre of my gaze. And if she was, did that make this scene real or not?

'They've found the Sagean girl of the first verse. The Prophecy is true.'

Whose heart paused for a moment there? Mine or hers?

'They have found the first Dark Heroine. But after all, you don't believe it, so don't trouble yourself. We'll let Lee know before Ad Infinitum is over.'

There it was. The Prophecy the Vamperic council thought Lee might use as an excuse. Finding the first girl . . . that was his excuse.

Violet Lee finally came to a rest in her bed, but even in my unconscious state I could feel my weight bearing down on the prince, and feel the heaviness of my limbs, slumped against his.

I was going to be alive to see the Prophecy of the Heroines finally, after so many millennia, be fulfilled . . . and hopefully, the danger and fear we were in ended, and the war so many prophets had seen coming stopped.

CHAPTER TWENTY-FIVE

Autumn

'Fallon! This is the Prophecy! The one we have all longed for! This is what could put it all right! Why are you not happy?' I demanded.

His mind was full of its usual blue skies, but every single box had been locked down, and I was greeted with the equivalent of a mental shrug.

'"They"? That must mean your family, surely? They are going to find the first Heroine! Have you not heard anything?'

He was out of my line of sight as he fussed over his horse: a young, lean black mare he affectionately called Black Beauty. As she bucked her head and tossed her mane I heard a scoff.

'I would never be trusted with that kind of knowledge, I'm too young, you know that, Autumn.'

'I hope it wasn't just a dream of Violet Lee's. I hope it was real.'

'You'll find out soon enough. My aunt went straight to Father.'

I finished saddling the horse I always borrowed – a dappled

grey mare called Infanta – and let her drink as I picked up my riding gloves and weaved through the stalls until I found the prince. Gloves on, I lightly and nervously gripped the stall edge.

'About last night . . .'

He pulled his own gloves on and met my eyes. He sighed. *'I told you. I'll wait.'*

'But is it enough?'

He came forward and placed a gloved hand against my cheek. I closed my eyes, briefly, and let the velvet warm my wind-battered face. He didn't say anything. He didn't have to. With that he took the reins of his horse and led her out of the privacy of the stables, to where our friends were waiting.

Between Jo, Alfie and Lisbeth, the humans who didn't ride, or didn't have the confidence to take Alfie's crash course in horses, had found a rider to chaperone them, and tiny, petite Tee was going to ride with me. Once I had settled in my saddle Fallon hoisted her up, barely needing the strength of his second arm she was so small. A few soft words in Sagean to reassure Infanta, and I quickly urged her into a trot towards the northern gate to the estate. The Athan, ever present, ran on and disappeared ahead of us.

My grandmother had always told me to watch the way a man treated his animals. If he was kind to them, he was a good man, by her reckoning. And as I threw my hair over my shoulder to look back and watch the prince, I could see the tension of the stables melt away into the ground, and a small smile spread across his face as he rubbed the neck of his mare. He eased into a canter and began to catch up with us.

The air buzzed and the hairs on my arm, even below my thick riding coat, stood on end. We were approaching the perimeter shield. Tee shuddered below me.

'You can feel that?' I murmured in her ear, which was level with my shoulder. She nodded. I frowned. I had no idea humans could detect magic like that.

If the weather held up, we had planned to take our guests – my friends, Jo and a couple of Fallon's classmates from the sixth form – out riding on the high moor, where the views were stunning and we could escape the anguish my latest vision had brought up. And so it was with the intention of a peaceful afternoon that Fallon led the way out of the estate, through the shield and onto the bridle paths that weaved deep into the valleys between the tors. It was a scrubland; another planet, with a dull palette of grey granite and withered, muted greens and browns. The streams ran in troughs and leaked out between the toad-stool-tufts of elephant grass, and the air smelled of rot. I stayed ahead of the others with Fallon, keen to reach the higher, fresher ground.

We climbed until we reached a high, flat plain walled in on one side by cliffs that sheltered a natural pool called Crazy Well, which we often rode out to. The water was almost black the pond was so deep, and it lapped at the muddy banks in tiny waves pushed by the strong wind. As soon as it came into sight I dismounted and led Infanta on foot as Tee gripped the reigns like her life depended on it. The water comforted the animal; she distrusted the moorland and refused to even enter the deepest gulley. I shuddered. I didn't like it either.

We let the horses drink and my human friends, floating on a cloud thousands of feet above our heads, splashed one another with muddy water in spite of the bitter wind which skimmed the higher slopes and soared over our heads, and down again. I would have happily joined them if it wasn't for Fallon and Alfie's countenance. The ride had helped, but they still looked like the sky had sunk onto their shoulders and I gulped, confused but guilty as the harbinger of more news.

But this is good, isn't it? I could understand their concern over Lee gaining his excuse, but what was that, *what was that*, compared to the enormity, the power, of a Heroine? A Heroine I had heard discussed in my visions! The greatest seers would have known long before me – hence the rumours that had been flying around for months – but I still knew I had experienced a great privilege. For the first time I could see the personal benefit of being a seer.

Lisbeth was worried about her boyfriend, and suggested the party make a move. Infanta was anxious; she tossed her head, and backed from the group as we mounted. Tee was apprehensive about getting back on, and whilst I knew I could calm my adopted horse I didn't want to frighten the younger girl and so offered to stay behind and let them both ease up. Edmund agreed.

Tee sat down on a rock, and I worked on calming Infanta down. Nothing I did – stroking, sugar cubes, muttering in Sagean – worked. She could not be moved. I glanced back for Edmund, beginning to feel my own anxiety levels rise. I was good with animals, and she was well-trained. But Edmund wasn't there. He was up on the cliff-top, gazing across plains I couldn't see. Before I could enter his mind he had entered mine.

'Autumn, block-hex mists! Go!'

Infanta whined and I hurried to tell her to go because I didn't dare ride her. She took off in a panic – she would find her way back. Tee had jumped up and was leaning forward, ready to run, though she could have no idea what was going on. I grabbed her wrist and took off at a sprint, hoping to buy us a few seconds in which I could calculate whether Tee was light enough for me to lift so we could fly. Glancing back, I realized we had no hope.

It wasn't a mist. It was a fog bank, rising as high as the ash sky, a wall of grey and water. Edmund had been joined by Alya and Richard and all three were casting, repelling it with a wall of fire. But it seemed to just spread wider.

Tee had frozen, mouth parted in a silent scream of terror. *'Autumn, leave the girl and get out of here!'*

But I couldn't leave Tee and I yanked her off the path and into the mossy trails between the gorse, heading away from rather than along the edge of the hex. I could hear Edmund shouting and glancing back again I realized the entire fog bank had buckled into a bow shape, totally avoiding the Athan and instead extending in a claw towards us. I set fire to the gorse we ran past but it was to no avail; this was magic beyond even the Athan.

The path suddenly dropped away from below our feet and we were plunged into peat and mud. With that, we were immersed in the silent terror.

'Tee,' I whispered, struggling to stand with mud-covered boots. 'Keep hold of my hand and stay quiet.' Once I was upright I helped her stand and pulled her back to my chest, wrapping both arms around her shoulders with a hand in hers. The human slayers had not fared well in this hex. Neither would Tee.

Edmund had taught me a couple of discreet spells for just this situation. One by one tiny flecks of light, like fireflies, blinked into existence in a circle around us. I could barely see them but it was enough to keep the hex away from our faces so we could breathe; light, even in its most minute form, was safety.

And there we stayed, waiting to be saved, or found . . . found by whatever was hiding in the grey landscape.

The only sound was of our breathing. None of the hex

reached our lungs but the total, utter silence was enough to send anybody mad . . .

'A Katerina circle. Advanced stuff.'

Keeping Tee behind me I whirled around. 'Nathan?'

The Kater lights around us burned brighter until they resembled tea lights, and the Extermino who had once been human stood outside them, unable to move closer.

'What do you want? Who are you with?'

He looked remarkably well and at ease, given the fact that he had turned just weeks before. His hands were in his pockets and his scars were smooth and gleamed, though they were an awful colour. Even his clothes were kempt: trousers and shirt were pressed, and his corduroy jacket looked expensive.

'I'm here to speak to you, my lady, and I came alone for that purpose. But I suppose I can put up with your little friend.'

His accent was less thick and his enunciation had improved; not only that but he pitched forward in a fanciful bow that verged on mocking.

The spell that I released the moment his eyes looked towards the ground did nothing. It was absorbed by a shield pulled in tight to his body and he stood up straight again, smirking.

'Play nicely, duchess. We're friends.'

'We're not friends. We never were.' I took a discreet step back, cursing the shards of slate that cracked beneath our feet, wishing we were still in the lowlands with the mud. 'Who are you with?' I demanded again.

'As I said, I'm alone.'

'No, you're not. Nobody could create a hex as powerful as this alone.' I was buying us time, talking my way through the seconds until the Athan found us.

'I can, and more. chri'dom is an exceptional mentor.'

He flattened his hair, still very curly but folded back away from his forehead now to reveal the scars that were oddly blue in colour, more gunmetal than pure grey. They were extremely thin and twisting; perhaps even more curled than my own. He was everything I did not expect from a turned-human: healthy, powerful, calm, handsome.

'So you're his puppet now.'

'His protége.'

'Is that the lie they used to convince you to turn?'

'You are such an opinionated girl. You should learn not to be. I gave my full and informed consent to turn, completely aware of the risks and the manifesto of the Extermino. So save your preaching for the corruption of your court.'

He tried to look me straight in the eye as he spoke but I refused to meet his gaze. 'The Extermino don't have a manifesto. They just kill people. You saw that in Brixham! You saw how they killed—'

I faltered over my words as he threw his head back to laugh and opened his mouth wide so I could see the fleshy, ribbed roof and the set of teeth that had miraculously straightened. 'Of course I saw it. It was for my benefit.'

'What do you mean?'

'It was a test. chri'dom wanted to see if I could handle death, and if I was loyal enough to him that I would be prepared to make you feel awful over it all.'

Tee let out a wail more animal than human and I wrapped an arm around my back, letting her take my hand.

'You mean . . . you were allied with them that early?' I searched the ground for answers until it hit me. 'Iceland?'

He nodded and clapped his hands. 'Well done, it took you a while. I agreed to turn whilst visiting . . . and that's why I came. To tell you why I did it.'

Impatiently I waved my other hand for him to continue.

He came all the way from Iceland to tell me this? I didn't know whether to be reassured, or to resist the false security he might be luring me into. 'Just say what you have to say and go, Nathan.'

'I turned because the Extermino do have a manifesto, a good one—'

I scoffed.

'A manifesto and an agenda that could help people like you, Autumn. It could help ease the relations with humans so others like you don't have to suffer hate and discrimination at the hands of people like Valerie Danvers and her.' He pointed at Tee.

'Tee and I are friends, she has never done anything—'

'And I appreciate your precious Athenea trust in fate and prophecy to solve things but what is going to happen is unnatural. You shouldn't have to suffer as you're going to. There are other ways of achieving the same goal.'

The Kater lights winked on and off as the magic in my veins surged in anger and frustration. 'This is stupid! They're using you to get to me and to the Athenea; the only person unnatural in this whole equation is chri'dom! He's a nutcase!'

He shrugged his shoulders. 'I'll be interested to see if you think the same after you come to us and meet him.'

'I will never join the Extermino!'

He came forward and touched the nearest Kater light with the tip of his middle finger. It went out. 'And what's more, you will come of your own free will. It's a waiting game, Autumn. And we will wait however long it takes, which I suspect won't be long.'

He touched another and another and I began backing away fast – *how could he have the power to extinguish a Katerina circle? He's like a newborn child!* I took deep breaths, gulping down clean air and storing it for the madness I knew was coming.

'You will have the blood of the dead on your hands, Autumn Rose, and they will only become more stained. How long do you think your conscience could last? A year? Two years? Because we can make it stop.'

'You're crazy, Nathan!'

'Tell me I'm crazy in a month.'

And he was gone, and the air exploded like fireworks into flames. Tee screamed and I span and wrapped her up, hoping and praying the Katerina circle had left a big enough cushion of air to protect us. It was hot; really hot, and the mud on our clothes caked and fell away as earthenware shards whilst sweat dripped down my face and into Tee's hair. I don't know how long we were in that fire . . . it felt like minutes but must only have been seconds because when the fire died we emerged unburnt, gasping for air but unharmed. I had never been so glad to see the barren moor.

I heard shouts of my name and reached out with my mind until I found Edmund and Fallon, and guided them towards the ditch we were in. Fallon reached us first and went to pull me into his arms but I pushed Tee into them; feeling how weak she was he picked her up and carried her over the crest of the hollow. I followed.

There were Athan everywhere – maybe twenty of them – and the group was a little way up the path from the pond.

'It was Nathan,' I told Edmund as he ran up to us. 'He said he was alone.'

'He's not,' he corrected, eyeing me over for injury then turning his attention to Tee. 'She's going into shock.'

He guided us back to the group and wrapped Tee up in his jacket as Tammy rushed to sob over her cousin. 'We need to get her back. Autumn and the princes too. We'll fly.'

'Can't we dimension hop?' I offered, concerned about how fast Tee was deteriorating. She was shuddering so violently she needed Tammy's help to just stand.

'Burrator is on lockdown,' Alya said, trying to take Tee from her cousin who held on to her like the younger girl was her last possession.

'We're taking Lisbeth, too!' Alfie protested, getting off his horse and taking the reins of the one his girlfriend sat astride.

Edmund snapped around to confront the prince. 'She's not the one they're after. She's safe.'

'We don't know what's out there!' Alfie said, voice rising as he gestured wildly to the moor beyond the circle of Athan. 'I'm staying with her.'

'Then you will jeopardize her safety and that of the humans!' Edmund snapped, grabbing Alfie's arm and jerking him away from the horses.

Lisbeth's horse reared a little and Alfie hissed but he was no match for Edmund's strength.

'Al, he's right. I don't fly as fast as you; I'll slow you down. If we stay together we put other people in danger. Go. I'll look after the others,' Lisbeth agreed.

Five of the Athan suddenly set off at a bolt; the rest pulled their circle in, closer to us. Richard and Alya, Tee in her arms, stood at the ready.

'Fly fast and low,' Edmund instructed, a hand still tightly fastened around Alfie's arm as the prince put up one last fight. 'Follow the contours of the land. We're less likely to be spotted that way.'

I quickly passed Lisbeth and found Jo, hoping my eyes could convey how sorry I felt for putting her in such danger. Unknown danger. A danger we could only define as being created by madmen.

She put on a brave face and reached down for my hand. I gave it to her and she squeezed.

'Ride like a Valkyrie, Rafiki,' I said, drawing a smile by using her old school nickname.

'And you fly like the wind,' she replied.

With that I threw myself forward rather than up and flew in a close group beside Fallon, Alfie and Alya carrying Tee, surrounded by Athan. Edmund had not been joking when he told us to fly low; we were no more than a metre off the ground and when it rose in a mound so abruptly that I didn't have time to adjust my course, my feet would dip into wet moss and grass. The wind rushed in at every opening in my coat, even through the button holes, and the sweat that had collected as a layer between skin and clothes in the fire turned icy. My magic, torn between flying faster than I ever had before and keeping me warm, was draining like I was slurping it through a straw.

And then there was the sense that just beyond the ridges of the valleys and shallow tors we sped past, something was waiting. Though I knew a group of Athan had ploughed on ahead to check our path, I still expected to collide with a waiting Nathan every time we dipped below the horizon.

But there was no Nathan, and no Extermino; they might as well have never been there, for all the life we encountered as we flew back to Burrator. Just as I began to see stars dance in my vision we shot through the first set of double gates into the estate, and my feet were back on firm ground.

Edmund looked positively bemused at our safety, but quickly recovered. 'Shut the gates!' he roared once we were back in the main estate. But the guards didn't need telling. We were locked in.

'What about Lisbeth?' Alfie demanded.

Edmund had taken my wrist and was quick-marching me

back to the mansion, muttering that I needed to see Prince Lorent. 'They won't be back for some time,' he said without even looking back. I did glance back. Alfie hadn't moved from the gates, hands on his head, running them down from hair to cheeks.

'We don't know what's out there!' Alfie continued, beginning to chase after us. I tried to shoot him an apologetic look but his gaze was fixed on Edmund's back. Fallon went to put a hand on his cousin's shoulder but recoiled when Alfie sent a pulse of magic his way.

'My colleagues are with them. They'll be fine.'

'And what use are you lot against them? They're creating spells that make your magic as useful as a vampire's!'

We came to an abrupt halt and I was flung in a semi-circle as Edmund turned on Alfie, the two men nose-to-nose. 'Watch what you say, young prince. I'm under no royal obligation to keep your pretty English rose of a girlfriend safe, don't forget.'

Alfie's eyes spattered with red. 'Are you threatening me? I could have you banished for that,' he hissed.

I didn't want to be witness to this scene. I had never seen Alfie angry, and seeing Edmund so cruel . . . I didn't understand. Fallon hovered, as unsure as I was.

'And you think anybody cares about you with all that is going on? Don't be so narcissistic.'

Alfie curled his lips in disgust and then opened his mouth to respond but Edmund cut him off.

'This is a very different world from the one we lived in six months ago. And in this world, there are people that matter, and people that don't.'

Like a dog on a leash I was led back into the mansion and commanded to wait in the entrance, Fallon at my side, as Edmund summoned the head of the house. I watched the scene of chaos as though it were a play, absorbed by it and pitying it, but never fully part of it. Edmund stormed off; servants crossed from one room to another, carrying blankets and hot drinks that I could only presume were for Tee, who had disappeared with Alya. I heard Alfie's shouts minutes before he burst through the doors and his voice boomed through the house, demanding the attention of his father and of Chatwin, cursing Edmund.

'I'm leaving!' he spat, rounding on Fallon. 'There's no way I'm staying until Christmas. I *won't* put her at risk for damned family or duty!'

I realized my breast was heaving. *Alfie was leaving?* I glanced sideways at Fallon and he gave the smallest of nods, standing just as still as I was; just as paralyzed and frozen during his cousin's outburst. *What is there to say? Will we survive here much longer, ourselves?*

'I hate this hellhole! I hate this fateforsaken place, and this fateforsaken situation!' He took a few rasping breaths and his gaze fell to the ground, that of a man defeated. A few drops of water appeared on the marble. 'Fate forbid anything happen to her,' he rasped, breaking for breath between each tortured syllable. 'Fate forbid!'

I think it must have been a prayer because he haphazardly made his way towards his father's study, the resolve and power of his shouting dissolved into those two frail words that he muttered over and over, submitting his stooping body to them. The clock told me that I was only in the presence of the king's brother for half an hour as I related what had passed between Nathan and me. It felt like so much longer because we waited on news of the rest of the group. When I reached out for Jo's mind, there was nothing. Edmund reassured me that was due to the lockdown; a shield that separated husband from wife, as the princess was still in Athenea.

Edmund burst in just as I finished my narrative. 'They're just over the hill.'

I glimpsed Alfie skidding across the entrance hall and taking Fallon's hand ran after him. It was a long run to the northern gate and I was already exhausted; it wasn't long before Fallon was tugging me, though I felt a welcome burst of energy pass into my hand from the older, stronger prince, who glanced back and smiled reluctantly. We slammed into the inner gate, gripping its bars and panting, watching as the outer gate inched open cautiously.

The guards were lining up and shouting about Extermino being spotted, and we waited as the seconds passed. Then I felt it: magic, strong magic, shields and curses, moving fast towards us. Whose it was, the Athan's or the Extermino's, was impossible to tell.

I could hear the sound of hooves sinking into the heath and the panicked whines of the horses; I could feel the wave of fear rushing towards us like a tidal wave, stripping from the ground every other emotion. And then they appeared over the crest of the hill, racing down from its summit.

They were being chased. Chased by greyhounds of men, tall, fast, lithe, and snapping at their tails with spells the Athan were repelling easily – thankfully – with shields. But the Athan couldn't shake them and I watched, paralyzed, as I came to the gradual realization that they were so hot on the group's heels that the guards would have barely anytime to close the outer gate between them . . . and in they would follow, trapping our friends in a death pit.

Helpless behind Burrator's dome shield, the three of us and Edmund could only watch as the guards attacked the Extermino with black and grey curses that the latter repelled like child's play.

I thrust myself as far into the bars of the gate as I could as though to urge the group forwards, my knuckles brushing the very shield that held us in safety and them in danger. They were near enough now that Jo had fixed her gaze on me and was pushing her horse to its death.

And then they were through the gate and its arms swung wildly towards each other; before they had even touched the outer shield meshed itself together and they were safe. I let out the breath I had been holding, backing away so the gate we gripped could be opened as well.

But the Extermino weren't done. They slowed to a halt short of the gate, five of them smirking like sated dogs on a hunt. The no man's land between the gates fell to an utter silence, good Sage and bad Sage separated by no more than iron and shield.

A senior guard stepped forward and in a booming voice declared their crimes against the kingdom; a pompous announcement reduced to redundancy by their jibes.

'We do not abide by your fas, or your Terra; we recognize no Athenean authority and no universal law decreed by your Inter,' Nathan shouted back. 'Good luck detaining us,' he mocked, to a backdrop of laughter.

'Then what do you recognize, scum?' Fallon shouted back, purple-faced and so angry he threw himself back into the bars of the gates.

I felt Nathan's gaze turn on me; I felt it pierce the gulley between the gates and the guards and the horses and the humans; I felt it like I was the only person there.

'Remember what I said, Autumn.'

And then, to my utter astonishment, he dropped into another bow – they all did – the same bow, arms thrown wide, shoulders turned slightly to the side and heads lowered, vulnerable, and all of it directed at me.

'My lady,' he venerated, completing a show of the utmost respect.

My gaze shifted from Fallon, to Edmund, to Jo, and everybody turned to me. My arms self-consciously wrapped themselves around my waist; I was as clueless as they were.

The Extermino disappeared into thin air, crossing the dimensions. But they did not go silently. Suddenly, the air above the shield exploded and turned blue; bolts of lightning were striking the shield and racing towards the earth, just like they had done the day we found out Violet Lee had been attacked. Cracking, sizzling, siren-like drones assaulted my ears.

People screamed and the horses reared, some bolting.

I craned my neck skywards and let the chaos ensue around me. Standing beneath this spectacle that was anything but natural, I began to feel the first drops of rain hit my forehead.

CHAPTER TWENTY-SIX

Autumn

'How long before they move us out, do you think?'

'Uncle wants the entire household back in Athenea by Christmas, and Burrator mothballed. But us? Two weeks, if we're lucky.'

I felt the inevitable dread rise from my stomach up to my heart. The last time I had been to Athenea had been my grandmother's funeral, and I had never attended court as a duchess in my own right.

Tomorrow would mark my sixteenth birthday, and I would gain the right to sit on the Athenean council and the Inter. Though my father would continue controlling my finances until I was legally an adult by British law, for all intents and purposes, tomorrow I was to leave childhood behind.

Fallon wrapped an arm around my shoulders. 'We'll look after you. It will be fun. And on the bright side, Father is going to waive the guardian rule for you, so no more humans!' He gently shook me and I managed a smile.

'At least the sun always shines on Athenea,' I allowed,

shuffling closer to the small floating fire Fallon had conjured in front of us. Taking his hand I pulled him across the pebbles so I could rest on him.

We were sitting on a small beach sheltered in a cove just a few minutes flight over the hill from my house. It was steep and stony and walled in by hills so severe you could barely climb them, and between them ran a crumbling road that led back towards the town. The most stunning features of all were the lake behind us, and the stream that ran across the beach and out to the sea, rough with the strong wind today, white-capped waves grabbing at the lowest edges of the sand.

My parents had insisted I be at home for my birthday and Edmund, wanting to teach us as much defensive magic as possible, had stolen us both away to the most isolated place he could find – Mansands Cove.

It had been only a handful of days since the incident at Burrator but already the security had doubled – there were ten Athan with us now, and many more back at my home – and the privacy Fallon and I craved had been halved.

'And your parents? Are they putting up a fuss about leaving here?'

I shrugged. 'They're refusing to go to the Manderley estate. Father hates the grandeur and we take a lot of income by keeping it open for the public . . . they'll just stay in London. They won't come to Athenea.'

He pulled my head down onto his shoulder and tangled a hand in my hair, tightly weaving his fingers between the wind-swept knots and curls. 'I'll look after you. Always.'

Part of me knew that he could never fulfil that promise, yet the overwhelming mass – including my heart – absorbed that statement and swelled, content to partake of the lie. I wriggled into the crook of his arm and watched as the strip of orange resting on the sea's horizon shrunk, and the sky above us moved from blue to pink to purple.

'Stand up,' he suddenly ordered, doing just that himself. Nestled in the hollow my weight had created in the pebbles, I looked up at him, frowning. He curled his fingers and impatiently motioned for me to join him.

I scrambled up and jostled for balance as stones tumbled away from beneath my feet. He steadied me, before allowing one hand to slide all the way up and across my shoulder to on my neck, the span between his fingers so large he could wrap them halfway around. He pulled me towards him, and rested his forehead against mine.

'You're sixteen tomorrow,' he stated. His eyelids drooping, closing, I felt him draw in a breath from the very air I had just exhaled.

'Yes,' I answered in a whisper, sounding uncertain even of that basic fact. But suddenly my arms, hanging limp at my side, found their way around his waist, and the same girl who had straddled him after the party awoke and began to crawl from the corner in which she was chained. She peered out at me from behind the prison bars in my mind, and then looked past me to him. 'I'll be legal,' I added, more confidently.

His eyes snapped open. 'Don't,' he growled, pulling me away by the scruff of my neck like a misbehaving kitten.

'Why?' I demanded, digging my nails into his shoulders so he couldn't keep me at his full arm's length.

'Not until you're sure about me.'

'I am sure!'

'Then prove it,' he challenged, letting me go and spreading his arms to expose his front. 'I'm all yours.' He cocked his head and allowed me a wry grin.

I spluttered over my words. *I only said that to be stubborn!* But here he was, a Prince of Athenea, the heartthrob of the dimension, offering himself up to me on a plate. And he looked delicious . . . *So what is stopping me? What am I afraid of? The depression is better; I'm not afraid of going to Athenea anymore; I can deal with the limelight.*

I was aware of how rapidly my chest was rising and falling, a complete contrast to his calm, collected demeanour. 'My eyes,' I began hesitantly. 'What colour are they?'

He was already burning me up with his gaze; he didn't need to check. He already knew the answer. 'Red, Autumn. They're red.'

Yes, yes, they were blazing, warm and waiting.

Abruptly, he let his arms fall, instead reaching to undo the top button of his shirt, and then another. My eyes turned into saucers and I was aware of Edmund pausing mid-pace to stare.

Fallon moved to the third button. 'Let me get one thing straight, duchess. When I was ten years old, you roped me into a game of kiss chase.' Fourth button. Fifth button. 'You declared yourself winner only when you had smooched me in the throne room, in front of my family and the court.' His shirt was hanging open now, and he lifted a leg, took off his shoe and sock, and tossed them aside. He repeated the same with the other foot and continued talking. I vaguely noted the importance of breathing. 'Everybody laughed and said what a great couple we would make some day. But I . . .' he waggled his finger at me, before starting on his cuff links and pocketing them. 'I have spent every day since wondering what it would be like to kiss you properly. That's almost eight years, and I am not prepared to wait a single minute longer. Damn the age of consent, and damn him,' he waved a dismissive hand towards Edmund, 'Keep me waiting any longer and you're going to go for an impromptu swim.'

He finished his speech with his shirt framing the

beginnings of a washboard stomach, sleeves hanging loose at his wrists; the gaps between his toes catching the smallest pebbles.

'You're blackmailing me!' I accused, pursing my lips and trying my best to not blush.

'It's what my father would call diplomacy.'

I sprung forward, hands resting on each of his cheeks and pressed my mouth to his. His eyelids shut and he relaxed into my grip, and I could feel his smirk against my lips. After a few seconds, I pulled back.

'I'm not really a negotiator,' I murmured apologetically to his contented expression, as the gradual realization that I had just experienced my first true kiss descended. 'Did I do it right?'

Slowly, he opened his eyes and his smile softened. 'Not quite.' Before I could become any more mortified, he tilted my chin up with a single finger, and I needed no more than that simple touch to feel the warm rush of magic and happiness in my veins, and the tingle of rising goose bumps along my arms. He kissed me much more gently than I had him but began to part my lips with his tongue. My eyes flew open and wide but I complied, following his lead.

Eventually he pulled away, tugging on my lower lip with his teeth. The flesh slipped away and was released with a pop, and I could feel the warmth of the graze marks along the delicate skin on the inside of my lip.

'How was that for a six hour early introduction to woman-hood?' he asked, smirking and glancing at his watch.

'My grandmother would approve greatly of me taking lessons from a prince,' I said, grinning myself and finding a home for my arms tucked in the folds of his shirt, palms flat to his back. 'And Jo will stop badgering me to get together with you.'

He kissed my forehead. 'I'm more than happy to tutor you in kissing, and more, when you're ready.' Resting his chin on the stop of my head he wrapped me up in his arms, and I tucked my head into my favourite spot on his shoulder. 'And we'll invite Jo to court as soon as she breaks for the holiday, so you have an old friend in Athenea.'

He stroked the lace sleeves of my shirt, threading his fingers through the gaps. I was shivering; it was cold now the fire had gone out, and neither of us had dressed for a November wind.

'And my sister will be a friend to you. She's a little younger but she was always in awe of you . . .'

He carried on talking, whether about his sister or others I didn't know because I had ceased listening. An unease was creeping up from my feet, slowly but surely towards my heart.

My grandmother . . .

My hands fell away from his back and I stepped back.

What is stopping me?

'But you're keeping it from me.'

'Autumn?'

'You know why my grandmother was murdered. Everybody knows, except me.'

He seemed to breathe a sigh of relief, and placed his hands on my upper arms, looking me straight in the eye.

'You already know this and, in truth, it's why my family are here. I lied to you about coming here to escape the press.'

I held my breath expectantly. *Am I about to discover the truth? The real truth?* I reached up and placed my palms on his chest, warm and scarred, and could feel his rapid heart-beat, slowing. There were so many things to endear him: his looks, his sincerity and humour, the way he wanted me, and the way he made me light up . . . his honesty . . .

'I was ordered to come here because the Extermino attacked. We came to keep you safe.'

I shook my head. 'But that's suicide, you're royalty, why would—'

'It's to do with your grandmother. But I can't tell you why she was murdered, not yet.'

I jumped back. 'Why?!'

'I just can't.'

Even I was shocked as my palms slammed back down onto his chest and sent him stumbling back a few paces. Two red hand prints remained, one laced over his scars, turning them purple.

'*Sthlancleen*!' I cursed and his mouth fell open in horror as the most rotten word I knew hit him. 'I thought relation-ships were meant to be based on honesty!' He was only five or so feet away but I was screaming at the top of my lungs and Edmund came racing down the beach towards us.

The prince didn't even seem to hear past my curse. 'Don't you dare debase yourself with that word! It's for your own good we have orders not to tell you.'

Edmund was stalking towards us and before I knew it his thick arms had wrapped themselves around me from behind and his mouth was at my ear.

'Wash your mouth out, young lady, and start acting like a royal girlfriend,' he growled, intimidating enough to make my heart go cold without ever raising his voice beyond the subtle warning of a snarl. 'I suggest you go home and think about what you have just said, and accused His Highness of, and come back to us when you're ready to accept your situ-ation.'

He tossed me aside and I scrambled for balance as my feet caught in the banks of pebbles. As I turned my stance dropped and I hissed, knowing that my magic was flaring in the anger, making me primal. I started to swear again but Edmund cut me off.

'Go home,' he ordered and with one last muttered curse I stamped away and took off into the air, several Athan following me.

'No. Leave her to seethe. She needs to get over this gripe of hers,' I heard Edmund say and shrieked in displeasure so loudly there was no way they wouldn't hear me.

The cold air around me and the physical exertion of flying did nothing to ease my temper, and when I landed outside my house and had to endure the long security checks imposed on us, I tapped my foot impatiently, being as thoroughly uncooperative as possible. When they finally let me through I vaulted the gate and opened the door with a blast of magic. It swung back and dented the wall inside.

Storming up the stairs I caught a glimpse of Alya hurrying towards the living room.

Good, let her explain to my parents.

I threw myself face down onto my bed and screamed into the pillow, utterly unable to contain the temper that I had been famed for as a child. That I had managed not to set anyone on fire was the only sign that I was five hours from a milestone birthday.

Stupid orders. Stupid Athenea. They had no right to withhold information about my own grandmother!

It had to be about me being a seer. I was a glass ornament, as Fallon had put it. Had she known something about all of this? She must have done. She knew everything . . . perhaps how, in time, I would know everything too.

Nobody came to disturb me and so I stewed in my anger until midnight.

It was hollowly that I sang Happy Birthday to myself.

CHAPTER TWENTY-SEVEN

Autumn

I awoke to the scent of my grandmother's garden at the lodge. I rolled onto my back beneath the covers, taking a lungful of the fresh, slightly damp air. It was wonderful, light and refreshing, sun warming the white covers of my bed . . .

It took me three breaths to realize my room shouldn't smell like a spring day and when I sat up and opened my eyes I gasped. Every available surface was covered in gifts and at their centre was an enormous bunch of red roses.

Glancing at my bedside clock – or rather, a bowl of tulips that I had to move aside to see the time – I realized it was nearing ten o'clock. Sure enough, I could hear the sound of cooking downstairs, the low hum of a hairdryer from my parents' room, and the Sagean chatter of Athan outside.

I threw the covers back and padded over in my nightie to the roses, finding two cards hanging over the rim of the vase. The first was adorned with balloons and a birthday cake, and on its back was a message:

Hope you don't mind me charming my way into your heart ;)
Happy Birthday, and lots of love,
Fallon

Jerk! If he thought flowers could ever, ever make me forgive
him . . . I opened the second card, read it and then burnt
it in fury.

Do not ever insult me like that again. That hurt. If it were
up to me I would have told you weeks ago. But it isn't.
H.R.H Prince Fallon

What about my hurt at being lied to? At being kept ignorant
like I was a little child!

I moved to the next bunch of flowers, these a mix of
roses and carnations in muted gold and yellow surrounded
by ferns. They were from Edmund, who had sent an ornate
birthday card, which stood amongst several gifts, including
a wooden shoe box wrapped in ribbon. In the box, I found
a beautiful pair of shoes, made of silk and adorned with
glass jewels, perfect for wering with a gown; I couldn't help
but laugh as I saw there was no heel to them whatsoever.

Next was a flowerpot filled with white flowers with yellow
centres, shaped like tiny gramophones, which precariously
clung to tumbling, ivy-like stems hanging over the edge of
my desk. Dropping to my knees and reading the label I
found they were actually from the entire Mortheno family,
and that the flowers were called 'convolvulus' and symbol-
ized humble perseverance. Taking up a handful of the
slightly sticky plant, I buried my nose in them and inhaled,
admiring the way the stems spiralled and twisted around
one another.

I moved to the brightest set of flowers, these a group of

tall yellow roses in a clear vase, sent by the duchy of Victoria. Next to the vase was a hamper of goodies, chocolate and fresh fruit mainly, and wrapped in lilac tissue were sets upon sets of linen, golden and threaded with beautiful patterns which I thought might be a coat of arms, but didn't dare unfold the beautiful origami presentation to check. There were towels stitched with my initials too.

By far the largest bunch of flowers were the roses arranged to imitate the duchy of England's insignia, a mix of red and magically withered golden roses, and fake Death's Touch, a thoughtful gesture given the humans in the household. They were too heavy for me to lift without the help of my magic, and it was with some twisting and turning that I found the attached card, stamped and sealed with a waxen Athenean coat of arms. Inside was a handwritten message wishing me many happy returns, and an informal invitation to sit on the council. It stated the flowers were from the entire royal family, but when I checked the signature, it looked like it was signed in the king's own hand.

'Lords of Earth,' I finally breathed, taking a step back. I had known it was a Sagean tradition to shower a girl with flowers on important birthdays, but even I was shocked by the number and their senders. Continuing to work my way along the vases, I was puzzled at how the duchy of Milan, and Brittany, or the viscount in Bavaria even knew where to send them, or how to get past the security I was now encumbered with. When I found the orchid sent from the Sagean embassy in London and its attached, apologetic card, I got my explanation. But there were more: from the headmistress of St. Sapphire's and other teachers, former school friends and not-so-former, as I found a necklace and single glass pink rose from Jo. Finally I found a pile of much more human gifts, these full of cheap make-up sets and gift vouchers from my friends; there were even birthday cards covered in 'sweet sixteen' sentiments from aunts and uncles I didn't know existed on my mother's side.

With a long sigh I dropped back onto my bed, feeling extremely ambivalent. On the one hand I was angry and agitated about what had transpired the evening before, but I was also disappointed . . . he had lied to me. Why hadn't he just told me he came because of the Extermino? It made no sense, and beyond my suspicion that the rebellious faction were behind her death, I didn't know what it had to do with my grandmother, but it was better than being lied to.

The pink tulips on my bedside table caught my eye. The white vase they had been placed in was circled with an equally shocking pink ribbon and beneath it was a card, slightly damp and imprinted with a circle of water from the vase.

I snatched it up and tore it open, feeling my heart sink as I saw the inscription on the front. *'To our daughter . . .'* Inside was a message written in my father's hand but signed by both parents.

I threw the card into the pillow and let the ripped envelope flutter to the floor in two halves.

With the help of a little magic, I was showered and present-able in ten minutes, and followed my nose down to the kitchen where I found my father loading two plates up with scrambled eggs; there was already a tomato-and-something concoction waiting for me. Unlike my bedroom upstairs, which was all chintz and floral patterns, the modern kitchen looked odd covered in freshly cut flowers – and covered it was. It looked like my father had harvested every flower still alive in our garden in the November chill. The scent, combined with the cooking, was divine, and I made a point of telling him so.

His head jolted around in several clicks as he lifted the

pan off the heat, clearly surprised that I was initiating a conversation with him.

'Happy birthday,' he said, a little awkwardly and went back to his cooking. 'Your mother is still getting ready. I thought we could do some presents before she comes down.'

'Sure,' I answered slowly, beginning on my food. I eyed him. He was at best a nervous man, but he usually had the good manners to face people when talking to them.

'So . . . the Mortheno girl told me you and the prince had a little set-to last night.'

Oh, so this is where he is going. I had never been one for fatherly heart-to-hearts, and wasn't about to start now, when freedom from the parental home was within my grasp. 'A tiff. We'll be fine. I'm still going to Athenea, when I'm called.'

'You're okay then? No pots of ice cream and chick flicks needed?'

'I'm peachy,' I lied. 'Why?'

He shrugged in a non-committal way and added sausages to the pan. I had frozen, fork halfway to my mouth, waiting for his answer. When it eventually came, I let the cutlery clatter to my plate loudly.

'The prince dropped by this morning.'

'What?!'

He turned down the heat on the sausages, and came and straddled one of the stools to face me. I very rarely got this close to him, except for the rare hug, and that did not afford me the opportunity to meet his gaze. I had never noticed before how much his eyes resembled my own.

'Firstly, he asked me to give you this.' From his trouser pocket, he pulled a tiny box, the kind used to store a ring. My heart stopped as I took it from him. With an encouraging nod from my father, I peeled the two halves apart.

Inside was a sturdy gold chain, threaded with thick

bejewelled beads and hung with tiny charms. Holding it up to the light, I could see that the multi-coloured gems of the beads were not pure, and had been etched with multiple coats of arms, including my own and Athenea's. The craftsmanship, given the size, was astounding: even with the aid of magic that kind of artistry didn't come cheap. In contrast, several of the charms – a miniature Big Ben, a tiny blue and white striped surfboard, a maple leaf, a plastic Dartmoor pony and a rubbery Devonian flag – were tacky, the sorts of thing picked up in tourist shops though the significance of each was worth more than the gems ever could be. But it was the large golden A that caught my attention, because inscribed on its back in tiny, almost indiscernible letters were my full name and title. It was a charm bracelet. A charm bracelet made and assembled just for me.

'Wow,' was all I managed, as my father helped me fasten the chain around my slim wrist. It was a snug fit, sliding just as far as the base of my hand as I straightened my arm to admire it.

'And . . .' my father continued, snapping me back to reality, 'he asked for my permission to, well, his words were "court you".'

My eyes went straight to pink and I was sure my skin must be as red as the tomatoes on my plate. 'He did?'

'And I gave my permission. He's clearly mad about you, and you about him, if the way you have become more tolerable is any measure. This is the twenty-first century; you are your own woman now, sixteen and a duchess, you can make your own decisions. You can sail your own ship. It's what your grandmother brought you up to do.'

I was surprised at the harshness of his words. *No parental lecture on guys? No warning on the dangers of the adult world?*

I shook my head slightly and raised my shoulders as if to say, 'So?'

'But your mother and I were talking, and we're both afraid that this is the lid on the coffin. You'll go off to Athenea, be a duchess and we . . . we'll get side-lined.'

His bottom lip was trembling and I tried to look at anything but him, yet couldn't tear my gaze away. He looked like a lost little boy, waiting on me with big, round, pleading eyes, resting all his weight on the back of the stool like he might forget how to sit if he didn't.

'You can visit,' I said tentatively.

'No,' came the stern reply as my mother entered the kitchen. 'You won't put your father through the trauma. You will visit us, whenever the Sagean season ceases to need you.'

I wanted to protest. I wanted to point out that I might have schooling to consider, and then there would be the security, and the press if the relationship between Fallon and me became public. But a second look at my father and I knew I couldn't force him to the home of our people. Because truthfully, he just wasn't one of us.

'I'll try,' I said, coldly, and went back to eating.

'We thought it best to be practical with your big present this year,' my mother replied, just as coolly. 'So we've ordered a number of things for you to take to Athenea, tailor-made; the other gifts we have for you we can do later.'

'Yes,' my father said weakly, oblivious to the way the air was starting to singe with the smell of burning pork. 'I couldn't remember everything a lady Sage needs in winter, but I thought ball gowns, gloves, slippers, and day clothes . . . corsets and shoes, and riding clothes too. Anything else, and there's more than enough deposited in your account to cover you for the season.'

'Thank you,' I said quietly, making a note to find out who they had hired to take up the work. Perhaps the one and only characteristic I had inherited from my mother was her sharp sense of style; but her style was not mine, and I didn't trust her shopping abilities to be suitable for Sage.

'There's also this,' my mother continued, picking a thick letter out from the pile of birthday cards in the middle of the island. 'It's from your grandmother. She told us to give it to you on your sixteenth birthday.'

I took it with a shaking hand. The envelope was a regular brown manila type, but as I turned it over, I found the sweeping hand of my grandmother, letters large and elongated, and written in ink rather than ball point pen.

I gestured towards the door, silently asking permission to open the envelope in private. My father nodded but I was cut off by my mother's sharp tongue.

'I suppose this is the last birthday we will spend with you.'

I paused at the door, expecting her to continue but that seemed to be it. I stared at her. I didn't feel any rush of remorse at that statement. It was a simple fact of my existence.

'I'll be down for lunch,' I answered.

I bolted up the stairs and settled on the window seat. My hand was still shaking as I prised the letter open. The flap of the envelope was well stuck but the letter inside felt thin and fragile as I pulled it out. The first thing I saw was the date at the very top of the paper: no wonder the paper was so delicate, the letter was sixteen years old and had been written the day I was born.

I was inexplicably terrified, holding this ghost of my flesh and blood. It wasn't a comfortable thought, being talked to from beyond the grave. But it had to be read.

Keeper of my Blood,

Today you were born, and the ancient kingdom into which you have been delivered rejoiced. The family and duchy you will one day lead gather this day and weep, because you are the miracle we had begged fate to give us. Welcome, Lady Autumn Rose, to this world. I solemnly swear to guide you as best I can and for as long as I can through its perils, so you may be ready to face the destiny laid out for you.

As you grow up you will learn why you are so special to this family, and though you may not always understand what is going on around you, trust that you are loved by kin and kingdom alike.

As you grow up you will learn that you will be my image in so many ways, some good, and some bad. You will learn that I am a seer, and you will learn that you are a seer, and that the curse we share is key to our futures. My visions have enabled me to see that the pressure I have exerted on your parents to produce an heir is more than a selfish whim, and is in fact fate at work in its most subtle guise. Your visions will quite simply produce a better future for all who survive to see it.

The simple fact of the matter is that both I, and another seer and friend of mine, Eaglen, have repeatedly seen my impending murder as an innocent by the Extermino. You will think my fate unjust, but understand that I must die so that you may live and suffer amongst humans in the home of your parents; so that you may appreciate the challenges that we as a people face. It will make you stronger, and wiser. I have seen this. This is known to be the truth.

My fate is fulfilled now, and your fate will sooner or later descend upon you. I have taken the calculated decision to interfere with fate – something you should be wary of doing – and tell this to you now, so you may prepare yourself for an unknown future.

I have little advice to give, because I cannot see any events beyond my own death. My one and only order is for you to go straight to the Athenea, because they will *shelter you, and may even have seen you coming. Other suggestions are mere guesswork. Eaglen is your ally in the Vamperic kingdom where you must quickly find your sister Heroine; Antae is an extraordinary academic and even greater seer, and will have predicted your coming to the very day; the Mortheno family will keep you safe. Distance yourself from the petty nobility, and for fate's sake, keep the humans of the Inter at arms' length because nothing good will come of their bickering.*

I feel privileged to die for the woman who will change it all. My only regret is that I shall not see you into womanhood, and watch you enjoy the blessing of raising your own children; a blessing I will find in nurturing you, knowing you are the last of our line, and were born to awaken the nine.

Her fate is set in stone,
Bound to sit upon the first throne.
The last of her line and a symbol of the fine,
She is the last of the fall; a deity among all.
Her teacher, her love, her lie,
Alone, the first innocent must die,
For the girl, born to awaken the nine.

You are the first Heroine of Contanal's Prophecy, my child. You are the hope of our people, and you must prevent the war he, and so many others, saw coming.

My child, Lady Heroine, find your allies with haste and seek out the fellow Heroines with similar speed. Time is your enemy.

> *In life and in death,*
> *Prof. R. Al-Summers*
> *Duchess of England*

No.

No!

She died as an innocent. She died because of me! This is what the Athenea had kept from me for so long. This was why she died . . .

The weight of the guilt forced me down onto the floor and I surrendered to it, crumpling into a dead faint.

Somewhere, deep in my heart, I hoped I would never wake up.

CHAPTER TWENTY-EIGHT

Autumn

The Lady Heroine Autumn Rose, Duchess of England.

I didn't care about the fate of my kingdom. I cared about him. I hated him too. I cared that I had caused my grand-mother's death. I hated she had told me what I was. I felt nothing beyond him and her and that scared me more than anything, anything in the whole entire world, because when I felt nothing . . . that's when my mind slipped away into darkness . . .

'Autumn, are you okay?' whispered a voice in my ear. It was Tee, who took my hand and squeezed it. 'You look sad. I can take you to the school counsellor if you like? She's really good. She helped me when I was being bullied by Valerie.'

What a strong child. She looked death in the eye and came out completely intact.

'I'm fine, thank you though.'

Are you talking about me, Grandmother?

As I turned to smile at Tee something at the far end of

the field caught my eye. There was a commotion, a small group gathering around a navy blue mound on the floor. My first instincts told me it was a body; I was right. It was Valerie Danvers, flat on the ground, with one of her friends from the party madly shaking her shoulders. People were whipping phones out, some filming, others more sensibly pressing them to their ears. As I watched, a figure broke from the group and started running back towards the main school. I watched a heartbeat longer, a heartbeat during which Valerie remained as lifeless as ever.

I scrambled up and sprinted fast – faster than any human could – across the field.

Fallon was hot on my heels, but I was first to arrive. The speed at which we ran parted the growing crowd around her and I skidded to my knees, immediately turning to her friend.

'What happened?!'

There were tears pouring from the eyes of the friend but she wisely took control of her sobs. 'We were just talking and she suddenly collapsed. I tried calling her name and shaking her, but I don't think she's breathing!'

Gently tilting her head back in case she had hurt it or her neck, I checked her airways for anything that might be blocking them. There was nothing. Turning my cheek so it almost rested against her parted lips, I waited for breath on my cheek. And waited. And waited.

'No, she isn't,' I answered, as calmly as I possibly could, praying the Athan would be no more than a minute away. Fallon dropped to his knees the other side of her. I flicked my eyes up briefly. There was nothing but determined concern in them. 'Airways are clear, but no breathing. Know CPR? Do it,' I instructed, knowing full-well that he, like any other Sage, could perform basic first aid. Magic had a nasty habit of going wrong, and using healing magic when you didn't know the cause of the emergency could do more harm than good.

'Has somebody called an ambulance?' I asked, and was relieved when I was answered with a firm 'yes'. I beckoned Valerie's friend closer. She looked up at me with pleading eyes, and for a split moment it was like the past eighteen months had never happened. I shook my head to clear it. 'Does she have any medical conditions you know of? Breathing difficulties?'

Her friend heaved in a massive sob. 'She smokes sometimes, and she said she had been feeling sick all weekend.'

I nodded and immediately began searching her body for medical tags, pulling up her sleeves in case she wore a bracelet.

What I found made my blood turn to ice.

Fallon hesitated for a couple of beats as he glimpsed what I had uncovered. Along the underside of her wrist and sitting just below the first few translucent layers of her skin were several long, black, inky marks. They followed the path of her veins exactly, like somebody had stabbed a fountain pen into her arm and injected its contents.

'Blood magic,' I breathed to the prince in Sagean, afraid of panicking the crowd if I used English; a crowd which had grown to include most of the small school, and several dumbstruck teachers who tried to shout for calm as the people at the front of the ring saw Valerie's arm.

Fallon sprang back and stopped with the chest compressions because with every press of his hands into her ribs the poison – that's what it looked like – seeped a few millimetres higher.

'Just do rescue breathing,' I quietly instructed, checking her other wrist for signs of the dark magic. It was with a cold heart that I carried out the action, as freezing, I realized I had forgotten the very first step of first aid: check the area for danger.

Blood magic didn't just appear from nowhere. It always had a source.

'Move! I said move! Are you people deaf?!'

I let out a sigh of relief as I heard Edmund's booming shout over the heads of the crowd, and immediately started summarizing all her symptoms for him via our mental connection. He elbowed his way to the front and I swung my head up to meet his eyes, still holding Valerie's wrist for all to see. I wished I hadn't looked.

His mouth parted into an 'O' and his voice produced the same sound. He stopped stalking and slowly approached us, kneeling next to me. In his palm appeared a long, extremely thin and sickeningly sharp metal instrument, and in the other a small glass petri dish, which he cast a spell over. Whatever he was doing, it was far beyond me and I just watched, frowning, feeling her skin go colder and colder.

He took her wrist from me and locating the largest blackened vein, pierced her skin with the enlarged needle. As he withdrew it, I saw it was in fact some kind of pipette, because in its tip was a globule of the liquid, which he dropped into the dish. He cast another spell over the dish and its contents, and waited.

I was getting agitated by his slow diagnosis, because whatever had been done to her, she wasn't breathing, and Valerie Danvers was no vampire.

The contents of the dish slowly began to swirl of its own accord and change colour. Whilst it did Edmund examined the puncture wound he had created. It was tiny, but even with my rudimentary medical knowledge I knew she should be bleeding. She wasn't, and she didn't until Edmund massaged her wrist and forced a dribble of blood out onto her skin.

But it didn't stay there. As soon as Edmund removed the pressure, it was sucked right back into the wound.

'Charnt,' was Edmund's muttered understatement. His next word was much, much cruder as he took the dish back up and examined its colour.

'Edmund, hurry,' I prompted.

'She's not dead,' he eventually announced. 'Not yet. She's in a sort of coma, dangling on the edge.'

'What can we do?'

Edmund's lips twitched and he cocked his head slightly, gently placing Valerie's wrist onto the cold ground. My eyes flicked towards Fallon, who had stopped with the resuscitation. *They can't be serious?* But we were guardians! It was our duty to protect the humans, to heal them when things went wrong. How could they blatantly ignore that?

'This is very dark blood magic. The source caster of this curse has somehow been in contact with her, and used her blood as well as his own. He's draining the energy from her. Unless we can find the source, there's nothing we can do.'

Mr. Sylaeia had descended from the crowd and was comforting the hysterical friend, who had heard every word of Edmund's English. 'We can make sure she's not in pain,' the kind teacher muttered. 'There are things we can do . . .'

'Extermino, it has to be,' I continued in Sagean. *Who else would do this?* They were making a point. Adding to the blood on my hands . . . it was guilt-tripping, turned murderous. I felt guilty. I felt awful. A thousand of her lethal taunts did not add up to this. It was with an odd burning feeling in the back of my throat, like bile was bubbling up, that I remembered telling Nathan about Valerie, when he still worked at the café . . .

'And they'll be long gone,' Edmund retorted. Fallon had started stroking her hair, brushing it out of her expression-less face. It was pale, and getting paler, her lips turning a noticeably bloody shade of purple.

I had to do something. I couldn't just kneel here and watch her die in front of all her friends and peers and enemies. I was a Dark Heroine, there had to be a reason fate had chosen me; there had to be something deep in my magic that could help her. I racked my brain for what I knew of blood magic. Unmaintained chests of knowledge shifted to the forefront of my mind, old lessons from St. Sapphire's and my grandmother that I had made no effort to remember. Sage rarely used blood magic – why should they when they could conjure incredible power with the wave of a hand, or simply replenish their energy with that found in nature? Instead it remained the preserve of the Damned, who gambled the crimson liquid in pursuit of power . . . a power limited only by the strength and daring of the wielder. It was all dark, and all dangerous, and curses like this were outlawed.

'The law of opposites, and the law of the conservation of energy,' I suddenly blurted, feeling a spark of hope. 'Sagean elemental magic is the direct opposite of blood magic on the wheel, right? And energy used or taken by performing magic always has to be replaced from another source, because you can't create or destroy energy. It has to remain constant.'

'Autumn, that's first grader stuff. It can't help us,' Edmund murmured, gently trying to tug me away from the body.

I carried on, ignoring him. 'Death curses work by taking away the magical energy in a person, right? The part that keeps us all going, even the humans, and leaves you as just a big heap of biomass. It's breaking the laws of nature that apply to absolutely everything that doesn't belong to the genus *homo*. Why can't we just stick to the physics and replenish the energy that is lost? And bonus, Sagean magic is particularly potent against blood magic, and will drive the curse out!'

Edmund looked genuinely worried now, staring at me through wide eyes like I had gone crazy. *Maybe I have. Maybe learning about being a Heroine has just tipped me over the edge . . .*

'Second grade ethics, Autumn! You can't go around reviving the dead! It's against the laws of nature!' He tugged me harder this time but I yanked my arm away.

'You can't break something that is already broken. She's not dead, there's still time.'

'And you think a little blast of magic will do the trick? She is this far from passing,' he squeezed his thumb and forefinger together so there was no gap at all, 'and it would take an entire life force to bring her back. And not just any magic, or collection of different people's magic, but powerful magic. Magic so potent, and so pure, it is strong enough to give her life and counter the curse.' He yanked me up with a hand under my arm, all pity he might have felt for Valerie gone with the rousing call of duty.

The Athan will become your shadow.

'Some miracles aren't meant to be performed. It's unnatural. Sage that powerful don't exist!'

You are a deity.

'Why? Why do I have to be kept pure?'

We need you.

I need you.

'Don't they?'

Fallon realized what I was going to do too late; he made a dive for me but I had already done the deed. I had poured every ounce of my energy into Valerie Danvers. It didn't take any effort, no more than it took to twitch a finger, and within a second her eyes had flown open and she gasped down a mouthful of air.

Fallon made contact with me and we scrambled backwards, pushing the circle outwards as the humans allowed us room to tussle. The prince didn't stop manhandling me until I was on my back but raised on my elbows, staring up at him. His features were hard, creased up into grooves with shock and concern, but they softened as he looked down at me. Behind us, Edmund was torn between me and Valerie, unsure of which to attend to. I allowed him a small smile to reassure him.

'I know what I am,' I whispered. *And what I shall not be for much longer.* 'My grandmother left me a letter.'

'Y-you shouldn't have done that.' He crawled a little closer, tentatively, like I was wild and untamed. Slowly he reached out and brushed a strand of hair off my forehead. 'You could have died if you used all your energy.'

In the background, Valerie spluttered and coughed, shrieking as she spotted her inky arm which was gradually returning to normal. With the help of her friend she was raised into the same position I was in, and silenced.

'I did use all my energy, Fallon,' I murmured, meeting his eyes again. His were milky. After I drew in a long breath that didn't feel like it tickled, let alone quenched my lungs, I raised one of my hands. My hand was fine. The grass below it wasn't. A small patch had turned black below my palm; when the gentle breeze made contact the few remaining black stalks turned to ash and blew away with the wind. Involuntarily, my body was drawing the energy from the ground beneath it to try and stay alive. It was the only thing keeping it alive.

Suddenly, my elbows buckled and my head struck the hard ground, sending stars dancing across my eyes. I blinked them back and stared up at the sky, feeling strangely elated. The weight on my shoulders had drifted away, both weights, and I felt free. Free to bask in the feel of Fallon's cradling arms around me; free to enjoy the tingling warmth lingering in the miniscule gap between our skins . . .

'Fallon, it won't work,' I rasped. 'You heard what Edmund said, nothing can save me now.'

'You're not as near to death as Valerie was. And you're not cursed.'

Holding me he transferred his own magic to me, letting it seep through my skin. His limbs were gently trembling, he was sparing too much, and I wasn't going to drag him into my darkness.

'I want to die, Fallon. I don't want to be a Heroine,' I whispered and even that felt like there were needles being thrust into my throat. And there lay the crux of what I had done. It probably looked so selfless, risking my life for Valerie's, but it wasn't. It was the most selfish act I had ever committed, and I was a rotten child at times; I was escaping my pain, and my fate, and leaving my kingdom and its people to suffer. And yet the boy – almost man – above me still looked down on me like I was the dying sun itself.

'I hate you,' I croaked. 'For lying about why you were here. For never telling me. I hate you.'

Even as I said it my heart sighed '*liar*'.

'I'm sorry,' he breathed. 'I'm so sorry. Please don't hate me. I wanted to tell you your grandmother was an innocent. I wanted to tell you it was chri'dom who did it. I did, but I knew it would kill you. It *is* killing you!'

His gaze left mine and flicked up as that very sun was blocked out by a hulking figure. My vision was blurring but I could tell it was Edmund by his voice.

'No, you're not comatose yet. Don't you dare pass beyond,

little duchess, or I'm coming right after you to yell at you for being so stupid!'

His words were fierce, but the voice behind them was cracking. I soon felt his magic flowing into me, too. I floated on it, warm and comfortable, lighter and happier than I had been in years. There was nothing to worry about. I wouldn't have to go on grappling in the darkness without my grand-mother. No future-altering fate would rest on my shoulders. No court, no politics . . . no guilt over feeling this way for Fallon . . .

Fallon . . .

It was dark but I didn't remember closing my eyes. More hands were resting on my exposed skin and more magic was entering my body but it wasn't bringing me back.

'Autumn, please open your eyes. We're going to save you. Just hold on.'

I was being rocked gently, and my head wasn't on the ground anymore. By the way my new rest dipped in the middle, I thought it might be someone's knees. They were really quite comfortable.

'C'mon little one, suicide isn't an option.'

Do they think I'm slipping away? Maybe I am.

'Autumn, it's Valerie. I'm so sorry for everything I did and said. Please hold on.'

A little late for apologies now.

I realized how supremely quiet it was. Other than the voices close to my ear, I couldn't hear anything. Not the breeze through the trees, or the shouting of the crowd, or the siren on the ambulance which had been approaching when I saved Valerie. There wasn't much to feel either: the hands on my skin didn't feel warm anymore, and the ground felt soft, like I really was floating. Cut loose and floating, and for once, not drowning.

One thing I could feel were lips and breathing on my ears.

'I love you, Autumn Rose Al-Summers, I always have. That's why I came here. That's why I kept everything I did secret. Not because of orders, or fate. Because I wanted to protect you. And so I promise to look after you always, in life and in death. If you live, I will never leave your side. And if you die, then we will face whatever is beyond fate together. You will never be alone again.'

I didn't know if I believed in true love, but in that moment I believed in love that defied death.

I forgive you . . .

My mouth opened and I took a wheezing breath, sound and then warmth rushing back in a tidal wave. It was overwhelming and confusing especially when I had no control over my pinned-down limbs; I might as well have been a new-born child for what I could do. All I knew was I couldn't die, because Fallon had to live.

Amongst the confusion I tried to focus on the magic pouring into me, sending it where it needed to go. It was like trying to meditate in a Category 5 storm.

'Move!' roared Edmund all of a sudden and I could hear the stomps of hundreds of backpedalling feet and the drone of the crowd growing quieter.

'Her heart rate is rising,' somebody barked. 'She's coming back to us.'

'Lords of Earth,' I heard Fallon breathe, still right beside my ear. The awe in his voice was punctured by a sob and with a tremendous effort I opened my eyes. But he wasn't looking at me. He was looking straight through the gap in the Athan around me, staring at the trees.

Or what was left of the trees.

They looked like they had been scorched, the last autumn

leaves burnt to a crisp and drifting as fire balls to the ground. The grass wasn't grass anymore, just a patch of arid ground that I realized was hot. The crowd had moved right back, beyond the heat.

I was doing that. I was draining the plants of their energy, taking strength enough to open my eyes and talk. But nature didn't work like people. Nature didn't just die. Nature wanted its energy back.

'I don't want to die,' I whispered as my eyes fluttered closed and I slumped back into the prince. The magic I had drawn was draining just as fast and there was nothing I could do to shut the floodgates. It was an ebb and flow out of my control.

The flow from the Sage around me was getting weaker. My heart was slowing and there were black spots at the edge of my vision. But my body's search for replenishment didn't stop. Some sense, alien and new, slithered across and through the ground, hungrily tunnelling past the dry earth to a new source of life.

I sucked on it greedily. It was wonderful, I was drowning in it there was so much, and my senses tuned back in again like a faulty radio. There was lots of noise now. Coughs, and splutters, and strange choking rasps.

'Autumn, stop! You're taking it from the humans!'

What?! Another Herculean burst of effort, and I opened my eyes again, seeing rows upon rows of my human friends clutching at their throats and gurgling; some had even passed out. *What can I do? How do I stop it?!* I looked around pleadingly, heart beating very fast now, panicked inside.

'Just trust us, Autumn. Trust us to keep you going,' Edmund said, appearing in my limited line of vision. I felt soft strokes on my arm on his side. 'You don't need their energy. Let go and trust us.'

I closed my eyes again, from choice rather than need this time, and went back to meditating in the storm. *Trust.* It was the one thing I struggled with. I could bring a person back to life, but I couldn't trust them. The Athenea had kept things from me, lied to me, kept up a pretence all this time, knowing what I was but not telling me. Nathan had been good to me, a friend even, but now he was my loathed enemy. Even Valerie lacked integrity. I had saved her and now she was begging apology for things she couldn't possibly be sorry for because she couldn't understand how they affected me. . .

But Edmund was almost kin, and he had kept my secret about killing the Extermino. He couldn't have told anybody about my outburst on the veranda that day, either. Fallon had promised to look after me, and here he was draining his own life to be with me. They had tricked, omitted, lied and side-stepped their way through their time with me . . . but it had been to keep the most devastating secret of all from me.

If I can't trust them, then who can I trust?

I let go, as easily as I had let go of my life for Valerie. My energy level dropped and I was briefly tempted to reach out again, but didn't. I let myself rest in their life-saving cradle, slowly beginning to register the pain starting in my temples. There were tear-drops falling where it hurt and I wished I could squeeze his hand. I wished I could tell him it would all be all right, even though it might not be.

'Fallon, you need to let go of her now,' a new voice said. I recognized it. It was Prince Lorent!

In my suspended, trusting state I panicked and the pain in my head got worse. *Why were they letting go? Were they giving up on me?* But then new hands rested on me and the old ones fell away, but Fallon's never did.

'Fallon, let her go. If you don't she'll kill you.'

'Fal, c'mon. We've got her. Fal . . .'

That was Alfie, and I could hear Lisbeth too, and other voices . . . people from Burrator.

There was a new and very powerful surge of energy, fresh energy, but I didn't feel any more alive. My head just hurt and it was filling with images, images of an anemic-looking brunette, tall but not very tall, with a pinched bridge of the nose which set her eyes deep into their sockets, where shadows and tiredness collected. She was attractive rather than stunning, pretty but not beautiful. You could miss her face in a crowd. As it happens I couldn't. She was Violet Lee.

And I felt utterly stupid as the epiphany struck. She was the second Dark Heroine.

'Fallon, don't make me order you.'

Epiphany turned to empathy. *Poor girl. After everything she has been through, she's going to be hit by this?!*

The pain in my head was a whimper short of excruciating. I wanted to reach up and pound my temples, press down on them to relieve the pressure but I couldn't move my limbs. All I could do was scream, and it didn't come out as a scream. It came out as 'Violet!'

'Miarba! I think she's having a vision!'

'For Ll'iriad's sake, what else can fate throw at us?!'

I'm having a vision? I wanted to shout, to shriek for them to make it stop, but it wasn't happening. All that tumbled from my lips was her name, over and over.

'She's giving it all away. Do something!'

'Do what?!'

'Calm down, all of you. I need you to hold her still whilst I perform a spell.' It was Prince Lorent's voice, and he sounded determined.

'A spell that needs a knife? Uncle, what the fuck are you doing?!' I heard Fallon snarl.

'Blood magic. This will put her into a coma. It's a living hell, but we have no choice. She's having a vision. She's going to reveal who Violet is. We can't let that happen! We don't have a choice!'

In my head I screamed and screamed and screamed in horror. Out of my mouth spilled secrets. I had no control over my body and I was about to be silenced. I had no idea if I would ever wake up again.

I felt the blood drop onto my skin, and the slice of a blade onto my wrist. Alien words were muttered, and I fell off the cliff into hell.

It was a tiny slip of paper, no bigger than a postcard. Thick, heavy, expensive paper. Plain. They weren't exactly going to leave a calling card.

'You must write it. They may recognize my handwriting. I send flowers to funerals and such.'

He took up a fountain pen and breathed down the nib. It was cold in Iceland, even with a roaring fire at the room's centre, and the ink turned to sludge.

'Write . . . write . . . "Michael Lee struck bargain with hunters for Carmen's death. Lee girl knows. Pierre will confirm." Short and to the point is better. Our fanged friend isn't famed for his patience.'

He scribbled out the dictated message.

'And you're sure this Lee girl is the second Heroine? If she is killed by the vampires, we could have an international incident on our hands. We might lose our allies in the slayers and rogues, too. They're trying to get her safely back to her father, after all.'

He watched his mentor stare out the window, back turned to him, and in the silence he could almost hear the cogs of his incredible brain turning. The man was a bona fide genius, there was no denying it.

'As ever, Nathaniel, your grasp of the situation is impressive.'

The sarcasm dripped off the man's tongue like the water which trickled down the edge of the icicles outside the window. *'All that is simply collateral damage. That alliance was forged before I had visions of this Lee girl becoming second Heroine. No matter. It has given us valuable information about her father's role in Carmen's death. In any case, if she dies as a human, there will be a war. If we stop the Prophecy of the Heroines, there will be a war! It's terribly convenient.'*

He picked the note up and carried it to the window, clasping it tight in his hand. He didn't offer it over. *'Completely sure?'*

The man threw his head back and laughed, a sound that so often filled the dining hall and private parties his mentor threw. He was a man of belly-shaking laughter, of jokes and pranks, of pleasant company, especially the female kind. It was hard for a young man not to be drawn to him.

'I am chri'dom, descendent of Contanal. I am the greatest seer alive, and my visions are never wrong. The duchess of England is herself having visions of Violet Lee. And what's more,' he snatched the paper out of the other man's hands, *'I want this little necromancer of a Heroine dead before she figures her powers out.'* He waved his hand over the paper and it disappeared, on its way to seal Violet Lee's death. chri'dom used the free hand to pick up his glass of brandy, poured by Nathan himself – there were no servants in Contanalsdóttir. *'Happy Ad Infinitum!'*

CHAPTER TWENTY-NINE

Fallon

Three days and three nights we sat in silent vigil at the duchess' bedside. There were always two people attending her, constantly making skin-to-skin contact and feeding her magic like a blood drip. She never once stirred, propped up with her back against three layers of soft feather pillows, cream night gown stitched up to her neck and hair splayed across the white linen. She looked like an angel. A dead one.

But her heartbeat was strong, and steady. Sometimes it sped up a little, and my uncle hypothesized that she must be experiencing her visions in those moments. Occasionally she broke sweat. After the first day, staff came in and strip-washed her whilst Lisbeth and my aunt continued the vigil. The first time I went reluctantly from my makeshift bed of pillows and comforter on the floor, afraid to leave her in case those were her last minutes; afraid to leave in case she awoke and I wasn't there.

Eaglen came, late on the first night, and the entire

household, even many of the servants, gathered in Autumn's bedroom and stood like mourners viewing a body. Only perhaps Edmund had known her as long as the aged vampire, and when Eaglen entered the dimly lit room his cracked lips parted and he let out a soft 'Oh' and stroked her forehead as lovingly as the surrogate grandfather he had supposedly been to her.

It was a scene that best described my own emotions. Helpless and pitiful and speechless.

It was Eaglen that had seen her coming, Eaglen who had warned us the June before that she was a Heroine and it was only with increasing urgency over the summer that he pressed us to act on his visions. Now we knew why, I supposed. The Second Heroine had entered his presence, but Eaglen was too old and wise to meddle with fate, or so he claimed, and so hadn't warned us about Violet Lee. Watching him with Autumn, so tender and earnest, I became more and more certain he had only told us about her because he cared for her so much.

We filled him in on what little he didn't already know and in return pleaded with him to return when she awoke . . . his insight into Violet Lee's time with the vampires would be invaluable in planning our next move.

I thought about all of that as I sat at her bedside, taking my turn in feeding her my magic. It was the morning of the third day of her coma, and it was Edmund I shared the duty with. He had brought a book with him to read, something heavy from the Man Booker shortlist according to the label on the front, but he kept setting it down every few pages.

'Not any good?' I eventually said after he repeated the action for the fourth time. I attempted to set my tone at friendly conversation, but it missed by a panic attack and a sob.

He shook his head and half raised a shoulder. 'It's brilliant. I just can't . . . concentrate.' He sounded at a loss for words.

I hummed in acknowledgement. I didn't much feel like sparing him words. It was crazy, because he had told me about his connection to her, but I didn't feel as though his concern was righteous. He was almost as bad as I was. He rarely left her sitting room – I had found him crashed out on one of the couches, late one night – and spoke only to the servants to ask for food, or to his sister, Alya, who seemed to be the only one able to coax him outside. The night before, I had heard her saying something to my aunt about 'Edmund's guilt'.

He should feel guilty! said a nasty little voice in the corner of my mind. *He failed to keep her safe! He should have been guarding against the Extermino! He should be dismissed!*

But I didn't listen to the nasty voice, because I knew it was jealousy that was creating it. Something in the way he had handled her back at the beach, after she swore, had stirred something very deep and lasting in me. I could still see his arm wrapped around her, clamping her in place not an inch above her breasts. The way he had whispered into her ear like he was kissing it, and the way her back had arched in response, pushing her backside into his groin . . . the primal way she let go of her emotionless façade and seethed and spat at him, her eyes burning red from anger . . .

I wanted her that way.

'She wanted to die,' Edmund eventually murmured. 'I watched a child try to kill herself in front of my eyes. That does something to a person. It kills something inside them.'

'It killed me,' I said simply. 'I would have died with her.'

'Don't say that,' he snapped, looking up at me and away from her for the first time. 'You don't know what you're saying.'

'I do,' I retorted, meeting his gaze steadily. 'I know that I love her enough that a life without her isn't worth living.'

To my surprise, he laughed. 'You have a lot to learn about women, Your Highness. When you've been forced to sleep on the couch, denied sex for weeks and ordered around by an irritated member of the fairer sex, then you'll know whether you love her enough or not. Come back to me when you've had your first argument; you'll soon change your tune.'

I scowled at him and felt my blood run hot. I would not be mocked by staff, friend or not. 'I love her!'

He leaned back into his chair. 'I know, and I can think of no man worthier of her. Just don't approach the relationship with rose-tinted glasses on. It won't do anybody any favours.'

I flinched at the unexpected praise. 'Yes, well . . .'

I went back to staring at her. *I love you. More than petty domestic idiocy can destroy.* I squeezed her hand. *More than Edmund thinks. I don't care if we're young—*

Her hand squeezed back. I nearly jumped away in shock and Edmund's head shot up.

'Her hand squeezed!' I squeezed it harder. Sure enough, the pressure on mine increased.

I think Edmund must have done the same because he got up and kicked his chair flying, rolling her eyelids back. 'Yes. Yes, I think she's coming around,' he concluded in a determined whisper. At that moment two of the medics that had been staying in to take care of her appeared in the room and began fussing over her, doing all sorts of tests.

'Let go of her,' one of them suddenly snapped, talking to me and Edmund. My eyes widened in horror. So did Edmund's, and together, never tearing our gaze off the doctor, we both unfurled her fingers from our own.

My hand hovered an inch above her skin, just in case, as the medic pressed a stethoscope to her chest – they weren't using electronic monitoring equipment because every time they tried, the magic we were pumping her with sent it haywire. He waited for what seemed like an eternity.

'Her heartbeat is strong, as strong as it was. She's had enough donation for some time, I think. But the spell is only just wearing off. Now we wait for consciousness.'

I tried reaching out with my mind to tell my family, but they were all blocked off. Edmund solved the problem by bounding off to the door and shouting down the corridor.

'Lords of Earth, keep the noise down. I've got a headache.'

The voice behind me was rasping and strained but I would recognize it anywhere. I dived for it and found my face surrounded by golden coils, limp and dirty but still shining. Slowly, arms wrapped around me too.

'I'm sorry,' said the same little strained voice. I just shook my head into the pillow before I was yanked back by my shirt.

'Let her drink, Fallon,' Edmund said, and she was passed a glass of water which she downed in one gulp.

'How am I alive?' she asked, taking another glass of water and doing exactly the same.

'We continually fed you magic. Like a blood drip,' the medic said, proudly. 'Never in my entire career have I experienced any condition such as yours. It took a lot of improvisation.'

There was a determined set to her eyes I had never seen before. She looked straight ahead and straightened herself on the pillows, working her way back so she was totally upright.

'Well done,' she offered as my family began to pour in, like she was praising a child. 'We haven't got time for pleasantries,' she continued in a tone damn near an order as some of the staff started to drop into bows. 'I've been to hell and back, and hell is the future. It doesn't look good.'

My uncle didn't betray any of his relief. 'Send for Eaglen. Whilst we wait, you can eat. Then you will tell us.'

'He sent the note. It was the day after Ad Infinitum. There was a clock with the date on the mantle. I had that dream a few times, before it changed. She was reading a letter, about being tied as a Heroine, and then it changed again, and she had a knife at her throat and the Vamperic king threatening to kill her. But it always stopped when Prince Kaspar Varn turned away and left her for dead. I had those three visions over and over, without ever knowing if she dies or not. It was hell.'

'And chri'dom called her a necromancer? You're quite certain?'

'Completely.' She looked it.

'Eaglen?' my uncle eventually conceded after his lengthy cross-examination.

The old vampire got up from his chair and limped towards the bed. He was showing his age compared to the last time I had seen him, that was for sure. But if his body was ageing, his spirit wasn't. He sat down on the bed and bounced a few times, his short legs leaving the floor every time.

'Ooo, squeaky,' he commented, grinning in an old man making a dirty joke sort of way, and then cleared his throat. 'I think chri'dom could very well be right. Searching her mind, I have already found that she is having necromantic-style dreams of the present. It wouldn't surprise me if she can soon see past events, and perhaps see the dead too.'

'I've seen some of those dreams, in my own visions of her,' Autumn offered.

'But what's this tied thing?' I asked, feeling like the only person in the room who was mystified at that statement.

'Surely you have heard of Contanal's last prophecy? Of the relations between the second Heroine and another? He maintained that it didn't just end with the second Heroine, but who knows . . .'

The way his eyes shuttled between Autumn and me was so pointed, a blush travelled right up her cheek, from her neck to the roots of her hair.

'It seems Violet Lee and Kaspar Varn are tied. They both share a telepathic communication, too, in the form of an embedded voice containing the personality of the other . . .'

I zoned out to watch Autumn's intent, full-of-purpose expression. She was absorbing every last mite of information, storing it up, and with every nugget her mind – blocked off but oozing emotion – grew more and more confident. *She was born for this. She has been raised for this.* I hoped, somehow, the stress and power of her new role would perversely be the thing to fill the gaping hole in her heart. Because evidently, I wasn't enough on my own.

'So, to conclude, it seems we have a tied young necromancer Heroine on our hands, whom chri'dom is presumably trying to murder by sending a note telling my king that her father orchestrated the death of our dear Carmen,' Eaglen summarized.

I could see what Autumn meant by bleak. I gripped her hand and she squeezed it back.

'No disrespect meant, Eaglen, but we need to tell her she's a Heroine and get her out of the second dimension, quickly, before anything happens,' Autumn said, in the same tone of assumed authority she had used earlier. It was slightly deeper and slower than usual, and sounded even more British for it.

Eaglen flinched a little. Though he had no official ranking

– titles didn't even exist until he was middle-aged – he demanded a lot of respect for his age and power. He didn't like orders, that much was clear from his slightly gaping mouth.

'But, my lady Heroine, we can't afford to meddle in fate too much. I fear we have already, and we don't want to risk destroying the Prophecy by running too much off course.'

'But she might die!'

'It is better for her if she finds out she is tied as you have envisioned. If we are too hasty, we may also drive a wedge between Violet Lee and Kaspar, because they are apart at the moment, as I explained earlier. We need them together, as Contanal prophesised!'

'So . . . what do we do?' my uncle eventually asked after some silence.

The room remained silent, and I could sense it dividing as gazes flicked left and right. I agreed with Autumn; we couldn't afford to put Violet Lee in danger. But I knew the older occupants of the room would side with Eaglen. They were stuck in their ways and afraid of fate.

'We wait. But not long. The weekend after the Ad Infinitum celebrations, the Varn children go on a hunt. This year they plan to take Violet. I will gain you entry with the guards; we shall say you are visiting me. Perfectly legitimate given our connection. Stay close to her, and to him. Make sure they bond and nudge them a little if they don't. Check that she understands and knows of the Prophecy, and bring it up it if she doesn't. When she is alone, tell her what she is. But Kaspar must not know—'

'Why?' Autumn demanded. She glanced back at me and I was surprised by the slight tint of angry black at the edge of her irises.

Eaglen got up and walked around the bed, placing the

four posters and a chest between himself and Autumn. 'Because Violet must find my late-queen's letter, and Violet must nearly die, and Kaspar must turn away from her, because sometimes a man must almost lose what he has to realize *what* he has. See? You leave the dimension, your king will send men as late as we possibly dare, and voila. We have meddled with fate as little as possible. This is how I have seen it.'

'You've seen all of this? Then it supersedes what Autumn saw! Why didn't you say?' my aunt almost shouted from the corner of the room. 'Lords of Earth, seers!'

Eaglen shrugged. 'Eh, dramatic effect, I suppose. I'm going to enjoy my power, until this young whippersnapper starts outwitting me at every turn.' He threw a hand out towards Autumn and his beard over his shoulder and laughed. 'Now, the best laid plans cannot be made on an empty stomach, so forgive me if I return to my home dimension for a spot of AB negative.'

He went to leave the room, full of dumbstruck Sage, but Autumn called out to him.

'You can't order me about, not anymore.'

Without turning back towards us he paused. 'No, but fate can.' And with that he limped away.

It was several more hours before my family and the medics were content to leave me and Autumn alone. A maid remained, tidying and arranging the many flowers and gifts that had been brought to Burrator from Autumn's home. We had intended to bring her parents too; they had refused. Not even their daughter's coma would entice them to face the Athenea.

'The flowers look nice in this room, with all the light,' Autumn commented, spreading her hands across the sheets to flatten them. 'Make sure they are well fed,' she called out to the maid. 'I would like them to be taken to Athenea.'

I didn't dare tell her that hers was the only room that looked nice now. The rest of the house was full of boxes, dust sheets and spells casting furniture into storage.

I shifted my chair closer to the bed as the maid curtsied and withdrew. 'You seem okay,' I began tentatively.

She didn't look at me. 'Of course I am. Why would I not be?'

'You're a Heroine, you tried killing yourself three days ago,' I said slowly, for a brief heart-stopping moment wondering if she even remembered.

'A mistake,' she countered.

'A m-mistake?' I choked, before crawling onto the bed and straddling her outstretched legs, which were beneath the comforter. 'Accusing people of doing things they can't control is a mistake. Cursing at somebody is a mistake. Wilfully draining all your magic into someone else *after* being told it is suicide? That is not a mistake; you can't reverse it just by saying sorry.'

She crossed her arms. 'Well, I *am* sorry.'

I clapped my face into my hands. 'You are so impossibly stubborn!'

'And you're bossy. Which is worse?'

'It doesn't matter. You're having counselling the minute we get home.'

'Ha!' She swatted my hands away from my face. 'See? Bossy! You always have to tell me off, or suggest this, or that. Maybe I don't *want* that.'

My hands planted themselves either side of her head on the pillow. 'You want me though. Your eyes give you right away.'

'I don't want a control freak.'

'You're a Heroine now, and soon everybody will know it. Things are going to change, I'm not an imbecile,' I admitted sadly. 'I'm afraid for you. Of how you'll cope with the change. And I cope with it by micro-managing, a mini-king if you like.' I let out a hollow laugh and she smiled too. It was no secret the apple had not fallen far from the tree when I was conceived.

She reached forward and cupped my cheeks in her hands, a thumb tracing my scars. Her eyes searched my face, looking for something I couldn't read in her own features. 'We are in the hands of fate now.' She leaned forward and her lips met mine. They were cracked and spiced, tasting of the butternut squash she had wolfed earlier.

It was a brief, chaste kiss, but the desire rushed through me all the same. It was a little *too* intense, a little *too* pleasurable; it was disturbing to realize that I would chain her, control her, keep her in that glass cabinet as an ornament if that was what it took to have her. *I'm not meant to feel that. I'm not meant to view her like that!*

Her lips suddenly parted and her tongue traced my own lips but I pulled abruptly away, chuckling, partly with relief that something so trivial had destroyed the hold. 'I hate to break it to you, but you haven't brushed your teeth in three days and you smell like a rogue elf on a vamperic diet.'

She pressed her hands to her mouth and then grumbled, before jerking a knee up and sending me sprawling onto the floor with a burst of magic. 'Then I'm sure the floor tastes better,' she said, smirking above me. 'Meanwhile, I shall have a bath.'

She waved a casual hand in the direction of the sitting room and I heard the distant sound of running water. When that was done she pushed the heavy comforter and sheets back from her legs and rolled onto her stomach, her head hanging over the side of the bed, supported by hands under her chin.

'How is the floor, loyal subject of mine?'

Sitting up I swung a leg around so it rested flat to the floor but tucked under the other bent leg, where my arms rested. 'All the better to look at you, my Lady Heroine.' She scowled. 'Shall I bow down, my lady? Prostrate myself for you? Massage your feet?'

'Quit it,' she snapped but the corner of her mouth twitched. 'It doesn't suit you. You were born to rule.'

I hesitated for a moment. *Whoa . . . dangerous.* Nobody was meant to make references to my elder brother's aversion to his position of heir apparent; it was like an unspoken rule. Then I remembered what she was.

'Quite right,' I agreed, getting up onto my knees and meeting her gaze just a few inches from her face. She retreated a little. 'Now, don't you have a bath to take?'

She nodded and got up. I scrutinized her every move. Her hand reached around to her spine but other than that she was strong and steady on her feet so I strode past her and into the bathroom. It was warm inside and the mirrors were just beginning to drip with condensation. The bath was about half full, and full of soapy bubbles.

'Do you ache?' I called back.

'A little. My back is stiff,' she replied in a pained voice that spoke of more than stiffness. *Why does she have to hide everything?* I thought as she used the brand new toothbrush.

I picked up a few of the aromatherapy oils on the shelf and began pouring them beneath the waterfall faucet. Instead of taps, a large wooden shelf protruded over the roll-back lip of the tub, hot or cold water, depending on the dial you turned, tumbling from it. The sound of the water hitting water sent a chill right up my neck.

I uncorked the oils and let them flow under the rushing stream of water. Once I was satisfied with the cocktail, I cast a small healing spell until the water of the bath started to gurgle and churn.

She waited behind me, one arm tucked across her waist and under her armpit. Closing the distance, I moved her arm and wrapped my own around her back, pulling her in. Even gently running my hand down her spine I could feel the knots lining its length. Easing my fingers between them to disguise the way I wanted to hold her in place, I found her gaze.

'Don't *ever* do that to me again, understood?' I shook her and she flailed in my arms like a rag doll, wide eyes downcast in silent guilt. 'I swear I'll have you locked up if I even suspect you might do it. I *need* you. It's my duty to look after you.' I was still shaking her.

Her eyes narrowed, all jesting from earlier gone. 'You can't order me about. Not any more.'

'Watch me,' I said, removing my arm so I could cup her cheeks to kiss her. In a heartbeat she had set me stumbling back a few paces and stepped away herself. Her hands flew down to the hem of her long cream night gown, brushing her knees, and lifted it. I froze mid-scramble, eyes glued to the stitching as it moved higher and higher, up the spiralling length of the scars on her thighs, past a pair of white panties and then all of a sudden was yanked over her head.

Her expression which had so clearly said 'Watch *me*,' changed to a lip-biting seeking of approval. She stood in just her underwear, a traditional Sagean vest of sorts. The cups surrounding her breasts were made of lace, which twisted into strings and loosely criss-crossed around her waist to her back, ending just at the top of the waistband of her panties. It left nothing to the imagination.

'Fuck,' I groaned. *How in two years had those curves appeared?* She was perfect. Utterly, utterly perfect.

She folded her arms across her chest and blushed deeply, mouth immediately parting the moment I had cursed. 'I should . . .' She turned slightly so her shoulder was in line with the bath. 'I *can* order you around. Out!' she finished, shrugging the other shoulder towards the door.

It took me a few seconds to tear my eyes away from her chest. 'You mean we're not equals?' I said in a tone of mock-shock, meaning it as a joke. Her lips pursed and I began edging away, passing through the door and collapsing onto the couch in the reception room.

'No,' I heard her mutter. 'Definitely not.'

CHAPTER THIRTY

Autumn

We visited Varnley, the home of the vampire court. I watched the love between Kaspar and Violet I had seen in my visions, which play out, and I ached with them when they couldn't touch. And I told Violet Lee about her fate, on top of Varn's Point.

Those memories seemed to be the only images that weren't obliterated by the sudden terror of placing a foot onto the floor of the hallowed halls of Athenea. That and Violet Lee's expression as I pulled away from our embrace in Varnley.

Utter abandonment.

It was not the weakness you wanted to see from a girl about to face her almost-death. It was not the weakness you wanted to see from a girl destined to lead her people into peace. It was not the weakness you wanted to see from a girl whose love was about to leave her to die.

And even as I longed for her to be better able to face what was coming, I knew it was not a strength I possessed myself.

Athenea . . . Athenea is the most beautiful country on this Earth. It is a place of the Earth, and for the Earth, and of the people of the Earth. It is a haven, a name, a family, a set of values that permeates my blood and yours, child. It is emerald slopes, and snowy mountains, salt water and fresh water, forests and valleys, palaces, mansions, schools and industry. It is a mere speck on a map, but if you sit in the maerdohealle, its great hall, then all creatures are your friends, and all are your enemies. Yet Athenea . . . Athenea remains peace personified.

We left the second dimension in a whirl of cloaks amid the fading shouts of vampires. By the time they realized how they had been duped, we were gone. I had never crossed the borders without an escort – somebody actually holding me – but arrived, not a second later, in the first dimension, two feet away from Fallon.

He gave me the once over and then began jogging along the road we had materialized on. I knew it wasn't far to our destination. In front of us, looming fifty feet high, was a wall, faintly yellow, totally smooth and utterly impregnable. It was the inner wall of Athenea – the last defence encountered before you entered the sacred heart of the kingdom, where the palace, university and top ranking nobility were all situated.

The road was wide, straight and without markings – there was no need, because cars were banned beyond the second wall. At its end was a wrought iron gate as high as the wall and as intricate as it was intimidating. Into its metal was worked the Athenean crest, leaves, trees, flowers and maple leaves. Between the bars there hung a faint blue glow; the inner dome shield.

It was up to this impressive spectacle we ran, but Fallon darted to the left, into a long, low building at the road's edge. I swallowed, hard.

Here goes nothing.

Inside the building seemed a lot larger, partitioned off into sections and offices with glass walls. At the front, however, were several large desks, security scanners for baggage and full-body scanners too. A sign above the desks very clearly read, in Sagean, English, French, Romanian, and the many other languages of the dark-beings, 'Checkpoint A – High Security Clearance Only'.

The nervous fluttering in my stomach only got worse. *I don't have my passport, or any documents!* Nobody had told me I would need them. *I thought they would just let us in because of this whole mess!*

I was relieved when Edmund appeared from a corridor just at the moment the border controller sitting behind the desk looked up, wide-eyed, and combined getting off his chair with a bow. The chair, on wheels, skidded away and hit the glass partition behind with a thump.

Edmund raced up to his booth, yanked down the hoods of our cloaks, and pulled us both into a bone-crushing hug, one of us wrapped in each of his arms. Without saying another word he let us go, helped us out of our cloaks, and handed passports to us both.

The room and all its occupants – border controllers, Athan, wall guards, militia – had fallen silent the minute my cloak was removed. For one long minute I thought it was my outfit: thick but ripped tights, shorts and a tank top – the only old clothes I had, and the only clothes I didn't mind ruining in Varnley. Once they had taken a long look at me they turned to one another, and then all sank into hesitant bows and curtseys. Then I realized.

'Oh, I . . . Oh,' I murmured. *This is odd. This is very odd.*

Edmund came to the rescue. 'No time. We need to get them through security quickly; the king has requested to see them ASAP.'

The king? Now? The thought sent my nerves into the cosmos.

I had no time to dwell as both my British and Sagean passports were checked, thumbprint scans taken, pockets emptied and forms filled out. One of the questions was 'How long do you intend to stay in Athenea?' I responded with N/A.

Edmund and Fallon were fast-tracked through with their identity cards and retina scans, something promised to me before the week was out, and eventually, I appeared alongside them. My passports were handed back, along with a temporary visa, the first paragraph of which I read.

'This document grants the holder, The Lady Heroine Autumn Rose, Duchess of England, temporary residence; security clearance level A; amnesty; and safe passage through the Kingdom of Athenea, so long as His Majesty, King Ll'iriad's, good grace prevails.'

I looked down at it in a sort of awed stupor. *Athenea. I am really back in Athenea.*

'Welcome home, my lady,' said the smiling border official. Next to me, Edmund nodded in silent approval.

Fallon, smudged with dirt, boots dusted with pine needles and smelling of a mixture of the two, held out his hand for me to take.

'Now to deal with Father.'

We took to the air to cross the vast inner circle of Athenea. Quickly Edmund led us away from the road, flying over the woods – a less scenic route to the palace. When it abruptly appeared I was disappointed; we were entering from the side, a view which didn't betray the beauty and enormity of the building that was home to a royal family and thousands around them. Instead, far to my left I could see the cliff the palace had sprung from, and three floors up the balcony attached to the maerdohealle.

As we landed on the massive stretch of lawn which separated trees from golden stone, our pace immediately picked back up to a run. Though I didn't dare slow down I wondered if Fallon's legs were burning as much as mine, and if Edmund would carry me if I pretended to trip and fall. I didn't test the theory.

We reached a small door tucked between the furthest wing of the palace and the cliff, and slipped through it unchecked by its guards. Inside the passage was bare and clinical, piled with crates of fruit on the left side.

'Service entrance,' Edmund explained, answering my unspoken question. 'There are court journalists and gossips outside the main entrance.'

He weaved left and right, taking abrupt turns and occasionally climbing steep winding staircases. I was left with the distinct impression of a rat-run. The close walls pressed down on my chest and my breathing got shallower and shallower, until at the summit of the second ascent, I doubled over, heaving.

'Where're . . . we going?' I managed.

'The maerdohealle. The king wants to see you both immediately.'

'In this state?' I spat before doubling over again for a coughing fit. 'We stink!' I tried to choke out, but it came out as 'W'ink!'

Edmund got the meaning. 'There's no time to wash. Come on!'

I grabbed the end of the handrail before he could drag me away. 'No. I can't. I just can't. I'm not ready, I can't face the king. I don't know what to say—'

My chest had a mind of its own. I was sucking air in at a furious rate but none of it seemed to get to my slowing heart, or panicking brain. My limbs felt like dead-weights and I could hold myself against Edmund's tugging without even trying.

'Give us a moment, Edmund, please,' said a terse voice as I was guided to sit on the top step. My vision was tunnelling but I could just see Fallon kneel down in front of me.

'No. No panic attacks today. You've done too well this weekend.'

I wrung my sweaty hands and groaned between breaths because my chest was hurting. 'The king! I can't, I won't, you can't make me, I'll—'

'Hush,' he soothed. 'Now breathe, from your stomach, here.' He placed a hand at the bottom of my ribs. 'In, hold for two, and out for five. Feel my hand rise, I'll count . . .'

And he did. One to two, one to five, over and over, tens and tens of times, until my diaphragm ached from the effort. But my mind was clear, my heart rate had dropped and the pain had receded.

'Now, we're going to go in there, *together*, and we are going to face my *father*, not the king, *together*.' He moved his hand from my stomach and cupped my cheek. 'Can you do that for me?'

I nodded.

'And as to the clothes . . . you're a Heroine, and you can rock whatever trend you like. So no issue there. Understood?'

I nodded again.

'Good girl,' he murmured, taking my hand and pulling me up. We strode straight past Edmund who looked like our scars had changed colour.

I can do this, I can do this . . .

My feet began to drag as we emerged from behind a tapestry, which hung a little away from the wall to allow a person to pass. We were in the main palace, on the third highest hallway surrounding the front cloister, which divided east wing from west; the *maerdohealle* sat in-between. I peered through the arched stonework. On the two higher and lower passages Sage walked: servants in black and gold garb; students in deep navy blue; and noble people, gentry and councillors, in their finest, most extravagant outfits.

Edmund re-emerged and led us around the cloister to the wide plaza at its far end, and the even more impressive set of double doors, white and gold. Either side stood two manservants and armed guards; in fact there were guards everywhere. More than I ever remembered there being. They peered at me expectantly in the tempered light, and straightened with a soft ringing of metal as Edmund and Fallon passed.

A manservant who didn't even look fully-fledged yet nervously flattened his lapels and shyly smiled at Fallon and me. The fact that he looked more terrified than me was somehow reassuring.

'Is the king ready?' Edmund asked.

'Yes, sir,' the boy replied, and the other servant manning the door turned and placed his fingers around the handle of the door.

'Are you ready?' Edmund repeated, to me this time. I ran a hand through my hair to catch any wisps and then took Fallon's outstretched hand.

'Yes.'

Together, with Edmund behind, we waited as the doors swung outwards.

The sheer size of the maerdohealle was enough to take any creature's breath away. The entire Manderley mansion would fit comfortably into its polished marble centre; the chimney tops wouldn't even graze the arched, cathedral-like roof, and only the uppermost windows would be level with the two tier balconies which ran around as a continuation of the cloister hallways at the room's edge. The left wall wasn't a wall at all; below the balconies several tall arches

led out onto yet another terraced balcony, which overlooked
the grounds we had flown across. Below us was a long
staircase which flared at the bottom; opposite, at the far end
of the room, there was another staircase descending from
the lowest balcony, which split into two small staircases; in
the hollow they created there was a raised dais upon which
sat a throne, large enough for two people. And on it two
people sat.

On the balconies, and between the pillars, under the arches
and in the enormous space in the centre people were packed,
row upon row, all gazing up at us. A room full of so many
mouths should not be able to fall silent, but it did.

But as we stepped out of the shadows there was no
mistaking the gasps, and the mutterings.

Fallon squeezed my hand and we rushed down the steps,
boots clunking against the veined marble. The crowd at the
bottom tripped over their own feet to move back for us, and
as we pressed forward a few of them sunk confidently into
bows, whilst others hesitated, gazing around for a queue.

'That can't be her!'

'She is so old—'

'Spitting image of the late-duchess.'

'Why is she *holding* his hand?!'

*Child, the court is like a fishbowl. All the big fish and the pretty
fish get looked at. But it's all silly. None of us are fish. We're all
just drowning.*

We walked and walked through the long hall, crowd
obediently parting for their prince and Heroine. For *me*. As
we passed the centre point of the room the people around
us started changing: they stood taller and stayed silent. There
were ambassadors – dark-beings of every sort – and many
nobles I recognized, sashes around their shoulders denoting
their council membership, other politicians and advisors

wearing the same garb, and all of them staring and so obviously judging through narrowed eyes. I couldn't blame them. They were seeing a short, tattered blonde, wide-eyed and led by another person. Hardly Heroine material.

Suddenly, familiar faces started appearing. Eaglen, and the duke and duchess of Victoria, and other members of Fallon's family. I could feel those that hadn't seen me for some time staring, but they at least had the good manners to turn away when I looked at them.

Then there was no more crowd.

The king launched himself forward from the throne with all the determination of a ruler. Then he faltered, and stopped. His mouth opened and closed a few times.

'Your Majesty,' Fallon just managed to say before he was engulfed in the arms of his father. They exchanged a few muttered words before Fallon eventually wriggled out, blushing to his eyes and rubbing the back of his head madly.

'Oh man,' he groaned. 'Not you too, Mom,' he complained before the process was repeated.

I stood to one side, awkward in their family reunion. There were perhaps a hundred people on their knees behind me, amongst the anxiously upright masses, and here I was, scuffing my boots together.

Edmund had moved to stand behind me, one hand on my shoulder to hold me in place. The constant pressure stilled me, and it was only after the king and queen had both hugged and kissed their son until he resembled a beet-root that Edmund let go.

'Go,' he murmured softly, and shoved me forward. I approached the royal pair like they were my executioners.

Oh, fates above, years and years of etiquette lessons don't fail me now!

'Erm . . . hi,' I whispered, stopping in front of them. In

my head, my grandmother started shrieking like a banshee and my eyes went very pink.

Both of them were just as caught in a stupor, and both were very pale, but my timid words snapped them out of it.

'Forgive me, my lady, so close . . . it was as though I were seeing a ghost for a moment.' The king shook his head and took one of my sweaty hands in both of his.

I dropped down onto one knee – curtseying would look odd in shorts. 'Your Majesties.'

The king followed me down into a crouch just as fast and I looked up from the floor to find him smiling, the sort of smile that made crow's feet appear around his eyes.

'No, young Heroine. You do not bow to us, or to anyone, anymore.' He tucked a hand under my upper arm and helped me to my feet. 'Come, I shall make this short.'

He span me around so I stood beside him, wrapping an arm around my shoulders. I wondered if he was worried I might run. There was really no need. I was paralyzed.

'Today, the golden rose of our kingdom has returned to us. Gossip travels fast in this court, and I daresay some of you may have heard, even in the short hour since we announced her position, the impressive feats of this young seer. Not only has she found the vamperic Heroine—'

This triggered a gasp so loud it sounded like a gale had ripped through the hall. *They don't know about Violet Lee, then?*

The king paused and waited for the shock to subside. 'Not only that, but just this week this rose risked, and almost lost, her life to save a human under her charge as guardian. A human who was on the brink of death.'

It wasn't like that! It was selfish! I wanted to scream, but as I glanced up at the face of my king I realized what he was doing. He met the eyes of those in the front rows; the ambassadors; the nobles; his advisors – all the people who held power – with a gaze so hard I partly expected those his eyes fell upon to turn to stone. *It's a threat! He's threatening them with my power!* Whether he knew the truth of my actions or not, he was exploiting them.

'Your Heroine was prepared to make the ultimate sacrifice in upholding the Terra, and showed a compassion for humanity we must hold as an example in these troubled times. Fate has chosen well. So ladies and gentlemen, I ask you to join me in welcoming, and honouring, the Lady Heroine Autumn Rose.'

And he did something extraordinary: he bowed down onto one knee. On my other side the queen dropped into a full curtsey and held it. One by one, their children joined them on the marble floor; Fallon, at their end, smirked and then nodded in silent agreement at the scene around him. It was a wave, a wave that sunk and within a minute lapped at the very back of the hall.

I was the only person standing.

There are really only so many life-changing mad events a girl can take in one week.

Sadly, I hit the floor before I had totally blacked out. And it *hurt*.

This is comfy. Silky, squishy. Somebody was stroking my hair, taking great care to run their fingers between the strands to detangle it. My head was resting on a lap, but it wasn't Fallon's. This person was wearing a skirt.

'Fallon, I think she may be waking up.'

I felt a gentle pressure on my hand, and knew it was Fallon's from the imprint of his scars. I squirmed, and let myself slowly come around from whatever deep place I had rested in.

Opening my eyes I found myself staring at the long lean neck and all its fine jewellery of the queen. She smiled gently down at me and pressed a hand to my arm, stroking it and holding me down as I went to sit up in shock.

'No, my lady, stay. You need to rest.'

I pushed her away. 'How long was I out? Violet Lee? What happened? Is she okay?'

Fallon pushed me back down into his mother's lap. 'She's fine. Kaspar Varn won't let her leave the dimension without him, so she's staying for now but she's completely okay.'

'King Vladimir is holding a council meeting even as we speak,' the queen added.

I was confused. In my visions I had definitely seen Kaspar Varn turn away. But he had contradicted my direct order to bring Violet to me. Was this the strength of their tied destiny shining through?

I couldn't answer any questions of weight. My eyelids were just too heavy.

At that moment there was a sharp knock at one of the many doors leading into the room. When granted permission, a councillor entered, distinguished by one of the council's sashes. 'Ma'am, there is news from the second dimension.'

My heart jumped into my mouth.

'It's not just Violet Lee coming, Your Majesty. The entire vamperic court are relocating to Athenea for the winter season.'

CHAPTER THIRTY-ONE

Autumn

The next two weeks were pandemonium. In many ways it was a fatesend, because it kept my mind occupied. First there were the Al-Summers apartments to inspect, and overhaul. They were beautiful but I wanted to wipe away as much of my grandmother's mark as I could. The sheets were replaced with those I had received for my birthday; the heavy beige drapes with white ones; the gold leaf, which had turned almost brown but coated everything, was cleaned.

Then I was put in charge of Violet Lee's room, which would be adjacent to my own; the younger vampires were to be put in the same wing, but towards the back of the palace, thankfully. Why they thought I would know what an eighteen year-old human-turned-vampire liked in her room, I didn't know.

Next came the doctor's visit, which was the single most humiliating experience of my life. They asked about my migraines; at first I thought they might prescribe something to help me with the vision-induced brain torture, but no.

Next thing I knew, I had a *contraceptive implant* slotted into my arm.

Council meetings? I was a deer amongst a wolf pack. The first two meetings I attended the sole topic was what *exactly* I was saving the world from. This was worrying, because I didn't know quite how I was meant to be saving the world.

The counselling was . . . odd. The counsellor, a Sage who couldn't stop talking about how she had attended Freud's lectures, asked me about my childhood incessantly. All I wanted to talk about was the kingdom's impending doom and sort a plan for some help controlling my visions.

And Fallon . . . Fallon spent a lot of time in my room.

The heels the maids had forced me into hurt the balls of my feet. The whole ordeal of being assembled and coifed that morning had reminded me of being dressed by my grand-mother – when I was six. Uncomfortable, stuffy clothing, hair tugged into braids and scalp poked with hair pins – *what was wrong with magic?*

And all for a king who had almost murdered my fellow Heroine.

I wasn't the only malcontent in the packed entrance to the palace. Councillors yanked at their sashes to straighten them, the youngest Athenean children, lined up like little soldiers in front of their parents, jostled one another and complained to their mothers. Athenea's ever-eager heir apparent had even stretched to putting down the com-pulsory book he always carried in order to show off his scowl.

'Public relations isn't exactly the vampires' forte, is it?' Fallon muttered beside me, gazing around the room with a carefully perfected neutral look. It was an expression I was working on following my first dealing-with-media lesson the day before.

'At least people aren't staring at us for once,' I whispered back, not bothering to turn and look at my boyfriend.

'Woopy, no paps speculating on our sex life. But don't worry, here, have a bunch of vampires invade your home instead! They haven't been to Athenea in decades, why do they have to come *now*?'

Because of Violet Lee, of course. The bitterness in his voice was hard to miss. Maybe I just wasn't as tired of the press yet because I hadn't been in the limelight so long; Fallon, on the other hand, kept darkly muttering about Amanda.

'You were fine with them the other weekend,' I pointed out.

'There were eight of them then and we were on their territory. This time, there are three hundred and on our home turf!'

'At least we know Violet Lee isn't an arrogant bitch like most of them.'

I was still staring resolutely ahead but I could feel Fallon's glare. 'We have no idea how turning will have affected her. She's tied to the biggest cock in the land, after all.'

I smothered a burst of laughter with a fake cough – being around Fallon's older siblings had definitely corrupted me.

Fallon glanced my way and then rolled his eyes. 'Oh, Lords of Earth, I'm never going to get that image out of my head now . . .'

He didn't have time to, because at that moment a manservant slammed down his staff and roared out an announcement.

'His Majesty King Vladimir of the second dimension and the Lady Heroine Violet Lee.'

And all the rest.

I hadn't seen the king of the vampires since I was a very

small child, and I had been terrified. But now he seemed no less tall or intimidating; his hair was greying and his eyes which I had always remembered as light and piercing were now very dark and set back in winkled hollows. His entourage flooded around him; the room, myself, Violet Lee and the two kings excluded, sank into a bow.

The two kings approached each other and Violet shuffled behind her king, her eyes darting left and right and up and down, to the two kings and back to me. Wherever she looked, I could see those eyes, now surrounded by shadows so purple they outshone the eyes themselves. I was taken aback: that was not the tell-tale ghoulish, slightly yellowing look of a vampire. It was the look of somebody who was ill.

But I marched along beside Ll'iriad and shook the vamperic king's hand with a wide smile as though this were the most joyous day. Violet Lee's cracked lips didn't move. She didn't even notice that Ll'iriad was standing two feet in front of her.

'Autumn,' she croaked in a voice which struggled to even meet a whisper. She stared at me with the wide eyes of somebody seeing a ghost.

'Violet,' I said softly. I wanted to scream. I wanted to run away. She shuffled closer, her dress swaying around her knobbly knees. *She looked better in jeans.* She didn't reply, just pushed her fringe across her forehead.

Next to her, stooped low, was Kaspar Varn. His hands were pushed forward like he was on the verge of launching himself forward to catch her. His eyes were black and angry, regardless of whom he looked at.

Suddenly there was a commotion at the back of the room and two figures appeared standing in the eave of the arched entrance. Hissing and snarling erupted as though a pantomime villain had entered.

It was like a cold blast of wind hitting me in the warm, gently vibrating air, which was so full of magic. They were human. One a man, middle-aged, dressed in a suit. *Michael Lee*. The other was a girl a little bit younger than myself, as haggard as Violet but with a pink patterned scarf wrapped around her head.

She glared right at me. 'Witch!' she cried. 'Look what you did to my sister!'

Kaspar sprang up instantly and shifted between the girl and Violet's line of sight. 'Lillian Lee,' he muttered apologetically to me. 'We should leave, if . . .'

Lillian Lee? Nobody told me they were bringing her father and her sister!

'Of course. There's a little food laid out—'

Violet moved faster than such a frail frame should be able to, turning to me. 'No! I mean . . . I'm not thirsty. I'd just like to rest.'

In all the fuss and gasps that Lillian's outburst had caused, and the rush to stand up which had followed it, nobody noticed us sandwiched between the two ruling families. Ll'iriad did, and when I glanced at him he gave us a little nod. Knowing there was a small back passage that we could escape through, I went to take Violet's elbow and steer her through the crowd.

At first I thought it might be an electric shock, from static. But the initial twinge of pain continued all the way up my arm and into my shoulder. I wanted to let go of her, but I couldn't. My hand was glued to hers as my mental walls, supposedly foolproof, crashed and burned. There wasn't anything I couldn't probe and no box that didn't spring open the minute I cast an eye on it. It was a barrage of images and emotions, things I didn't want to see – personal things – hitting me in wave after wave. The feel of a wrist pressed to her lips, the salty taste of blood, and the pang of reluctant loathing that surfaced when Lord Ariani passed through my mind. And the most frequent image was of Kaspar Varn. Kaspar Varn and her. Kissing. Holding. Fucking. That was her word. It wasn't mine. It was *her* word in my head.

We both froze in the crowd until Violet slowly ran her hand down my wrist and into my palm, and then tugged me into a tight embrace. She was taller than me but she stooped so her mouth was near my ear.

'The dead vamperic queen is behind you. She says we're connected. She says you can talk to her through me,' she whispered. Her voice shook and pulling back an inch I could see her eyes were fixed over my shoulder. I turned slightly. It was an empty spot.

Though my eyes saw nothing, in my head flickered an image of an empty entrance, in which Violet and I were joined by only one person: a strikingly beautiful woman in an emerald green dress, the deceased queen of the vampires, and Kaspar's mother . . . and one of the innocents who had died for Violet.

I thought 'Your Majesty' and immediately Violet had spoken the words.

'Lady Heroine,' the figure in the image replied. 'Violet cannot see me for long. I pray, save her. She is fading . . . you know of the darkness of the mind. Save her. She cannot keep my kind from war without your support.'

I can't save myself! I can't stop a war here! I barely know what enemy I face . . .

'My lady, you and Violet are one and the same. You have both seen death and been upon the brink of it. You know of the hatred between human and dark-being. You both have powers beyond anything that has gone before. Think, *think* how you are similar. You grow stronger every day, and so can she.'

The figure in the image began to fade and though Violet still held me, our connection seemed to weaken.

'*Fallon,*' I called out, feeling him catching up with us. '*There are still boxes in my mind, right? It's still defended, isn't it?*'

'*Of course. What happened? You looked terrified.*'

'*I'll tell you later.*'

It was a long way through the palace to the far corner of the west wing, where our rooms were. The journey was silent, other than a few mumbled comments on Violet's behalf about the size of the palace. The thread between us bounced back and forth our nervousness and the awkwardness of the situation.

What the hell is this? Was it her necromancy? But how had I seen it? And where is Eaglen when you need him?!

I pushed the door open into a reception room much like my own, only it was decorated in richer colours. The windows faced east rather than south as mine did, and the view was of landscaped gardens rather than the mountains and lakes I was lucky enough to look out on.

Three maids and the palace housekeeper awaited us. They dropped into low curtseys and the housekeeper introduced herself.

'And these are my lady's maids, who will assist your ladies-in-waiting, when you choose them, of course,' the housekeeper said.

Poor Violet Lee blanched and looked to me for help as the housekeeper continued on with her explanation of the room's amenities.

'It's like a ruddy hotel,' I heard Kaspar mutter.

'I think we'll just settle in for now,' I interrupted, effectively dismissing the staff. The housekeeper, too professional and efficient to be ruffled, gathered and hurried the maids out of the room.

Kaspar walked over to the large table recessed into a bay window and poured two glasses of blood from the clear, stoppered bottle which had been laid out, along with wine. With a grim expression he took one over to Violet.

'Did you see Mother again? What did she say?' he demanded.

Violet nodded, and meekly told him, 'Nothing important'. I fought hard not to catch her eye, as I felt her decision to lie flow into my mind as though I had made it.

'I'm not thirsty,' she croaked when he held the glass out.

Vampires would be dead, if they didn't have magic in their veins, and didn't consume the energy of others. Their hearts didn't beat. They didn't breathe. They only sucked in air to express emotion, like some inherent instinct told them oxygen would make things better. But it was a placebo to a vampire. Every Sagean child knew that. So hearing Violet's breathing pick up made the hairs on my arms stand on end.

Kaspar's expression darkened. Blackness had never left his eyes. 'Violet,' he growled.

Fallon entered but froze in the open doorway.

'Drink it,' Kaspar said flatly, seizing her shoulder. She let out a muffled squeak and attempted to step back but he held her in place. She shook her head slightly and sucked her lips in like a toddler refusing food.

She was several inches taller than me but she looked so small and frightened. I wanted to reach out and rip her out of his grip, yet as he raised the glass towards her lips I realized it was the blood that terrified her, not the tormented vampire she was tied to.

Disgust was pumped across our connection. I had no issue with vampires drinking blood but I wanted to do nothing more than tear the glass away and throw it from a window;

pour the contents down the sink. *I will make myself sick, if I have to. Eat normal food . . .*

With a strangled cry she choked down a few sips, coughing out a lot of it, which Kaspar wiped from her chin with his sleeve. 'This has got to stop, Girly,' he muttered.

I felt myself recoil. *Girly? How patronizing—*

The thought was subsumed by a flutter in my chest, which wasn't my own. The fear fettered into nothingness, at least for now, but it was always in the distance, a gentle ebb and flow of an incoming tide.

'Why are you still here?'

The sound of Kaspar's snapping wrenched me from my – *Violet's* – thoughts and I blinked a few times in mystery up at him. Towering a full head over me he glared in my direction, one hand still on Violet, the other holding the half-full glass.

'Don't talk to her like that,' an equally menacing voice replied. Fallon, moving at a speed which would surely match the vampire's, flitted to my side and wrapped his own hand around me, gripping my waist. 'She's a Heroine, not one of your miserable subjects.'

Kaspar very slowly and purposefully set the glass down on the coffee table and took a step up to my prince. 'Do you have a problem with the way I run my future-kingdom, you little *mearc'stapa*?'

Fallon, though a little shorter than his vamperic counterpart, refused to be intimidated by the insult and took a step closer. 'This isn't Varnley anymore, *Your Highness,*' he snarled. 'We play by the rules here because we can't hide like yourselves behind secrecy. You don't *have* secrets anymore. Just remember that when you're around the only true friends you've got in this fateforesaken situation!'

Kaspar let out a short breath through his clenched teeth

and hummed in acknowledgement. 'See? This is why I hate this place,' he said, turning to Violet. 'Fucking teenagers moralizing everywhere.'

Her lips widened into the first smile I had seen her wear since she arrived. 'Good to know you value my moral opinion so highly then,' she sneered, before folding her arms and storming off to the bedroom. The door slammed behind her and I could feel the vibrations ripple across the floor beneath me.

'Oh, and look, what true friends you are, *really* helping the situation,' Kaspar said in just as sarcastic a tone as his girlfriend's and followed her deeper into the apartment.

'Welcome back to Athenea, leeches,' Fallon muttered under his breath and stomped out into the corridor.

I remained in the middle of the reception room, perplexed. I could hear the raised voices from the next room, and feel the anger across mine and Violet's mysterious connection, but I found now she was some distance away it was easier to block out, though as strong as ever when I decided to embrace it.

I think fate is taking my role as peace-maker a little too seriously . . .

All of a sudden the room spun and I grabbed the nearby sofa to stop myself from falling over. Pain shot across my forehead and circled my eyes, forcing them closed. I just about managed to feel my way around to the seat of the sofa before I was transported away from the room entirely.

chri'dom paced the length of the room, muttering to himself. He had been doing the same thing for an hour.

Suddenly, he raised his voice and swerved on his heel, facing Nathan on the sofa. 'How can Violet Lee not be dead? How can she be in Athenea? How can things not have unfolded the way *I* foresaw them?'

Nathan's eyes resumed watching his leader traverse from one wall to the other. 'You said yourself that Autumn Rose's seer gift would soon outstrip your own. Maybe it already has, and she saw your plan and outwitted you.'

The younger man froze as chri'dom stalked towards him. 'I know that. I've had two weeks to come to that conclusion.' Nathan backed as far as he could into the chair, remembering too late that it was wise to always keep a shield up around the other man. 'That's why I need Autumn Rose. She's powerful enough to fight fate and stop a war, and yet we need her alive because she's the only one who could bring down the Athenea. Why else would I have murdered her grandmother, if not to trigger her granddaughter's power?'

Nathan relaxed as chri'dom sat down next to him and poured a drink out of the decanter in front of him, offering it to his protégé. 'But I thought you were against interfering with fate? Isn't that why you want to stop the Heroines? Because you believe that our fate is to have a war, so that we can have a clean start?'

The seer eyed the young man for a moment, marvelling at the juvenility of his statement, briefly wondering how much longer such a childish view of the world could persist . . . and how he could destroy it. 'What have I told you about the death of humans? It is collateral damage. So is having to alter the fate my ancestor, Contanal, laid down.'

chri'dom jumped to his feet and went to stand by his favourite window. It looked out over a canyon that formed part of a plate boundary, where the earth opened up and spewed hot steam, shrouding their ever-growing community in constant cloud.

'But it *was* fate for you to cross my path. It cannot be a coincidence that a human who shares my politics and is so close to our Lady Heroine should cross my path. This *is* fate, and it is you who shall bring her to me.'

Nathan stood and crossed the floor to join him, hardly able to quell the warmth spreading in his chest, lit from a flame that becoming an Extermino had given him.

'I won't fail. I've seen what the current system has done to her, how depressed she became . . . things must change.'

chri'dom placed a hand on Nathan's shoulder, almost in a fatherly way. 'And things will change.'

My eyes opened to see Violet Lee leaning over me, holding a glass of water. But her eyes were as glazed over as the water that gently rocked in a wave from one side of the tumbler to another.

Slowly, she seemed to notice that I was coming around, and she shook her head slightly. Across our connection, I felt her concern.

Instinctively I just thought the answer. *'It was a vision. Did you see it?'*

Her hand began to shake slightly. *'They're coming for you.'*

CHAPTER THIRTY-TWO

Autumn

'Jo, find this book. Check it out under your own name. I want no association with it.'

I handed her the call number I had scribbled on a Post-it and she frowned at the title.

'Necromancy?'

'Chief ladies-in-waiting don't ask questions. Especially ones I had to get special permission to appoint so quickly,' I snapped and she bobbed into a curtsey and hurried away, glancing back constantly. Whilst I waited for her to disappear from sight I inhaled the stagnant air. It was air that had not been outside the library walls for centuries and to it clung dust and musk, wafted from the floor to the catacomb ceiling by the silent toiling of hundreds of students, academics, and counsellors. Behind us, in the palace entrance to the sprawling underground archives of Athenea, there echoed the steady beep, beep, beep, of the security gates opening and closing; in front lay shelves which ran for miles, slotted into the vast space where the dead used to lie.

'Where is he?' I murmured to Edmund, who nodded and set off at a swift pace into the main thoroughfare between the aisles.

In our wake the silence turned to mutters, as the heads of the students bobbed up and gawked. I did my best to stare straight ahead and not be intimidated. *I have every right to be here.*

Abruptly, we turned left and a row of very deep alcoves came into view. Recessed into one of them was an oak table, and sat at it, was Eaglen.

When he saw us coming, he closed the book he was reading, set it atop one of the many piles he had created and smiled politely.

I dragged my chair across the stone floor until I sat right beside him.

'In fate's name, why didn't you *warn* us she wasn't drinking the blood?' I hissed.

His smile didn't falter. 'It's quite common for turned vampires not to take to our diet immediately.'

'She turned three weeks ago! She's wasting away! She hates being a vampire, I can feel it. She feels guilty for betraying humankind.' Even as I said it, I could feel the slow dribble of emotion and memory passing from me to her. I had no proof but I sometimes felt that *I* was her food. *I* was her sustenance.

'Short of restraining and force feeding her, there's very little we can do. This is what she has chosen.'

I scoffed. 'She doesn't have a choice. She'll die if something isn't done! I've seen someone die already; I won't let the same happen to her. And I've seen her visions of the dead, they can help us. There's a reason we're connected. I can't do this without her!' I was echoing the vamperic queen's words before I even realized that was where I had sourced them from. 'Do you want a war? Because that is what will happen if one of us dies.'

Eaglen didn't react. He interlaced his fingers and placed the heels of his palm on the oak. He bowed his head in acknowledgement.

'Have you made any progress with this connection?' Edmund asked from opposite me, eyeing the two of us impassively.

Eaglen shook his head. 'I doubt this library contains anything pertaining to it. I've never heard of anything like what you are describing. I have never come across visions as uncontrollable as yours, Lady Heroine. And I have never met a necromancer with such a diverse range of skills as those Violet possesses. Some things can't be explained.'

Edmund grunted. 'Useful.'

I slumped into the curved back of the chair. Beyond the seclusion of the alcove, curious lamp-lit faces retreated into the shadows as my eyes fell on them, all apart from one. She stared back with an expression I couldn't place. It wasn't hate, yet it belonged to the same spectrum. It was painful to look at and my gaze left the unhappy blonde in favour of Edmund, who continued to watch her. She blushed, returned to her book and fumbled with the pages beside her.

'*Who is that?*' Edmund asked in mine and Eaglen's mind. '*I don't know all of the vampires yet.*'

'*Charity Faunder,*' Eaglen answered glumly. '*The girl whose position in the young prince's bed was usurped by Violet Lee.*'

'The court slut? What is she doing in a library?' The words were whispered before I could hold my tongue.

The first I knew that Edmund had moved was the book slamming to the ground at my feet. I started; so did every reader in sight, and Charity Faunder blushed deep red.

Edmund very slowly and deliberately reached down to retrieve the book after his sudden burst of movement, rising again to meet my eyes. 'Apologies, my lady. I didn't realize that enjoying sex and pursuing academic interests was an impossible combination. *My mistake.*' His eyes were red; actually red.

'I haven't met a slut who has managed it yet,' I hissed back, equally as icily. I *hated* Edmund's lectures.

'Right here,' he countered.

'You lose your temper too easily, Mortheno. She's only young,' Eaglen interjected and Edmund's gaze broke away.

'Too young.'

'Still here.' I rose abruptly and the two men followed suit. 'If she doesn't start drinking blood in the next twenty-four hours, have her restrained and fed. And I want answers on this connection within the week.'

With that I left, sweeping past Charity Faunder's desk without ever looking at her again. Behind me, I could hear Edmund's heavy footsteps, mutterings of 'Too young, too young' following me out like an echo.

CHAPTER THIRTY-THREE

Autumn

Necromancy. 1.a. *n.* The act of conjuring dead spirits in order to predict or influence the future.

Necromancers can roughly be divided into two categories: the passive and the active. The latter is generally considered the more common, particularly amongst dark-beings who possess the ability to wield magic, as active conjuring of a phantom likeness was once a branch of study frequently pursued within universities. The practice, however, was outlawed with the signing of the Terra Treaties in 1812 and reports of likeness apparitions have declined as a result . . .

My fingers impatiently dragged across the hundredth page of a book that had largely proved to be useless. The lamp above me flickered, and with a jolt I was pulled back to the room and the ticking of the grandfather clock in the corner of the room. It was past midnight but I was determined to stay awake. I took another sip of the bitter caffeine cocktail next to me and carried on reading, trying to ignore the surge of emotion from Violet, which was steadily driving me to delirium.

The passive necromancer is a rarer breed, and the last comprehensive study of the gift in 1950 suggested that upon becoming fully-fledged (N.B. in line with human laws at the time, the fledging developmental stage was believed to continue until age 21) one in every ten thousand Sagean children were found to have the gift. Prior to the Great Cleansing of the Damned, a 1891 census revealed that as many as one in every thousand fledgings possessed the passive form of the gift upon reaching adulthood; by 1950, only two thousand children were tested, and just one (sterilized) child showed any ability to conjure. Amongst other dark-beings, the gift is believed to be extinct.

Abilities amongst the passive necromancer vary. According to the 1950 study, constants include: the inability to voluntarily conjure likenesses; at least one experience with a likeness of the deceased which includes communication; and a subsequent non-coincidental altering of events.

'Amongst other dark-beings, the gift is believed to be extinct,' I murmured to myself, tracing the line with my finger. But chri'dom definitely said she was a necromancer, and I definitely hadn't imagined what happened when Violet arrived: that had been the late-vamperic queen in her mind; in my mind, speaking to me!. *And the dreams. What on earth were her dreams about the cloaked figure to do with?*

I shut the book after several more minutes of scanning the same paragraph, vainly hoping new information would appear from between the printed lines. But the curiosity burned, relentless as my grandmother's words bounced from one side of my skull to another: *'Time is your enemy.'*

I gathered the thick volume in my arms and quietly made my way out of the room so as not to wake Fallon, who was asleep in the bedroom. The hallway outside, white, airy and well lit in the day was now deserted and gloomy; the double door entrance to the west wing was guarded, and nobody but those who slept here entered or left at this time of night.

I passed through the green drawing room, dressed floor to ceiling in paintings and crowded with green furniture, at the moment seating several of Kaspar Varn's friends, before I got to the door of Violet's huge apartment. The outer doors were unlocked, and I stepped into the small ante-room where the next set of doors were ajar. My knuckles were already brushing the wood when a groan slipped through the crack.

It was a soft croon of 'no'. My hand wouldn't drop even though I suddenly felt the urge to run; instead my knees had locked and through the gap I had full view of Violet as a mass of limbs in Kaspar Varn's arms, pressed up against the wall like her weight was supported by hooks.

The frightened squeal that escaped my lips was drowned out by the crash of something heavy hitting the floor, the accompanying frustrated groans and the steady thud, thud, thud of a body hitting the wall, over and over.

Neither wore any clothes; her head never left the pale walls but her back did in anticipation of every groan, as her eyes flickered open and shut . . . My torso withdrew but my feet were rooted as her eyes fixed for a brief second too long on the door. Her lips broke into a smile, and then parted into an 'O', and then she sunk; lowered to the floor, but he might as well have not existed because I saw through him – the connection between me and her turned him transparent, as I fell deep into her contentedness. It was the first gasp of fresh air after a week below ground, in the darkest depths of her mind, and mine.

'Beautiful, isn't it, duchess?'

I would have shrieked if it wasn't for the force of a hand on my shoulder pushing me down. My first instinct was flight but when my foot stepped back it hit a leg.

'Now, why is a sweet thing like you perving? Didn't have you down as the type.'

'Get off me, Felix,' I snapped in an unforceful whisper with a shrug that did nothing to dislodge his arm. 'And don't call me sweet.'

The hand around my shoulder squeezed tighter and my stomach churned. Felix was one of Kaspar Varn's friends, and had a reputation of being a lecherous noble in the court . . . and he was one of those who had been present at the London Bloodbath.

'Oh, I think you would taste very sweet. Maybe your prince would let me find out.'

He wouldn't drink from me, would he? Surely not? But I didn't like his sickly tone and the way I couldn't turn so we were face-to-face. I reached up and tried to slide his fingers off my shoulder but they had sunk deep into my skin.

'We have a game, Lady Heroine, back at Varnley, which we all like to play. I wonder if you've heard of it? It's called the Cunning Linguist.'

I shook my head whilst running through potential spells which would incapacitate him long enough to get one of the guards. They were hundreds yet my mind was blank and all I could focus on was the gap in the door and Violet collapsed on the far side of the room.

'No? We should really teach you. You would *love* it.'

The flash of green light bounced off the walls and dazzled me but the satisfying thump of the vampire's body hitting the ground told me my restraints had worked. Clutching the book to my chest as though it were a suit of armour I jumped over his convulsing body and sprinted down the hall, only turning to glance back when I heard a shout of anger chasing me. It was a dressed Kaspar Varn and when I turned around again, Fallon was standing at the other end of the drawing room in only a pair of pyjama bottoms, looking ready to murder someone. He started forward and when I went to grab his arm he repelled me with a small shield that sent me tumbling into a chair. I sprang back up again, book abandoned on the floor and pursued him as he yanked Felix's twitching body up off the floor and the culprit green strands around his limbs retreated. The fire-headed vampire slumped into Fallon's arms, and the prince threw him against the wall by his collar.

'What did you do to her? *What did you do?*'

Felix's lips moved but the only sound that emerged was a blubber and then a squeal as Kaspar ripped Fallon off and began beating the paper thin shield around his skin; both men grunted, Violet, covered only by a long T-shirt, rushed out and tugged at her boyfriend's sides to no avail and I could do nothing but clap my hands to my mouth in horror as more vampires appeared and tried to pull the two princes apart.

'Kaspar, Kaspar, get off!'

Screams of 'Fallon!' were erupting from my mouth but they were falling on deaf ears, terrified soprano amongst a roaring river of sound, of groans, of grunts, of panicked voices and whines and the soft purr of Felix, who had folded into a laughing heap on the floor.

Violet's tears soaked the carpet.

'Stop.'

Such a simple word, so sharply spoken, froze the scene. Catharsis smothered my emotions as two kings glided through the room we had tumbled into, melting those they passed so their faces warped into expressions of horror.

Kaspar, so strong, so tall, was thrown back onto the bed by his father as though he weighed no more than his younger sister, who had followed her king in. The other patriarch grabbed a fistful of Fallon's hair and pulled him off his knees so he was stooping, head lowered in a warped imitation of a bow.

I could only stare, hands clamped to either side of my head, eyes wide.

'It might come as a surprise to you, Kaspar, given your lack of political understanding, but murdering your Sagean counterpart is a disadvantageous move.'

Kaspar sprayed spit across the duvet as he hissed in angry acknowledgement; Fallon didn't even reply to his father. Everyone else maintained an eerie silence that needed filling to distract me from the tension in the air. Only Violet showed any composure. Her expression had returned to blank; irises the grey they had rarely ventured far from since she arrived.

'Words. Words are wonderful things. Words avert wars. Words make friends. Words prevent fights. Try using them.' Ll'iriad Athenea released his son and left, voice never raised but barely restrained, his limbs lightly shaking as he made his exit.

The vamperic king barked something in a language I couldn't understand, totally ignored Violet, and indicated for Fallon and me to leave the room. As soon as he had shut the doors to the ante-room behind us, he sighed and ran a hand down his face.

'They're violent,' he said, matter-of-factly. 'Stay away from them.'

He turned on his heel as my lips parted slightly; heart beating wildly, still convinced we had been on the verge of a reprimand.

Fallon grabbed my wrist and we hurried back to my room, necromancy book abandoned on the floor of the drawing room. His grip was tight, muscles still tense, and I didn't dare ask him if he was okay – he looked like he might set fire to something if I did.

He didn't cut me loose in the reception room and tugged me all the way into the bedroom, lying down on his side and pulling me with him, tucked safely away with my back to his chest.

We stayed like that, breathing in time together as he gradually calmed. It was at least five minutes before he spoke.

'Did he hurt you?'

'No,' I breathed. 'He just said some odd things.'

His arm around me tightened and he slotted his knees in behind me, hugging me close. 'What kinds of things?'

'He said I would taste sweet. And that he wanted me to play cunning linguist.'

I felt his head rise slightly. 'Pardon?'

'Cunning linguist. Do you know what game it is?'

He propped himself up on his elbow. 'It's cunnilingus, Autumn.' His lips and chest trembled with silent laughter which slowly faded as he continued to examine my expression.

No, he definitely didn't say that. 'Why are you laughing? What is it? Tell me.'

He stroked my hair, still with slightly curled lips. 'I'd do better to show you.'

My eyebrows knitted together. 'Why? Just tell me.'

He placed the hand that was stroking my hair on my shoulder and rolled me fully onto my back, before placing it on the other side of my body. 'Do you trust me?'

I could see his sky-blue eyes becoming tinged with red, and they scrutinized me whilst my skin heated up under the intensity. 'Yes,' I managed to breathe.

Slowly, he rolled over so his knees were straddling my thighs, arms locked straight, hovering a few inches above me.

'Tell me if anybody, including me, ever says or does anything that makes you uncomfortable, okay?'

I nodded as he pressed his lips to mine. My heartbeat was

speeding up, lips parting wider and wider as what had begun as an innocent peck became something more urgent, more ardent. My arms reached up and around his neck, my legs broke apart and one tucked itself up towards my torso; the gulf between his forefinger and thumb secured itself around the underside of my knee, and held me there.

'Autumn, your eyes are red.'

Suddenly, I felt fire creeping across the thread dangling between me and Violet, fizzing and hissing like a fuse. Her mind had opened up like a book which had flipped open and whose pages were flapping in a breeze. She was alive again, really alive, and in the second my eyelids closed to blink I had been assaulted with images of her in a half-unbuttoned shirt beneath Kaspar Varn. I felt like I was tumbling in her mind and wrapped in her desire, bathed in her warped love for this man, and the security that their tied bond provided. Fallon's weight above me grew heavier, and I was sure that if I opened my eyes it would not be a blond who was draped across me.

By the time my eyes had opened again to find Fallon there, it had become obvious that in that moment, there had been no partition between Violet and me. We were not separate entities; we had been one. But why? *Fate, why give us gifts and no answers?*

Hands fumbled with the buttons of my blouse, undoing them one by one. His warm fingers and the cool air raised goose bumps and I closed my eyes.

He kissed the plain above my breasts. He kissed me again, lower, and lower.

Far away came a whisper. 'Sweet, Girly. So sweet.'

CHAPTER THIRTY-FOUR

Autumn

Crossing the threshold into the chamber of the Inter-Dimensional Council was like walking down the aisle at my wedding.

The night before, all injunctions had been lifted and the media had exploded with images of me and Fallon as our relationship was announced as 'official' for the first time.

Outside the crescent shaped building, a sky blue carpet had been laid, and along its length, from the road where council-members dismounted their horses to the wooden doors, journalists jostled, fighting for a position where they could press their stomachs into the enchanted barriers and thrust cameras and microphones into the channel through which all had to pass.

'Lady Heroine! Over here! For *Arn Etas*!'

'Lady Heroine, are the rumours true that Prince Fallon was secretly living in Devon in order to be with you?'

'Lady Heroine, this is your first official appearance since

the funeral of the late-duchess. How are you coping with her legacy?'

I smiled and pouted on command, turned and span and shook hands, played the part of somebody walking a carpet that should be red. It was dazzling, it was glamorous, flashes bouncing off the pale golden stone of the Chamber and catching my dress of the same hue. But it was a fish tank.

Eventually they released me and I carried on inside, flanked by Edmund and Jo. The moment my foot trod upon the brass plate that marked the threshold, my heart gave in to a tremor, and I was suddenly terrified. This was the largest council meeting I had attended yet, and it was a gathering of the entire Inter-Dimensional Council, and it was about Violet Lee. Withering, wilting Violet Lee.

Why do I have to be here? Why?!

We passed ushers waiting with tall golden staffs to which banners were attached – eleven, one for each dimension, one for the humans, and another for me. Violet's was absént. The breeze from the open doors was making each banner sway, sending a draft billowing down the scaffold tunnel of gold through which we were walking. My hair stirred, the loose strands lifting from the back of my neck and those that were pinned threatening to shake themselves from their pins.

Edmund anticipated my stumble before I even knew I was going to momentarily halt. His hand cupped my elbow and firmly ensured my progress forwards, and not right back under the banners where the hopeful part of my heart was running.

'I can't do it,' I muttered. 'I can't.'

'You have no choice.'

He pulled me into the room and Jo dutifully dropped back behind me.

I stifled a gasp. I had never seen a room like it.

The passage in the middle was long and lined with benches, upholstered with the same shade of pale blue as the carpet outside. Every so often there were armrests, gilded with gold, and in front a thin table ran, just wide enough to place a book. The benches ascended in rows, and around the walls ran a gallery full of yet more seating. The ceiling far above us was painted to resemble the sky on a bright day and the whole place was flooded with light filtered through stained-glass windows.

Along the curved wall, raised above the pew-like seating was a row of high-backed wooden chairs, made comfortable with cushions rather than leather. There were about thirty of them in total, and in them sat the head of state for each dimension and being: monarchs, regal and isolated; presidents and their deputies, rearranging their notes and still finding their seats; even an entire small council from the third dimension. Royal families, remaining inner-councillors, prime ministers, religious figures and the scribes were assembled in the seating below them. The lower benches were packed with their contingent.

I paused at a stand containing a closed copy of the Terra and swore an oath whilst Jo kept hold of my hat. Then I ascended the steps to the high-backed chairs and took my place at the far end, so far along the curved wall that the king of Athenea sat sideways to me. Jo took her place in the bench below me, next to Alfie and Fallon, whose arm reached back so I could take his hand.

He gave me a reassuring squeeze. The instant our hands made contact, the cameras that whirled around of their own accord high above us descended uncomfortably close, and our tender moment was suddenly broadcast to millions.

Beside me Edmund growled loudly, and the cameras skittered away from us like startled animals.

The benches were almost entirely full, just the last few humans filling up those in the middle, and a microphone zipped down from its lofty position to come to a rest in front of the Athenean king.

His welcome and introduction were long, and the preamble even more tedious, and I let my mind drift.

It was an incredible spot to people-watch from. I could see everyone I knew: from the Athenean family below me to Lisbeth in the Sagean benches, now one of my ladies-in-waiting and sitting with her parents, a small frown on her face as she listened to the king. Directly opposite were the vampires, the enemy; the assailants the chamber would soon attack. *Because who else could possibly be to blame for Violet Lee's depression? Where else could be the root of this withered tree?* It was not me. No one would blame me, bearer of bad news. The awaker. The *ilaea*.

I wondered, wildly, what it would be like to not have the state of one's mind disclosed to the world. How it would be if confidentiality meant something exclusive, not *me, you and all the council.* What it would be like to lean forward and wrap my arms around Fallon's shoulders and inhale his fresh scent without making the front page of the paper. It seemed ludicrous.

I thought those things as the king went through the list of Violet's illnesses; it puzzled me how a public forum was going to remedy any of them.

Eventually, Eaglen wearily got to his feet and I dragged my mind back to the room. He shuffled a few papers on the table in front of him and looked up like he was announcing a death sentence.

'I have, as a humble servant of my king and a seer of fate, been tasked with the unenviable task of deciphering the powers of our young Heroines. I have but few hypotheses and can only present the facts. Firstly, and I can confirm this after witnessing her seeing both the late Queen Carmen and her deceased brother, it should be known that Violet Lee is displaying all the signs of being a necromancer.'

The silent room exploded with noise and the cameras buzzed excitedly, capturing the shock.

A bolt of horror shot from my heart to my stomach. My gaze rose from where I had been staring at the floor to meet Eaglen's, whose eyes were enlarged. He held my gaze, as though trying to transmit an apology.

'Secondly, it should be known that the two Heroines share a connection that defies the limitations of telepathy . . . that is, they share emotions, memories and experiences without barriers, and without consent.'

My cheeks were hot and flushed and I felt like a fire had been lit in my chest. Leaning forwards I stared at the kings of the first and second dimension, searching for surprise, or remorse. Both refused to meet my eyes, and watched their subjects with set resolution. *How dare they? How could they?! It is dangerous for people to know about this!*

'Lastly, it should be known that I have belief that the Lady Heroine Autumn Rose is developing the powers of a conventional seer alongside those used to awaken the Heroines. The reason for such an accumulation of gifts remains as yet, unclear, and my recommendation is we leave them to develop naturally. I can do no more. This is known to be the truth.' He finished with the traditional closing of a speech, his voice fluttering away to a murmur. He slumped, defeated, into his seat.

It took a lot of clenching of fists and a rude word from Edmund to keep myself seated. I had heard about the back-stabbing of the Inter, but *this?* Revealing our powers to the whole world! It was stupid.

I narrowed my eyes at the King of Athenea as he stood up. *I thought you were my ally.* 'Thank you, Eaglen. Now we shall hear from the doctor in charge of Violet Lee's care . . .'

It was excruciating. Just one long exposé of how she would not drink blood, unless manhandled and forced. And then the blame game began.

'Surely it is the responsibility of Athenea, as the host and protector of this young Heroine, to ensure her recovery from this unfortunate bout of insanity?' The speaker was a Sage himself, a councillor I had never seen, let alone spoken to.

The vamperic king didn't move a muscle but snapped a reply. 'As talented as your court healers are, they don't *drink blood*. This is problematic when trying to understand the nuances of the mind of a newly-turned vampire.'

'Nuances you have clearly failed to cater to, Your Majesty,' snapped the new wife of the shifter king, 'You bulldozed her into submission!'

The vampire contingent stirred, and the Athan and guards stationed around the room's perimetre matched the uneasy shift in temperament, warily looking around and tensing.

Suddenly, a voice rang out from one of the benches directly below me.

'I have words to say on this matter, if it pleases Your Majesty.'

Princess Joanna, Fallon's older sister and one of those who had gone to save Violet from the vampires when the Varns had found out about her father, had risen from her seat and patiently waited for Ll'iriad's permission to continue. She looked calm and comfortable, even with such a formidable and volatile audience. He nodded his permission.

'As an ambassador for my kingdom, I spent two weeks in the second dimension, before and after the turning. What I saw pained me, but I refuse to be silenced. The Lady Heroine

Violet Lee has been subject to severe emotional and physical abuse from which she is unlikely to recover, at the hands of those who claim to care for her, human and vampire. At the hands of a kingdom and people we now harbour! *This,*' the young princess said, half-turning to her father, 'is known to be the truth.'

Michael Lee threw himself to his feet. 'You accuse me of abuse against my own daughter!' I had never seen the man up close – the Athan wouldn't let him near me, and I was surprised that he had even been allowed to attend the Council – but I thought his eyes looked black, and they bore into Joanna like he was trying to burn a hole right through her. She stared back, defiant.

'If you want an abuser, look no further than that scum.' He pointed a finger at Kaspar Varn, who was already being visibly restrained by another vampire. 'My daughter has Stockholm syndrome, from his torture! That's what's wrong with her!'

'Of course you'd believe that! You will never accept our relationship!' Kaspar yelled across the room, not bothering to wait for a microphone to be passed down to him.

The Athenean king wisely sprung up to his feet. 'There are serious criminal accusations being made, and it is not the purpose of this Council—'

'You cannot, in any case, accuse the man tied to a Heroine of being her abuser! It's ludicrous!' The vamperic king was on his feet too; the two monarchs briefly glanced at one another, too quickly for me to catch their expressions.

'Of course, the immunity of the prince; an immunity that means he has never been prosecuted for the murder of my son!' I didn't recognize the man wrapped in red who had so abruptly joined the 'debate', but his words told me he could only be one person: Ilta Crimson's father.

'Your son was the shit below a hunter's boot!' Kaspar threw back. 'He abused his power as a seer and assaulted Violet, I didn't! And what about others? My sister and Lord Fabian Ariani, they bullied her, or her ex, Joel; everything I did was done with consent—'

'And you should hear the names Violet's sister calls her!' Kaspar's younger brother Cain added.

'Violet Lee was kept wilfully ignorant of the enormities of her situation! You cannot claim consent from someone who had no idea her sex life was the topic of argument within a political system she had never even heard of. Educate her, inform her, *then* claim she has some autonomy in all this!' Antae, the great seer and academic, had risen from his seat amongst the Damned to shout all others down. There was momentary silence, and then noise, deafening noise; a roar that bounced off the ceiling, people shouting and arguing. Shouts of 'Order!' were ignored, and the guards moved swiftly into the centre of the room and tensed.

I stood up.

Those immediately around me instantly fell silent. And then those next to them hushed. And those next to them . . .

Microphones and cameras pointed at me, waiting.

I waited too, until all had noticed me.

And then I proceeded to walk out.

Edmund didn't say a word. He just followed me down the steps, through the aisles and into the main thoroughfare. The guards nervously parted for us, their movement the only sound apart from our footsteps, which were embarrassingly lonely.

Am I being immature, walking out? Do I look stupid? Is this the right thing? I just couldn't tolerate it any longer!

But then a third pair of footsteps echoed in the chamber, and I knew they were Fallon's from his heavy, slightly irregular gait. But to my astonishment, he wasn't alone for long. Others were joining him, though I didn't dare look back to check who.

Kaspar Varn drew almost level with me even as Lillian Lee scrambled out of her pew on the very same side as he . . .

More joined: Lisbeth; James Funnell, Codine and Raine, my childhood friends; Arabella, Eaglen's daughter; Alya and Adalwin Mortheno, and Richard, flanking us . . .

'*Autumn?*' Edmund tentatively began in my head as we approached the door.

I held my head a little higher. 'If they won't debate like adults, I shan't sit among them like one.'

The banner bearers startled at the door, so suddenly opened, and jostled to resume their positions as I marched back beneath the coats of arms, doing exactly what I had dreamed of a couple of hours before: leaving. Once I was out in the open entrance hall I turned, finally giving into the curiosity.

'Lords of Earth,' I breathed. Around thirty people had followed me out and were standing expectantly.

Aside from those I had seen leaving their pews, three of the Varn children were there – Lyla, Cain and Jag – and the group of vampires I shared a wing with: Fabian, Felix, Charlie and Declan, and the American too. Nervously placing herself between them and Edmund was Charity Faunder; next to her, Violet's sister, almost in tears.

Alfie and Fallon; two of Fallon's younger siblings and three of his elder: Joanna, united with the man she had just accused, Henry, the other ambassador, and most unbelievable of all, Sie, recluse and heir to the Athenean throne – *I have never even said a single word to him in my life!*

'The Inter won't make Violet better,' I said. That's what

I had thought when I stood up, and I had no other words. *People followed me out. They followed . . . me!*

But I was not going to hang around.

'Make sure they don't kill each other,' I told Fallon, whose beam faded before I had even turned on my heel.

'What? Where are you going?'

The doors flung open to reveal the waiting press, who must have been following every bit of the action via the cameras. I knew Fallon was pursuing me from the way they shouted out his name for comment as well as my own.

'I have an idea, for Violet.'

'Do you need me to help?'

I shook my head as I fastened the ribbons of my hat under my chin, Infanta, my beautiful horse, fresh out of quarantine, waiting for me. 'Hold the fort for me.'

As I swung my leg over the saddle Kaspar flitted down the carpet. He ignored Fallon completely and looked up at me. 'I never meant to abuse her, if that's what you think,' he blurted, eyes wide and begging . . . acceptance?

I examined the vampire for only a fraction longer before I tugged on the reins so Infanta turned and galloped away. I had no answer for him, because I didn't know what I thought.

I had to save Violet from herself before any other.

That evening, the papers called us *'The Dissenters'*.

CHAPTER THIRTY-FIVE

Fallon

Three hours, and Autumn hadn't returned from Violet's room. Outside, it was dark but I hadn't drawn the curtains in the former's living room. Instead, I paced the carpet.

What is she up to? What takes this long?! It was torture compared to her afternoon disappearance, where she had kept her mind constantly open so I knew she was safe . . . at the Athenean University, of all places.

'Autumn!' I demanded in my head, expecting silence. Instead, I was greeted with a two hard taps on the door.

I turned to Richard, a silent statue in an arm chair. His look echoed my thought: *That isn't Autumn's knock.*

'Who is it?' I growled, knowing this wasn't going to be pleasant company – not at midnight.

There was a pause. 'Caspar the ghost. Just let me in.'

My jaw dropped a fraction as my magic gurgled in preparation. Richard was on his feet, scowling.

'What do you want?'

'To talk. I'm not going to kill you, for Christ's sake, father would have my soul.'

Even through the door his accent was grating, like finger-nails on a chalkboard scratching out the words 'Classist, arrogant idiot'.

'Let him in,' I told Richard, ready and waiting to use the same curse Autumn had performed on Felix.

'Chill, chill,' Kaspar snapped as he came through the door, hands raised in the air beside his head. 'No, stay outside,' he told his guards as they went to follow him. 'I was rather hoping we would be alone,' he finished, looking pointedly at Richard.

I nodded my approval – I could handle a lone vampire no problem – but knew Richard would be right outside the door, listening to every word.

Kaspar glanced around the room, taking it in, eyes widening a little when he spotted the baby grand piano that had recently been added in the corner near the window. He walked over to it and sat down at the stool, running his fingers across the polished, gleaming keys.

'I assume you haven't come here simply to entertain yourself,' I prompted when no 'talk' was forthcoming.

'Violet and Autumn kicked me out of the room,' he retorted, beginning to play scales up and down the length of the keyboard. 'So I came to apologize,' he said simply, never missing a note.

'Apologize?'

'Yes, you know? To sincerely express regret at an action? You should try it.'

'Apologize for what?' I growled, wishing I could gag him with a silencing spell.

He very suddenly lifted his hands from the keys and the room fell quiet, apart from the last few notes which hung as eerie drones in the air. 'Autumn told me what Felix said. I didn't realize he had been such a dick when I attacked you.'

I half-raised a shoulder. 'Yeah, well . . . it's done now.'
'Yeah.'

He was studying my reflection in the gleaming wood of the
piano. I shoved my hands into my pockets and waited, hoping
he would just leave. Sitting there in the light from the moon
shining through the window, deathly pale and stock still,
staring at my image . . . it was like a dead man watching me.

'I get angry . . . since Mother died. I get why Autumn is
so introverted. You bottle stuff up,' he said slowly.

My arms were as stiff as wood. *Is Kaspar Varn talking . . .
feelings?* 'You should try counselling,' I offered, unable to say
anything else. 'They've been great with Autumn.'

He slammed his hands back down on the piano and started
playing a beautiful, flowing piece of music that sounded
faintly like a waltz. 'I just treated her like a human,' he
insisted, voice rising with every word and chord. 'Like prey!
I didn't abuse her . . . did I?'

His voice was faint at the end, thousands of doubts poured
into two words. Inside, I panicked. *What am I meant to do?
I'm not a shrink!*

'I don't know enough about your relationship to say,' I
eventually choked out, blushing right through to my eyes.

'No, you don't,' he agreed and the music began rising
again. 'But nobody thinks about how it could be turning
that made her like this. It was too soon; too rushed. She
wasn't ready . . . maybe . . . maybe she isn't cut out to be
a vampire. Maybe she is just too human.'

'I—'

'She feeds off your Autumn. She's always telling me about
Autumn's heartbeat, how it slows and speeds up when she's
with you, like a broken clock that cannot keep time, she
says. Sometimes I think she pretends that heartbeat is hers,
that she's human again.'

My stomach churned. 'Turning only works one way,' I said quietly.

He stopped playing again and in a blur he was facing me on the stool. 'You think I don't know that?!'

I flinched, a little afraid at his sudden turn but just as quickly as he erupted in anger he calmed down again, running a hand down the back of his head.

'I'm leaving, tomorrow evening—'

'You're leaving court? Leaving Violet?' I spat before I could stop myself. I knew the guy was incompetent but to *leave*? I felt like gouging out his brain with my fingernails.

'I'm going to *hunt*,' he corrected. 'For a few days on the mainland. I need to clear my head.'

'And you think leaving her will help?' I demanded, walking closer to him for the first time. I rounded the sofas and approached the piano, slowing down in case he lashed out like a wild animal. 'And she's still having those dreams of you, even though she doesn't sleep, Autumn told me. You think her seeing you hunt will make her want to drink blood?!'

He stood up. 'I just need to get out of here! It's driving me crazy!'

I took a step closer. 'Then you're selfish!'

His mouth opened and closed, and then opened again. He shook his head slowly and then turned away to lean against the piano, and rest his head in his hands.

'No . . . I-I just don't know what to do.'

I frowned at the hitch in his voice. 'Are you . . . all right?' I tentatively approached and touched his shoulder gently, turning him a little. His eyes were dry but his lips were trembling. He briefly looked at me, grey-eyed, and then threw me off and bolted for the door, briefly stopping in the doorway.

'I thought infatuation would solve it all. I was wrong.'

And then he was gone.

CHAPTER THIRTY-SIX

Autumn

'Just . . . don't make a habit of walking out of council meetings. That kind of thing only makes an impact once,' the king of Athenea said quietly, his eyes constantly darting between me and his daughter, Emily, who was playing at his feet, and the two mischievous twins who kept trying to pull her hair. 'But what you did, worked. We're indebted to you.'

He rose up out of his chair and the three children paused, watching their father with nothing but adoration on their faces.

I stood up too. 'She drank half a litre of blood this morning. I didn't expect to see change so quickly, but it is a fatesend.'

'Indeed. And you, my lady, you are shining. It makes my family and me so happy to see you growing stronger every day. We've all adopted you into the Athenean chaos, I think.'

'This does feel like home,' I admitted with a slight blush.

'I am glad to hear it. Now, come, we should return to the drawing room.' The three children obediently began packing up their toys and once they were done, the king led all four of us out of the room, my heart swelling with absolute delight when Emily chose to take my hand, squeezing it like I was her sister.

The drawing room was very full – it always was. It was more of a family room, where the Athenean children played and socialized, did their homework or spent much needed time with their busy parents. It was near the front of the palace, tucked behind the entrance hall where all were free to gather to catch glimpses of the king when he emerged. It was rare that he did – all the private rooms were inter-connected, and I could remember running from one to another with Fallon as a child without ever seeing somebody who did not have blue eyes.

Fallon sat with his aunt and uncle in a corner of the room. When I came in he looked up and smiled, and even though I was in a pair of jeans and a baggy jumper, I felt like the only girl in the palace beautiful enough to produce that smile. I wanted to run over to him and throw my arms around his neck and hold onto him like a parasite . . .

I'm happy. I don't know why but I'm happy . . .

But I didn't go over, and instead went and sat with Violet and Kaspar at a small table in another corner. She was poring over a glossy magazine, but I already knew it wasn't gossip that had captured her interest. She looked up when I pulled up a chair and briefly smiled.

'Okay?' I asked, even though I knew she already was from the excitement passing across our connection.

'It's perfect,' she responded, pulling a piece of paper from the back page. 'I spoke to a woman from admissions today. She said with my grades I'd get in easy, and I could start in January! Here.' She passed me the sheet and I skimmed what had been scribbled on it – it was about pastoral care.

I beamed. 'And you couldn't have picked a better course than politics. It can do nothing but help us.'

From opposite me, Kaspar scoffed. 'Yeah, right,' he muttered. Violet glanced his way, her smile faltering and I took a deep breath. *Don't ruin it, Kaspar. Don't you dare ruin it.*

'Kaspar being weird?' Fallon asked in my mind.

I nodded, subtly, assuming he was watching us.

'He was weird with me last night too.'

I kept one eye on Violet, gauging her reaction – nothing anybody said to me in my mind was private anymore. *'Tell me later,'* I responded, reminding him to be more discreet. He still couldn't take in the full implications of this connection.

'So what did you do? I've barely seen you since yesterday. Violet's got a prospectus for the university, but I don't get what's changed. She's a different girl!'

I smirked. *'She's applying to read a degree there.'*

'Seriously?! Wow! But why does that change anything?'

'Do you remember me telling you about how I could see the vamperic queen? She told me Violet and I were alike, and I thought about what my salvation was: education. I didn't think anything of it until Antae said about educating her . . .'

Violet shot me a brief smile, obviously listening to every word.

'Being a vampire doesn't mean relinquishing all of your future plans,' I finished, both aloud and in my head so Fallon would hear. *'It gives her a goal to live and to drink for,'* I added as an afterthought.

I was so engrossed in my conversation I didn't notice the Athan who had appeared in the room until the king asked the children to leave. Everybody's heads shot up and the younger occupants started to protest.

'Go!' the king snapped, and that's when I really knew something was wrong. I'd never seen him lose his temper with children before; I'd never even heard him raise his voice. It didn't become him, and his strange, placeless accent, not Canadian like the adopted-accent of many in his family, but warm and varying, telling of a man whose home had seen the rise and fall of cultures. It was meant to persuade, not shout.

They seemed as bemused as me, and begrudgingly left the room with Alya.

Edmund moved closer to the sofas in the centre of the room, clutching an official looking slip and what looked like the back of a glossy photo in his hand. I wanted to move to see but I was nailed to the seat, clutching its back. Something bad had happened, something *really* bad. I could just tell in my heart.

'Autumn, I have some . . . upsetting news,' Edmund explained. His slow, pitying voice spurred my legs into action and I walked to the chair beside the king and his wife, and sat down, feeling as though my body had moved whilst my mind floated somewhere outside it, watching the scene unfold like in a play.

Fallon came and crouched beside my arm chair, holding my hand. His uncle, aunt, Alfie and Lisbeth approached too, but when I looked up, Kaspar and Violet seemed like distant figures across the room, blurry and insignificant.

'Perhaps we could go somewhere else?' I heard the king say.

'Here is fine,' I replied. It didn't sound like my voice. It sounded too calm.

Edmund took a long, rattling breath.

'The Extermino . . . I'm so sorry. Your human school, they . . . they attacked it, and . . .'

I bowed my head and fixed my eyes very, very hard on

the carved maple leaf on the foot of the table, trying to remain detached and avoid the inevitable guilt and dread that began to rise.

'No guardians,' Fallon choked out, voicing my emotions and the horrible, horrible thought that had sprung to mind. *No guardians, because we abandoned them.*

'Were there casualties?' I heard the duke of Victoria ask.

'Some of the students said there were as many as ten Extermino. It was break time, most people were out on the field . . . they didn't stand a chance. I-I have a list of the injured. There's over a hundred,' he said quietly, laying a sheet of paper with names typed on it on the coffee table. My eyes were threatening to water, but I could see next to each name, without exception, there were only the words 'critical' or 'stable'.

'Christy, Tammy, Gwen, Valerie and John Sylaeia are all on there . . .'

He said some other names I didn't recognize but Fallon obviously did, because his hand suddenly tightened around mine.

'They were hit with curses but they're stable.'

I couldn't take my eyes off the list. I knew why they had done it: to make a stand. Like vultures they had spotted an opportunity and taken it, shown they were vigilant in their 'cause' and that we were not. But *how* had they done it? *How could anybody hurt innocent, human children?*

'Nobody was killed? Thank fate,' the duke sighed in relief.

I could hear Edmund swallow, hard. 'One person was.'

My gaze shot up as Edmund walked over to the king and handed him the photograph. He met my gaze and then looked away. 'Thyme. Thyme Carter.'

My heart burst from my chest, wrenched out from my back, punching holes in my lungs so when I inhaled nothing happened.

'Who?' someone asked, confused.

'Tee,' Fallon breathed next to me. 'Tee.'

The world was spinning . . . Tee, little, sweet Tee was dead. Murdered.

'This can't get out to the media,' the king said shakily and I forced my oxygen-starved head to lift itself. He was staring at the photo, and slowly turning a faint shade of green.

'Let me see it,' I demanded, pulling my hand out of Fallon's grip and clenching the arms of the chair instead. 'Now!'

He handed it back to Edmund who clutched it to his chest and brought it around the circle of chairs to me. Every pair of eyes in the room followed him.

'Autumn,' he whispered. 'Don't.'

My shaking hand reached up and my fingers pinched the corner, slowly lowering it down to my lap without moving my eyes from Edmund's face. Beside me, Fallon wailed in horror and clapped his hands to his mouth, turning away until he was on his knees, doubled over.

I looked down.

It was a back. A child's back. Tee's back. There was a festering gash in the shoulder, oozing blood which had matted in the tightly curled hair that was in the shot. Her arm was bent back, broken, bone protruding and across her wrists there were thick diagonal marks lined up in neat rows, which must have been from the fraying rope beside her hand.

And into her back, letters had been gouged, glistening red against her dark skin. Those letter formed words.

'How long can you last, my lady?
We can make it stop, duchess.
We will wait for you, Autumn.
All my love,
Nathan xxx'

I threw the photo away from me, not caring where it landed, and stood up. I could not blink. I could not swallow. I stared at the wall for a moment, arid, as the room swayed, and then for a second time in a day walked away.

The floor was moving and I put my feet down carefully until the door to the entrance hall suddenly swung open and I caught the scent of fresh air. I followed it, feet quickening.

From behind me Fallon shouted my name through his sobs. Somebody told him 'No.'

'*Autumn?*' Edmund asked, drawing level with me. I didn't look at him. I couldn't look at him. I *blamed* him. I wanted him as far away from me as possible.

'*Infanta . . . my horse,*' I managed to think through the heavy, sick haze in my head.

In the entrance hall people crowded to the open doors, before slowly backing away as they saw their sick, shocked Heroine floating towards them. As I passed through I felt my clothes fall away as black clothes wrapped around me to hide my nakedness, and in seconds I was in full mourning clothes: black trousers, black blouse. Black gloves. Lace around my neck, tied like a collar that bound me to her memory. My hair fell loose, and I hid my guilt behind it.

The huge outer doors were opened for me and I was greeted with a world on fire. The sky was bright orange and yellow as the sun sunk, topped with a thin strip of purple. At the end of the long boulevard the wings of the palace created I could see the silhouette of Infanta, held still by a lone stable boy.

She greeted me by tossing her head, and I knew she would keep me company. It was better than flying. Once I was in the saddle Edmund caught up, taking the reins from the stable boy who bowed low and scuttled away.

'I'm so sorry,' he breathed. 'We should have left them protection. We should have—'

'Leave me alone,' I snarled, kicking into her haunches so she took off at a furious pace. But he didn't. He followed me the whole way, sometimes running, sometimes flying, as Infanta fled across the grass plains, my hair flying wildly behind me.

I wondered what it must look like to those who saw us, a black and grey outline against the bright sky, racing away from the palace like the sun was burning it down.

Magnificent, child. Whatever you do, you will be magnificent.

I don't feel like that now, Grandmother.

In time, you will. Time will grant you magnificence, child.

Somewhere, I was running through the green grass, screaming her name in a tongue as familiar to me as the shadow that the tall grey-stone building cast in my path. Tears streaked my face and I struggled to climb the steps, hearing the babble behind the closed entrance doors, like the stream beside the lodge that would swell after the winter rains. I was tripping over the laces of my shoes, my polished, square, school-approved heels squealing in protest as I burst through the double doors, coming across the same sight I had seen a thousand times: hundreds of faces turning to mine and then black.

The Athenean Cathedral was a beautiful building. Outside it looked like a typical gothic cathedral, like those dotted around the cities of Britain, complete with gargoyles whose faces melted from years of suffering at the hands of the elements, and a graveyard that stretched for miles, little rounded stones protruding from the earth as far as the eye could see, speckling the greenery with grey. Bells rung in the twilight and through the open, inviting doors I could hear the sound of a choir singing.

Inside, it was anything but traditional. There were pews but the space was divided into multiple areas of worship dedicated to most of the major religions; the echoes of the choir came from a small chapel to my immediate left. Most impressive as far as I was concerned, however, was the ancient tree growing by magic in the building's centre. It was an oak whose branches sprouted high above us in the spire of the church, sheltering the white tombs scattered beneath its shade.

It was in one of those tombs that my grandmother was buried.

There were a few men wearing brown habits – monks, I guessed – sweeping up leaves from beneath the tree, but I was otherwise left alone by the various religious leaders.

I settled beside her tomb which was right at the front of the tree, and scattered with adornments. There were wilting flowers placed in mildewed jars which I cast away, and fresher ones too, placed amongst fading photographs of her, of me . . . even of the Manderley mansion she despised so much.

I tucked my legs beneath me and rested my forehead against the cool marble. I inhaled, deeply, over and over. Beneath my skin I could feel the gouged letters leaving marks and it wasn't long before I was pressing my fingers into them, tracing the words.

'Rebecca,' I muttered as I traced her first name with my index finger, skipping her title. It wasn't hers anymore. 'Rebecca . . . Al-Summers,' I finished, following the flourish of the carved 's'.

I half-expected her to answer, to push the lid of the tomb open, sit up, and snap at me to sit up straight and stop snivelling. But I had sealed her tomb with a spell myself, the last time I was in the cathedral.

I was angry, angrier than I was horrified or upset. Angry at myself for never stopping to think about the humans at Kable, angry for being so selfish as to do what I did the day Valerie collapsed – if I had stuck it out we might have remained in school long enough for replacement guardians to be found. I was angry at Edmund and the Athan, for failing again, for never keeping the humans safe. He sat in a pew in the very back row, watching me.

I was angry at the Athenea; at Violet and Kaspar because they had distracted my thoughts from my friends, and because they were vampires who killed people like Tee without thinking twice.

'I don't understand,' I whispered to the marble, my lips so close to its cool surface I was almost kissing it. 'Why me? I don't know what I can do to change the world . . . to stop evil like this. I'm still a child. I'm still in your shadow.'

I heard a rustling above me and looked up in time to see several crisp, brown autumn leaves swaying from side to side, gradually falling in miniature cyclones until they were suddenly caught by a bitter draught, scattering across the tomb and turning my world brown for a second.

I shivered. Outside, the first few flakes of snow were beginning to fall.

The icy chill was cleansing and I wanted to stay and freeze – it was better than thinking about Tee. But Infanta was outside, and she wasn't as keen on the cold and wet as I was.

I reached up and gripped the rim of the tomb. 'I'll get revenge for you, Grandmother, and for Tee too. I don't know how . . . but I'll have Nathan's blood on my hands, I promise. I'll make you proud, as a duchess and a Heroine. Watch me break from your shadow. Watch me grow.'

I hoisted myself up, careful not to knock over any of the

flowers and slowly made my way back down the aisle towards Edmund, who weakly smiled and said, 'Ready?'

I nodded. *For much more than you can ever know.*

Together we plunged back out into the December air.

Child, one day I will be dead, and you will have to walk alone. The day you learn to do that will be an important day. It is the day I will cease to call you 'child'.

CHAPTER THIRTY-SEVEN

Autumn

I sorted out all the riding gear myself when we returned to the stables, happy to delay returning to the palace for as long as possible. I was calm. *Really* calm, or maybe just numb.

After I led Infanta back into her stable, I hung around in the entrance to the building, leaning against a post and staring out at the strange mix of the pink sky and the falling snow. It was eerily empty, and quiet, until from behind the wings of the palace several tiny dark figures emerged, running so fast they all blurred into a group. I squinted and then cast a vision-enhancing spell.

It was Kaspar Varn, his younger brother, the American, Felix and Charity Faunder, all in dark clothing and sprinting at their incredible vamperic speed along the road that led to the east gate. Each carried a small backpack, and they were unguarded.

As they disappeared out of sight I felt my heart sink, and was bombarded with confusion and pain as Violet tuned in live to my sight.

I can't look after you, not tonight, I thought. *My friend was murdered.*

She didn't withdraw – she couldn't – but she threw a few angry thoughts my way and faded a little.

'They're going hunting,' someone said from behind me. It was Fallon.

I half-turned but didn't uncross my arms. I was too cold and too numb to do anything about it.

'I figured you would still be out here,' he continued, pulling me into him so my cheek rested against his warm chest. He reached down to unfold my arms.

'Your hands are like popsicles,' he murmured, waving his hand and casting a jacket into them, which he wrapped around my shoulders. He then lit a small flame which hovered between us, instantly defrosting my hands. 'It's December. You need to wear more layers,' he gently chided, fussing with my damp, frizzy hair so it parted neatly down the middle.

'I like the cold,' I whispered, peering up at him through my snow-adorned lashes as a flurry of the stuff blew into the stable.

He chuckled. 'It fits your name, Autumn. Cold to the touch, but fire to look at.'

My lips attempted a smile but only managed a flat line. 'I think my grandmother looked into my eyes and saw my whole life mapped out ahead of me when she named me. I think she knew all of this.' I sidled into him, pushing the flame aside, and slotted myself in below his armpit so my back was half-pressed against his chest. He wrapped both arms around me and rested his chin on mine. It felt safe.

'We'll never know,' he whispered, squeezing me.

'We might. Violet sees the dead vamperic queen.'

He stilled, lifting his head up again. 'Autumn, we don't

know enough about her powers yet to get hopes like those up.' He began gently rubbing my arms. 'Don't let yourself be hurt again. Let her go.'

'I have,' I assured him, doubting the statement myself.

'Good.'

The snow was definitely getting heavier, and though it wasn't yet settling, I could see sludgy melt dripping from the gutter but never reaching the ground as it turned to ice right before my eyes.

'I want to go back for Tee's funeral,' I said after a while. 'It's the least we can do.'

'I'm not sure we'll be allowed, but yes, let's try.'

'Tammy . . . Tammy will hate us. W-we let this happen,' I stuttered, feeling like I was actually going to cry. After everything she had done to help me . . .

He whirled me around and, with a finger, tilted my chin up towards him. 'No, don't play the blame game. The only evil in all this are the Extermino, and we won't let them go unpunished. Tammy will understand.'

He kissed each cheek right below my eye, catching the first tears as they started to fall. Then he moved to my lips and caught them.

He suddenly pulled away and reached into his pocket. 'I got you another charm, for your bracelet.'

He unfurled his fingers to reveal a circle of gold threaded with black, about the size of a ring, and hanging from it a tiny black butterfly. Picking it up I could see there were tiny red roses engraved into its wings.

'Thank you,' I breathed, as astounded by the intricacy as I had been when I first received the bracelet.

He took it back from me and fiddled about, attaching it to one of the links of the bracelet I never took off.

'You've metamorphosed; left your chrysalis. That's why I

chose a butterfly. Sometimes I can't even remember how you were once a caterpillar,' he muttered to himself as he finally got the clip to catch on a ring.

I lifted my wrist into the light of the stable. 'Is that a chat-up line?' I asked, admiring my new charm.

'If it works, it is,' he retorted, smugly. 'But you're an adult now, that's the point.'

I lowered my wrist and took hold of his hands, wrapping them around my neck so he pulled me closer. 'Can . . . I come back to your room, tonight?'

He narrowed his eyes and tilted his head slightly to the side. 'What are you after?'

'Nothing,' I whispered, reaching up to kiss him but he got there first, placing a finger between our lips.

'You're lying. Don't lie to me.'

I nodded, moving his finger aside and finally pressed my lips to his. Then I tore myself away and headed out into the snow, turning my back to the palace so that I could face him as I walked.

'Everything, Your Highness. I want everything.'

One side of his lips curled upwards into a smirk and with a click of his fingers, the lights in the stables dimmed. He pushed off from the wall and I whirled to walk in the direction of the servants' entrance, hands outstretched to catch the snow, pursued by the prince in the chilly, December, Athenean air.

He was still asleep when I woke up the next morning. I didn't know how long I had slept – judging by the effort it took to sit up, not enough – but Tee's bloody face, hanging behind my eyelids, had woken me. She'd been gone, the evening before, as gone from my mind as she was dead, but at night, when his arms weren't around me, she came back.

I pushed my hair out of my eyes and examined him, splayed out across the very edge of his huge bed, toes curled around the rails at the end, sheets thrown off his naked body so they double-layered me. He was breathing heavily, so I eased myself very slowly out of bed and took the pure white sheet with me, wrapping it around myself like a towel. It was crude coverage but I was hot and sweating, and I needed the cool air outside.

I opened the door to his balcony just as carefully and shut it again once both feet were on the snowy stone. It was freezing, painfully so, and I danced across the paving until I found a patch that was relatively clear to stand on.

Athenea was blanketed in white. The woods to my right had been frosted, the lake in the distance was frozen, the mountains were now snow cones, and the plains were covered in snow so deep and untouched I felt the wild urge to jump from the balcony and sink into it, to see if it was as soft as it looked.

It was magical – there never was much snow in London or Torbay – and even though the birds were still singing their chorus I longed to get dressed and to just play.

Just as I went to turn away a flash of light caught my eye. It flickered in and out of existence, right at the peak of the nearest mountain, and then suddenly grew, a bright orange flame against the white. Within a minute it looked like the whole mountain peak was on fire.

There was no mistaking it. It was a beacon; the last beacon, only ever lit after all twelve burnt in the dimension. They were only ever lit in times of crisis . . .

The time of the Heroines had come, and the Extermino were making their move to drive a wedge between us and the humans . . . and Violet and I were the only forces stopping them.

I swallowed, hard, and stared as an all-too familiar stab shot through my temples. Like an arrow passing through it didn't stop hurting; it got worse, working its way up towards excruciating. I tried to scream for Fallon, but moving my jaw sent the pain spiralling down my neck and into my chest. All I could do was grip the railings as my body sunk towards the ground and my vision tunnelled to a focus on the beacon.

Inside, a clock struck the hour.

'It was a vision . . . of a girl,' chri'dom breathed. He lay splayed out across the floor, fragments of a shattered glass scattered in a puddle of red liquid near his hand. 'Fetch Crimson and Pierre. Quickly!' he ordered his advisors. They fled the room, but he called his protégé back.

'Is it done? Is one of her school fellows dead?'

The protégé nodded.

chri'dom mustered the little strength he had to take the man's hand. 'Your loyalty to me is proved in blood. Fate did indeed choose you well. Now, help me stand, for the quest begins this day for the third Heroine of the Damned. I have seen her, Nathaniel, I have seen her, and she is human.'

Acknowledgements

My thanks go first to my (still) long-suffering parents. To my multitalented mother, for assuming the role of personal assistant, accountant, tax-explainer, house-buyer, interior designer, social-networking fan-connecting, question-answering whizwoman, and general roadblock between my university-going self and the outside world when things became too hectic. My dad, for chauffeuring me and the kitchen sink from Devon to Oxford and back every eight weeks, and for mastering the Botley Road like a local.

Thank you to my agent, Scott Mendel, for continuing to do a superb job in spite of my slight tendency to leave foreign-translation contracts piled up on my printer beneath *Beowulf* for quite a lot of weeks.

Thank you to my U.K. editor, Amy McCulloch, for all of her great work on *Autumn Rose* whilst launching her debut novel and writing herself. (I think you must have a time-turner. Can I borrow it?)

Many thanks to my U.S. editor, Erika Tsang, and the

William Morrow team over in the U.S., not just for their work on this novel but for their launch and love for *The Dark Heroine: Dinner with a Vampire* in March 2013.

To the various publishing houses working on translations of *The Dark Heroine* series across the world: thank you for taking my stories and characters to places and people I never dared to think would be touched by my words.

ALL of the thanks to the "Oxonian 'nillas" and certain other wonderful people of the university and city: for midnight coffee to get through the next essay crisis, chocolate-on-demand during Fifth Week Blues, the many drinks I probably owe you, wax play by candlelight at Formal Hall, and lots and lots of hugs – but mainly for ensuring I maintained some sanity when even the doctor said I'd lost most of it.

About the Author

Abigail Gibbs was born and raised in deepest, darkest Devon. She is currently studying for a BA in English at the University of Oxford and considers herself a professional student, as the real world is yet to catch up with her. Her greatest fear is blood and she is a great advocate of vegetarianism, which logically led to the writing of her first novel, *Dinner with a Vampire*. At age fifteen, she began posting serially online under the pseudonym Canse12, and after three years in the internet limelight, set her sights towards total world domination. She splits her time between her studies, stories and family, and uses coffee to survive all three.